Treinamentos Comportamentais

Copyright© 2013 by Editora Ser Mais Ltda.
Todos os direitos desta edição são reservados à Editora Ser Mais Ltda.

Presidente:
Mauricio Sita

Projeto Gráfico:
Danilo Scarpa

Capa e Diagramação:
Wenderson Silva

Revisão:
Equipe da Editora Ser Mais

Gerente de Projeto:
Gleide Santos

Diretora de Operações:
Alessandra Ksenhuck

Diretora Executiva:
Julyana Rosa

Relacionamento com o cliente:
Claudia Pires

Impressão:
Imprensa da Fé
Dados Internacionais de Catalogação na Publicação (CIP)
(Câmara Brasileira do Livro, SP, BRASIL)

Bibliografia
ISBN 978-85-63178-54-1

Treinamentos comportamentais - Grandes especialistas ensinam como despertar o seu potencial criativo. Seja um treinador de si mesmo e atinja excelentes resultados/ Coordenação editorial: Douglas de Matteu, Mauricio Sita e Massaru Ogata.

CDD 370

Índices para catálogo sistemático:
1. Desenvolvimento Pessoal e Profissional. 2. Carreira profissional - Desenvolvimento. 3. Treinamento e Desenvolvimento. 4.Sucesso profissional - Administração I.

Editora Ser Mais Ltda
rua Antônio Augusto Covello, 472 – Vila Mariana – São Paulo, SP – CEP 01550-060
Fone/fax: (0**11) 2659-0968
Site: www.editorasermais.com.br e-mail: contato@revistasermais.com.br

Sumário

Apresentação...7

A transformação das pessoas – *leader coach* e o poder de alcançar resultados extraordinários
Allan Rodrigues Alves..9

Treinamento e mudança de comportamento como fonte de valor
Ana Lúcia R. Schleich & Marcelo Dourado Sales................15

Treinamentos comportamentais pelo desenvolvimento de competências duráveis
André Kaercher...23

O que é motivação?
André Stroppa...31

Como a PNL transforma o comportamento pessoal e organizacional
António Dias & Lívia Levinthal Lima..............................39

Treinamento *indoor* ou *outdoor*: o melhor dos dois mundos
Benny Rodriguez & Wilson Nascimento.........................47

Planejamento de carreira & sucesso profissional
Betty Dabkiewicz...55

Estado atual para estado desejado
O treinamento comportamental desenvolvendo pessoas
Carlos Costa & Fabiana Quezada...................................63

Quem você pensa que é
Célia Maria de Souza..71

Treinamentos Comportamentais
Cida Montijo...79

O mundo em transformação
Claudia Diás...87

O *stop-start* e o *squeeze* no contexto clínico de terapia sexual
Daniel Portela de Deus Albano....................................95

O que todo empresário deve saber sobre Treinamento Comportamental
Danilo Fernando Olegario..103

Despertar da consciência: qual é o seu propósito de vida?
Deroní Sabbi..111

A força do comportamento na liderança de alta performance
Dirlene Costa... .119

Os segredos dos treinadores comportamentais
Douglas de Matteu...127

O homem por trás das cortinas
Edilson Menezes..135

É possível mudar o comportamento das pessoas?
Eduardo Gomes de Matos..143

Um caminho para a potencialização da liderança e das equipes
Elisa Próspero..151

Treinamento, aprendizagem e qualidade de vida no trabalho
Elisângela Paes Leme..159

Quem comanda quem?
Emilaine Souza...167

A arte de motivar
Fernando Lopes..173

Educação financeira: números ou comportamento?
Francis Brode Hesse..181

Criatividade, treinamento e resultado: uma tríade potencial
para a excelência
Giulliano Esperança..189

Treinamento Comportamental de Alto Impacto
Por dentro do Arena Fighter Training
Joval Lacerda...197

Treinamento comportamental
Juedir Viana Teixeira..205

A mudança como caminho
Kátia Borges...213

REBIRTH – A terapia através da respiração
Luiz Roberto de Paiva Carvalho..221

A fantástica aventura de transformar-se a si mesmo
Márcio Marques..229

O poder de superar temores e preocupações
Marco Barroso..237

Música além do som! Uma ferramenta inovadora
para treinamento e desenvolvimento
Marco Cesar Acras..245

Alavancando o comportamento criativo e inovador natos do
empreendedor
Marize Gasparine & Claudia Gonçalves..253

Diretores e líderes - Começando pelo topo
Matilde Melo..261

Treinamentos comportamentais de alto impacto.
Uma prática cada vez mais recorrente!
Orlando Pavani Júnior..269

Treinamento Comportamental: uma ferramenta
para a mudança de atitude
Osmar Rosanese..277

Neurovendas: a psicologia da venda
Philip Mark Magrath..283

Treinamento comportamental como diferenciação no mercado
Prof. Daltro Monteiro..289

O treinamento comportamental e seu significado
Prof. Massaru Ogata..295

Origens - Onde tudo começou
Raquel Fonseca..303

Liderança e Coaching
Roberto Scola & Cristiane Barreto..317

Um acelerador para o autoconhecimento
Rodrigo Belmonte..325

Estresse: inimigo ou aliado?
Importância e desenvolvimento de estratégias para
gestão do estresse
Shirleine Ap. Larubia Gimenes...333

Novo olhar, um comportamento para ser feliz!
Silvia Lux..341

Treinamentos comportamentais eficazes
Sônia Remor..349

Competências + QI (Quociente de inteligência)
+ QE (Quociente emocional)
Sueli Campos...357

Comunicar a partir da argumentação:
uma nova perspectiva ao convencimento
Tarcísio de Oliveira...367

O que você precisa saber para tornar-se
um profissional de T&D e para contratar esse serviço
Tatiane Carra...375

Dinheiro e Stress: cinco passos para esta parceria
não desequilibrar sua vida e a sua produtividade
Thayron Sabino..383

Comportamento humano em treinamentos comportamentais
O que é necessário saber para maximizar resultados?
Willer Mamede...391

Apresentação

As pessoas ou empresas que acham que não precisam de melhoria de performance ou de resultados, são míopes, ou estão se enganando.

Em um mercado, que ficará cada vez mais competitivo, há que se preocupar em identificar quais as competências necessárias para vencer. Os treinamentos comportamentais e o *coaching*, alinhados com as expectativas das empresas, podem ser os esteios das mudanças indispensáveis para produzirem impactos profundos.

Decidimos agrupar em um só livro os mais consagrados treinamentos comportamentais, que estão entre os melhores do Brasil.

Convidamos para a coordenação editorial o grande mestre Massaru Ogata, que tem mais de 25 anos de estudos, pesquisas e experiência aplicada no tema.

Através do IFT - Instituto de formação de Treinadores Comportamentais, ele foi o *head trainer* da maioria dos bons treinadores comportamentais que estão ativos no nosso mercado, atuando nas áreas de Transformação, Liderança, *Teamwork*, Comunicação, Motivação, Auto-estima, Negociação, Qualidade de Vida, Oratória e Vendas.

O outro coordenador é o Prof. Douglas de Matteu, que através do Instituto Evolutivo – Coaching & Marketing, tem formado e aperfeiçoado profissionais em *Coaching* e de PNL.

IMPORTANTE: este livro não termina na última página. Através do nosso site www.editorasermais.com.br você poderá manter contato com os autores e interagir sobre todos os itens de seu interesse. Nós, particularmente, gostamos muito dessa solução de publicar um livro aberto, que não tem fim. A atualização é constante. Aproveite.

Agradeço aos escritores pela participação, e aos coordenadores, pelo excelente trabalho. Todos estão dando uma contribuição inestimável para a literatura de Treinamentos Comportamentais.

Este livro, pela sua temática, formato e conteúdo, é um dos mais importantes já publicados.

Boa leitura!

Mauricio Sita
Coordenação Editorial
Presidente da Editora Ser Mais

1

A transformação das pessoas – *leader coach* e o poder de alcançar resultados extraordinários

Muitos viajam para vários países, vários continentes, mas nunca tiveram habilidade ou coragem para viajar para dentro de si mesmo

Allan Rodrigues Alves

Allan Rodrigues Alves

Fundador da RHSG Gestão de Pessoas e Soluções. Docente no ensino superior pela Fundação Getulio Vargas, com especialização em Gestão de Recursos Humanos. Graduação em Marketing. Treinador Comportamental, *Coach*, Consultor, Palestrante e Facilitador. Atuou durante 21 anos no Banco Real/ABN AMRO/Santander, sendo 15 anos com Gestão de Pessoas e Liderança. Possui formação em Treinamento Comportamental pelo Instituto de Formação de Treinadores, com o Professor Massaru Ogata. Atualmente é Diretor Presidente da RHSG Gestão de Pessoas e Soluções. Também atua como *Professional & Self Coaching, Business and Executive Coaching* e Analista Comportamental, com formação pelo Instituto Brasileiro de Coaching, com quatro certificações internacionais: ECA - European Coaching Association; International Association of Coaching; BCI - Behavioral Coaching Institute e Global Coaching Community. Aplica treinamentos de *Leader Coach* em várias cidades do Brasil – *LEADER EXCELLENCE COACH*. Coautor dos livros: *O Poder do Coaching – Ferramentas, Foco e Resultados* e *Consultoria Empresarial – Métodos e cases dos campeões*.

Contatos
www.rhsg.com.br
www.facebook.com/rhsgsolucoes
twitter: @rhsg_
allan@rhsg.com.br
(85) 3402-8607

Missão

Tenho percorrido várias cidades e empresas dando o treinamento de *Leader Coach* e tenho percebido, para minha satisfação, as mudanças nos comportamentos das pessoas até mesmo durante o treinamento. Percebo olhares "molhados", expressões de perplexidades, alegrias, alívios e autoconhecimento. Isso me deixa extremamente feliz, pois estou cumprindo a minha missão de vida.

As transformações que presencio nos treinamentos – não só dos participantes – são minhas transformações também, e esse ato de troca, compartilhamento, cumplicidade, faz-me "trans-bordar", ir além da minha borda. Costumo dizer a mim mesmo a aos participantes: "Lembre-se sempre de se lembrar de nunca se esquecer de sempre se lembrar" que os resultados só dependem de VOCÊ! Continue escrevendo os melhores capítulos para a sua vida.

Transformações

O auto *feedback* é uma das etapas mais importantes no treinamento de *Leader Coach*, pois entendo que uma pessoa, para ser Líder, deve ter um profundo conhecimento de si mesma, suas fortalezas, seus pontos de melhorias, suas características e seus comportamentos.

Utilizamos diversas ferramentas que contribuem para o desenvolvimento e a percepção dos líderes, e a cada atividade realizada, tornam-se nítidas as suas evoluções espirituais, mentais e a visão sistêmica de todos os papéis que eles exercem na sociedade. Seja como pai, mãe, filho, marido, esposa, colega de trabalho, estudante, líder, subordinado e etc.

Treinamento comportamental

Em treinamentos convencionais são expostos diversos conceitos, técnicas e informações que não trabalham diretamente o hemisfério cerebral direito – responsável pelas nossas emoções. Quando a mensagem é transmitida sem conteúdo emocional agregado, nosso sistema neurológico tem a tendência inata de descartar a mensagem. Por isso, nos recordamos facilmente dos momentos mais emocionantes das nossas vidas.

O diferencial do treinamento comportamental está em sua metodologia, que mescla constante e profundamente informação e emoção, propiciando uma maior retenção do que foi trabalhado durante o treinamento. A emoção também é componente fundamental para alterações reais e duradouras no comportamento dos participantes.

Atualmente o grande diferencial competitivo no mercado de tra-

Treinamentos Comportamentais

balho é o perfil comportamental das pessoas. Cerca de 70% das variáveis que diferenciam um profissional muito bem-sucedido dos demais estão relacionadas com o perfil de comportamento que ele demonstra. Quando as pessoas são questionadas a descrever uma pessoa de sucesso, 90% das respostas são em termos comportamentais, como: "flexível", "assertiva", "inteligente", "ousada", "determinada" etc.

Quero ser importante e não famoso – legado

No treinamento comportamental a emoção é profunda, bem como as reflexões que são efetuadas. Durante o treinamento de *Leader Coach*, há uma questão muito importante a ser levantada (e sou testemunha de depoimentos incríveis com relação ao assunto):

Qual o legado que você vai deixar nessa vida?

Costumo também utilizar a frase de Albert Schweitzer:

"A tragédia não é quando um homem morre; a tragédia é aquilo que morre dentro de um homem enquanto ele ainda está vivo."

No instante dessa colocação, os depoimentos mais frequentes são de filhos, esposas, maridos e familiares, mas há um ponto importante, que é o reconhecimento. Líderes dizendo que um subordinado seu, de outrora, recordara de momentos que ele sequer se lembrava, de um ato positivo que marcou a vida de um colega de trabalho.

Nesse momento mostro a importância do impacto das nossas ações na vida das pessoas e em todos os papéis que exercemos na sociedade. Tudo liga a tudo, não há ação que você realize em quaisquer circunstâncias que não desencadeiem um processo evolutivo. Todas as nossas ações possuem reflexos em algo ou alguém, positiva ou negativamente.

Gran finale

Durante os treinamentos comportamentais são utilizadas diversas técnicas, jogos, dinâmicas, ferramentas, testes, avaliações, etc., porém nada disso adiantará se não conseguirmos atingir o nosso maior propósito: melhorar as relações humanas. Seja no desenvolvimento pessoal, profissional ou espiritual.

Tenho um imenso orgulho e satisfação quando vejo vidas transformadas. E sabe o que é mais importante? É que a mudança de um participante dos treinamentos possui poder de impacto em diversas outras pessoas do seu convívio, sejam os pais, filhos, esposa, marido – ou seja, é uma verdadeira corrente do bem, como vimos no filme *A Corrente do Bem* (do ano 2000), em que o ator Kevin Spacey vive um professor de estudos sociais que faz um desafio aos seus alunos durante uma de suas aulas: eles deveriam criar algo que pudesse mudar o mundo (não tenho e não quero ter essa pretensão), e um de seus alunos cria um jogo em que cada favor que você recebe, você retribui para outras três pessoas.

Na verdade o que buscamos é um sentido ou um novo sentido para as nossas vidas. O *Leader Coch*, além de posicionar a liderança do participante em relação ao mercado e à sua vida pessoal, sendo líder de si mesmo, define ou reforça também a missão de vida.

Muitas organizações têm a sua identidade organizacional como missão, valores e visão, mas muitas outras ainda não os possuem – o que lamento, pois estão perdendo uma grande oportunidade de posicionar-se melhor no mercado tão competitivo em que vivemos atualmente. Faço aqui, para finalizar, um questionamento (e espero que ele faça você refletir e buscar um sentido para sua vida):

Qual a sua missão de vida? Quando você se for, o que ficará? Qual será o seu legado?

Obs.: Escreva as suas respostas numa folha de papel e deixe-a fixada num local que você possa lê-las por ao menos sete dias seguidos.

"Nós somos o único animal que é mortal. Todos os outros animais são imortais. Embora todos morram, nós somos o único que, além de morrer, sabe que vai morrer. Teu cachorro tá dormindo sossegado a essa hora, teu gato tá tranquilo. Você e eu sabemos que vamos morrer. Desse ponto de vista não é a morte o que me importa, porque ela é um fato. O que me importa é: o que eu faço da minha vida enquanto minha morte não acontece, para que essa vida não seja banal, superficial, fútil, pequena? Nessa hora eu preciso ser capaz de fazer falta. No dia que eu me for, e eu me vou, eu quero fazer falta. Fazer falta não significa ser famoso. Significa ser importante. Há uma diferença entre ser famoso e importante. Muita gente não é famosa e é absolutamente importante. 'Im-portar', quando alguém me leva pra dentro. Importa. Ele me porta pra dentro. Ele me carrega. Eu quero ser importante. Por isso, pra ser importante, eu preciso não ter uma vida que seja pequena. E uma vida se torna pequena quando ela é uma vida que é apoiada só em si mesmo. Fechada em si. Eu preciso "trans-bordar". Ir além da minha borda. Eu preciso me comunicar. Preciso me juntar. Preciso me repartir. Nesta hora, minha vida que, sem dúvida ela é curta, eu desejo que ela não seja pequena."

(Mario Sergio Cortella)

Boa reflexão e tenha um sentido ou um novo sentido de vida!

Treinamentos Comportamentais

14

2

Treinamento e mudança de comportamento como fonte de valor

As modificações constantes no mundo dos negócios geram necessidades de desenvolvimento contínuo de competências. A utilização de ferramentas de *assessment* e do processo de *coaching* nos programas de treinamentos e capacitação, promove mudanças comportamentais que geram valor às pessoas e à organização garantindo melhores resultados e competitividade

**Ana Lúcia R. Schleich &
Marcelo Dourado Sales**

Ana Lúcia R. Schleich & Marcelo Dourado Sales

Ana Lúcia Righi Schleich

Psicóloga. PhD em Business Administration (FCU-Florida Christian University). Mestre em Educação (Unicamp). Especialista em Psicopedagogia. Certificação em Assessment Training DISC (SUCCESS TOOLS). Consultora da Alliance Team – coaching, training & consulting. Docente há 14 anos dos cursos de graduação e pós-graduação da Faccamp.

Marcelo Dourado Sales

Administrador de empresas. PhD em Business Administration (FCU-Florida Christian University). Mestre em Administração Profissional em Empreendedorismo (Faccamp). Especialista em Gestão da Qualidade e Inovação de Produto (Mackenzie). Certificado em *Alpha Assessment* (teste de perfil para executivos). Formação em Executive Coaching, Personal e Professional *Coaching, Master* e *Practitioner* em PNL, Hipnose Ericksoniana pela Sociedade Brasileira de Coaching. Executivo na área de Comércio Exterior, atuando em treinamentos há 15 anos. Fundador e consultor da Alliance Team – coaching, training & consulting. Docente dos cursos de graduação e pós-graduação nas instituições FACCAMP, FAMESP e Universidade São Judas Tadeu.

Contatos

www.atresultados.com.br
sales@atresultados.com.br / ana@atresultados.com.br

Ana Lúcia R. Schleich & Marcelo Dourado Sales

O atual mundo dos negócios estão em constantes modificações e instabilidades na natureza do trabalho, nas relações entre as pessoas e entre a empresa e seus funcionários. Disso surgem outras necessidades de desempenho, que incluem inovação, agilidade e transformação da aprendizagem em vantagem competitiva. Para que as organizações e as pessoas enfrentem tais desafios e mantenham-se competitivas é importante a busca por desenvolvimento mútuo e continuado, para ampliar as possibilidades de gerar melhores resultados.

De um lado, as organizações precisam gerar novas competências, como: novas tecnologias; novos arranjos; negócios; produtos, processos; poder da informação e foco na qualidade.

Por outro lado, as pessoas precisam aprender constantemente novas competências técnicas, comportamentais e sociais, como: desenvolvimento de liderança; capacidade de colaboração; proatividade; inovação; relacionamento interpessoal; diagnosticar e gerenciar riscos; enfrentar desafios; capacidade técnica e gerencial; excelente comunicação.

De acordo com Chiavenato (2004), através do treinamento e do desenvolvimento as pessoas podem assimilar informações, aprender habilidades, desenvolver atitudes e novos comportamentos para lidar com clientes internos e externos, com a própria tarefa e com a organização. Desse modo, ao desenvolverem competências, as pessoas tornam-se mais produtivas, criativas e inovadoras, contribuindo mais para os objetivos organizacionais, e tornando-se cada vez mais valiosas.

Cada vez mais se torna imperativa a capacitação contínua dos profissionais, que, segundo Pacheco et al (2009), capacitação adquiriu amplitude conceitual com a exigência de assimilação de novos conhecimentos, técnicas, atualização, desenvolvimento de competências e mudanças de comportamento.

Não obstante, na estruturação de processos de aprendizagem corporativa a indicação das metodologias a serem adotadas deve observar às premissas da *andragogia*, termo proposto por Malcolm S. Knowles em 1968, que tem como objetivo oferecer uma proposta educativa que se dirige especificamente aos adultos (CAVALCANTI, 1999).

Pacheco et al (2009) classificaram as principais metodologias/ técnicas de treinamento e capacitação utilizadas atualmente nas organizações, a saber:

- **Autoinstrução** – Método de aprendizagem autodirigida, por meio de leitura, pesquisa específica e investigação de temas.
- **Exposição** – Técnica utilizada pelos facilitadores, apresentando conteúdos com a finalidade de transferência de conhecimentos.

Treinamentos Comportamentais

- **Debate** – Possibilita a reflexão conjunta dos conhecimentos obtidos, mediante exposição, leitura, apresentação de casos internos e externos, desafios para o negócio ou para problemas específicos.
- **Demonstração** – Aplicada na apresentação produtos, processos de trabalho e no emprego de tecnologias.
- **Estudo de caso** – Apreciação de casos organizacionais específicos, observação de fatos reais, possibilitando a busca de soluções para os problemas.
- **Dramatização** – Utiliza a representação de papéis para transferência de conhecimentos e habilidades. Provoca reflexão para necessidades de mudanças comportamentais, melhoria de desempenho individual e organizacional.
- **Workshop** – Evento apresentado por uma ou mais pessoas com domínio do tema a ser abordado, no qual são expressadas experiências, seja na teoria ou prática. Visa o aprendizado de novas práticas para o trabalho por um número expressivo de pessoas.
- **Oficinas de trabalho** – São utilizadas para a participação de grupos com interesses afins; o objetivo é buscar soluções para questões específicas, que podem ser produtos, programas, projetos, documentos, etc.
- **Benchmarking** – Técnica de observação das experiências vivenciais em outras organizações, comparação de produtos, serviços e práticas empresariais.
- **Job rotation** – Método em que o funcionário atua em diversas áreas. O objetivo é gerar maior conhecimento da organização como um todo.
- **Participação em projeto** – Proporciona ao funcionário oportunidade de rápida aprendizagem em função do monitoramento do desenvolvimento de suas competências e da vivência integrada com o *coach*.
- **Jogos** – Técnicas de aspecto lúdico e prático-vivencial que proporciona satisfação e uma maior absorção de conteúdos pelos participantes, ao exercitarem habilidades e desenvolverem competências.
- **Comunidades de prática** – Modalidade de grupos que se reúnem voluntariamente para partilhar experiências, ideias e melhores práticas para a solução dos problemas.
- **Ensino à distância (e-learning)** – Recurso da tecnologia da informação e comunicação que viabiliza os programas de educação continuada com redução de custo.

- **Aprendizado por investigação** – Amplia a capacidade de auto-desenvolvimento dos funcionários, reduz investimentos e subsidia a possibilidade da oferta de programas de educação continuada.
- **Coaching** – Metodologia com o objetivo de auxiliar os treinandos a identificarem suas lacunas e aspectos que interferem diretamente no seu desempenho profissional. É um processo de acompanhamento e orientação com foco na pessoa, na sua aprendizagem, no desenvolvimento de competências, no seu desempenho, nos resultados a serem alcançados. O objetivo é melhorar o desempenho do treinando, promovendo questionamentos para levá-lo a encontrar soluções para suas próprias necessidades, fortalecendo a autoestima e gerando compromisso e responsabilidade quanto ao que precisa ser feito e mudado. Favorece o autodesenvolvimento das pessoas e torna-se uma ferramenta para avaliação de desempenho.

É indiscutível que treinamento e capacitação constituem processos de aprendizagem que promovem mudança no comportamento da pessoa através da incorporação de novos conhecimentos, habilidades e atitudes, resultando em competências que são fontes de valor para a pessoa e para a organização (FLEURY e FLEURY, 2007).

Mas afinal, quais funcionários precisam ser capacitados e treinados? Que ferramenta utilizar e qual técnica/metodologia de aprendizagem adotar?

Bohlander e Snell (2010) apontam que a avaliação de necessidades de treinamento e capacitação começa com a análise da organização: os gerentes e equipes de RH precisam examinar o ambiente, as estratégias e os recursos da empresa para determinarem onde deve ser colocada a ênfase de treinamento. O conteúdo do programa de treinamento é determinado pela análise de tarefas e deveres envolvidos no trabalho, para examinar o conhecimento, as habilidades e as capacidades que são necessárias para desempenhar um cargo específico. E para determinar quais os funcionários necessitam de treinamento é feita a análise da pessoa, examinando seu desempenho, conhecimentos e habilidades, ajudando os gerentes a determinarem o que os futuros treinandos são capazes de fazer quando entram em treinamento, para que os programas possam enfatizar as suas lacunas e deficiências.

Dentre várias ferramentas disponíveis, para tal análise, pode-se utilizar as ferramentas de *Assessment Alpha* e DISC para avaliar o perfil comportamental e identificar *gaps* e lacunas, bem como pon-

Treinamentos Comportamentais

tos fortes, que servirão de apoio no desenvolvimento de lideranças na elaboração de programas de desenvolvimento e banco de talentos, melhorando os resultados da organização. Isso porque ambas as ferramentas fornecem uma análise para alocar a pessoa certa para a tarefa e função certa. A seguir apresentamos uma breve descrição das ferramentas:

- **Assessment DISC** – Busca a identificação do perfil comportamental de pessoas. É utilizada em recrutamentos, seleções, alocação de colaboradores, de acordo com as necessidades da empresa e as competências exigidas para determinados cargos. Ajuda a entender como a pessoa reage ao ambiente ao seu redor, como se relaciona com as outras pessoas, como se motiva, etc. Permite mapear comportamentos, emoções e posicionar o estilo comportamental da pessoa dentro de quatro dimensões:

  1. *Dominância* – Pessoas com esse perfil são mais competitivas, objetivas e orientadas para os resultados. *Benefícios para o time:* são pessoas orientadas para resultados e desafios, exercendo funções de comando e controle.
  2. *Influência* – São mais comunicativas, otimistas, orientadas para pessoas, e têm mais facilidade para trabalhar em grupo. *Benefícios para o time:* gerenciar e motivar, negociação de conflitos.
  3. *Estabilidade* – Pessoas com este perfil são mais constantes, pacientes, amistosas e com capacidade para ouvir. *Benefícios para o time:* iniciam e terminam projetos, são cooperativas, trabalham por um líder ou uma causa.
  4. *Conformidade* – Pessoas com este perfil são analíticas e detalhistas, orientadas para qualidade e precisão, para as tarefas. *Benefícios para o time:* definem, esclarecem, buscam informações, avaliam e testam.

- **Assessment Alpha** (® Sociedade Brasileira de Coaching) – Busca identificar o perfil comportamental dos líderes no seu papel dominante, em situações sociais ou profissionais. O instrumento *Alpha* apresenta sua estrutura em dois pilares, *Valores* e *Riscos*. *Alpha* em equilíbrio e em pleno comando de suas forças inspira respeito, admiração, e promove o engajamento. O *Alpha* disfuncional gera resistência, ressentimento e atos de sabotagem por parte dos funcionários. Permite mapear quatro tipologias:

  1. *Comandante:* Valor – É decidido, forte, imponente e carismático,

transmitindo confiança; possui grande desejo por conquistas e vitórias. Risco – Tende a atuar sozinho, sendo dominador, intimidador e invejoso; gera medo e cria uma cultura de autoproteção; compete com os colegas; não se atém às regras.

2. *Visionário:* Valor – É inspirador, criativo, possui visão de futuro, bem como fortes convicções e fé inabalável; é confiante no instinto. Risco – Confiante demais nas ideias; defensivo quando questionado; hermético a subsídios alheios; ignora a realidade, perdendo apoio dos pragmáticos; distorce a realidade.

3. *Estrategista:* Valor – Possui uma mente rápida e investigativa; é objetivo, analítico, metódico, movido por dados; enxerga padrões subjacentes. Risco – Pode ser arrogante, pretensioso e frio; não admite os seus erros; desprovido de espírito de equipe.

4. *Executor:* Valor – Incansável por resultados; detecta problemas; tem facilidade em dar *feedbacks*; conduz as pessoas para a ação. Risco – Cria expectativas exageradas; *microgerência*; trabalha e exige demais; é impaciente e crítico; concentra-se nas falhas.

No processo de aprendizagem podemos combinar a metodologia *coaching* e as ferramentas de *assessment*. O *coaching* apresenta benefícios que incluem aprendizagem pessoal especializada, desenvolvimento de competências, resultados a serem alcançados e responsabilidade pessoal pela melhoria. O *coaching* executivo permite o desenvolvimento de capacidades individuais mais rapidamente do que na maioria dos programas de aprendizagem, e em áreas onde não existem programas de treinamento. E ainda se diferencia de muitos processos por permitir o alinhamento do processo com a estratégia organizacional (UNDERHILL; McANALLY; KORIATH, 2010).

Para o processo de *coaching*, as ferramentas *Assessment Alpha* e DISC proporcionam agilidade e precisão, uma vez que ajudam a identificar os pontos limitantes que bloqueiam o desenvolvimento e a capacitação dos funcionários com potencial. Isso permite ao *coach* ter ênfase no crescimento do funcionário em suas limitações e forças, para ajustá-las de modo a que produzam resultados positivos e duradouros tanto, para a própria pessoa como para a organização.

Conclui-se que é imprescindível a aquisição de novas competências neste cenário de modificações constantes. A utilização de ferramentas de *assessment* e do processo de *coaching* nos programas de treinamentos e capacitação contribui para mudanças comportamentais, uma vez que busca a identificar nas pessoas os pontos limitantes, bem como promover o planejamento de ações para alcançar os resultados espera-

Treinamentos Comportamentais

do no desempenho profissional. Dessa forma, ampliam-se as possibilidades de gerar melhores resultados e de agregar valor às pessoas e às organizações.

REFERÊNCIAS

BOHLANDER, G. e SNELL, S. *Administração de Recursos Humanos*. São Paulo: Cengage Learning, 2009.

CAVALCANTI, R. A. Andragogia: A Aprendizagem nos Adultos. *Revista de Clínica Cirúrgica da Paraíba*, nº 6, ano 4, jul. 1999.

CHIAVENATO, I. *Gestão de Pessoas*. Rio de Janeiro: Elsevier, 2004.

FLEURY, A; FLEURY, M. T. L. *Estratégias empresariais e formação de competências: Um Quebra-cabeça Caleidoscópio da Indústria Brasileira*. São Paulo: Atlas, 2007.

PACHECO, L. et al. *Capacitação e Desenvolvimento de Pessoas*. Rio de Janeiro: FGV, 2009.

UNDERHILL, B. O.; McANALLY, K.; KORIATH J. J. *Coaching Executivo para resultados*. Osasco: Novo Século Editora, 2010.

3

Treinamentos comportamentais pelo desenvolvimento de competências duráveis

Com foco no crescimento mercadológico, as organizações precisam de pessoas ágeis e empreendedoras. Para se manterem inovadoras e imponentes, as empresas estão cada vez mais investindo em treinamento e desenvolvimento das pessoas por meio da educação organizacional. Para tanto, o treinador comportamental deverá proporcionar ao grupo treinado o desenvolvimento de competências com vistas à maximização de resultados

André Kaercher

André Kaercher

Professional Coach pela Sociedade Latino Americana de Coaching com trabalhos realizados no Brasil e na Europa. Nos últimos anos, realizou mais de 210 palestras e treinamentos nas áreas de liderança, carreira, motivação e vendas tendo falado para mais de 60.000 pessoas. Coautor do livro *Programado para Vencer - Estratégias Infalíveis sobre Sucesso*. Autor dos DVDs empresariais: *Princípios Básicos de um Planejamento Estratégico, Princípios do Marketing, Super Eficácia em Vendas e Atendimento no Varejo e 5 Leis para a Formação de um Exército de Vendedores*. Mestre em Tecnologias Aplicáveis à Bioenergia. Pós-graduado em Gestão Empresarial e administrador de empresas. Atualmente é professor de graduação e pós-graduação de universidades da Bahia. Entre elas estão a Universidade do Estado da Bahia, Instituto Adventista do Nordeste do Brasil, Universidade Salvador e Faculdade de Tecnologia e Ciências.

Contatos
www.andrekaercher.com.br
contato@andrekaercher.com.br / alkaercher@gmail.com
www.facebook.com/kaercheroficial
(75) 8102-3186

André Kaercher

Sem sombra de dúvidas, todos os aspectos tecnológicos nos quais estamos envolvidos nos últimos anos ampliaram o acesso à comunicação, favoreceram o aumento de compreensão dos clientes, os transformaram em indivíduos mais seletos, nas escolhas de bens e serviços. Neste novo momento, esses clientes passaram a exigir das empresas adequação à nova realidade do mercado consumidor, o que deu margem ao aumento da concorrência empresarial, fazendo com que cada empresa, para manter o seu *share of mind*, precise lançar novos produtos, absorver novos clientes e manter em excelente o nível de serviços prestados.

Todo esse ambiente de concorrência e de instabilidade empresarial, onde hoje a empresa é líder de mercado e amanhã pode despencar na gangorra mercadológica, vem causando inúmeros impactos no perfil dos colaboradores e na forma das empresas os verem no ambiente de trabalho.

Diante desse cenário, a área de gestão de pessoas é sem dúvida uma das mais estratégicas das organizações e tem passado nos últimos anos por grandes transformações vistas como primordiais diante da dinâmica e instabilidade do novo mercado. Essas transformações têm provocado mudanças no perfil do quadro funcional para se adequarem a essa nova realidade e se mostrarem competitivas, com a habilidade de desenvolver visão de futuro, na qual cada funcionário passa a ser visto como o bem maior das organizações.

Para serem bem-sucedidas, as empresas precisam de pessoas ágeis, empreendedoras e com capacidade de acompanhar mudanças diárias, visto que a força proporciona o desenvolvimento e faz as coisas acontecerem. Para se manterem inovadoras e imponentes, as empresas estão cada vez mais investindo em treinamento e desenvolvimento de pessoas, entre outras ações que agreguem valor ao processo da educação organizacional.

A educação corporativa no Brasil vem passando por mudanças consideráveis na última década. Em um momento onde os cursos da modalidade técnica estão crescendo numa proporção avassaladora, as empresas começam a buscar todos os dias profissionais que façam a diferença não apenas no aspecto técnico, mas sim, consigam gerar resultados alicerçados nos aspectos comportamentais pelo desenvolvimento de competências.

1.0 DESENVOLVIMENTO DE COMPETÊNCIAS

Há quase 10 anos coordeno programas de treinamentos para

Treinamentos Comportamentais

grandes corporações com vistas à formação de equipes com foco em resultados empresariais. Nesse período, desenvolvi uma metodologia que os agrega aos conceitos básicos da administração moderna por meio das competências, habilidades e atitudes (CHA), e dos pilares da educação estabelecidos pela Unesco em meados dos anos 2000: *aprender a aprender, aprender a ser, aprender a ler e aprender a conviver junto.*

Em todos os meus programas de capacitação, parto do princípio que o desenvolvimento da primeira competência comportamental a ser trabalhada nos participantes é o "conhecimento".

1.1 Desenvolvimento comportamental pelo conhecimento

O conhecimento é a base para a inserção e crescimento das pessoas no meio social e profissional. Quando falo em conhecimento, não estou apenas abordando o *know-how* e o volume de informações trazidas pelo colaborador e que são requisitos para exercer sua função. Falo de um aspecto intrínseco, subjetivo, intangível. Falo do aspecto aprendizado.

Qual a porcentagem de colaboradores que se dizem sabedores das suas funções, insubstituíveis nos cargos ocupados que realmente estão abertos a novos conhecimentos? É disso que a competência conhecimento no desenvolvimento comportamental fala: *aprender a aprender.*

Colaboradores, supervisores, coordenadores, gerentes e diretores necessitam saber que *aprender a aprender* é o caminho natural para o crescimento intra e interpessoal. Eu enxergo com "um pé atrás" quando vejo profissionais se gabarem de possuir 25 ou 30 anos de experiência em suas carreiras e que são insubstituíveis no que fazem. Quando vamos investigar a fundo, durante os 30 anos de experiência, eles apenas repetiram tudo que tinham feito no primeiro ano de trabalho. Logo, possuem apenas um ano de experiência. Não conseguiram desenvolver conhecimento e *aprender a aprender* com o novo a cada dia.

Desse modo, o treinador comportamental, além de facilitador de um processo de ensino-aprendizado, precisa ser um coach e apontar os caminhos a novos conhecimentos com vistas ao desenvolvimento do indivíduo e do grupo.

1.1.1 Perfil do treinador comportamental no processo de desenvolvimento do conhecimento no outro

Para ser um coach no processo de capacitação de pessoas e despertar o desenvolvimento individual do profissional, o treinador comportamental também deverá exercitar uma ferramenta primordial com

André Kaercher

foco à maximização dos resultados tanto individual quanto da equipe treinada. Ele deverá começar a entender cada indivíduo da equipe a ser treinada como uma espécie de HD que já está cheio de informações, históricos e legados trazidos ao longo da vida. Processos de desenvolvimento bem trabalhados ou problemas internos de formação pessoal se acarretam ao longo de suas histórias. Também experiências profissionais extremamente bem-sucedidas ou projetos de carreira que não deslancharam ao longo dos anos.

O perfil e o histórico de cada participante do seu treinamento vão mudar radicalmente a maneira de ele ver, interpretar e perceber todo o conhecimento levado por você ao longo de suas capacitações. Para tanto, o treinador comportamental deverá desenvolver a "percepção.

A percepção será a maneira como você, facilitador, entenderá o perfil de sua equipe, as diferenças individuais dos participantes do grupo e, principalmente, como abordará cada tema com vista ao crescimento dos dois campos básicos dos treinamentos ministrados: o pessoal e o profissional.

1.2 Desenvolvimento comportamental pela perspectiva de futuro

A perspectiva é a segunda competência relevante e durável no processo de desenvolvimento comportamental de grande parte do público que frequentará seus programas de treinamentos. Ao abordar a perspectiva, falo basicamente da maneira de ver as coisas, de observar as situações com as quais se defronta no trabalho, como os colaboradores da empresa que está sendo capacitada utilizam todo o *know-how* adquirido para criar uma visão de futuro que os proporcione a implementação de um plano de carreira sustentável.

Uma porcentagem considerável de profissionais que atua neste novo ambiente precisa de apoio para abrir seus leques de visão com vistas ao posicionamento ou reposicionamento de mercado. Não é nada incomum você observar profissionais que passam a carreira inteira ganhando o mesmo salário, fazendo as mesmas coisas, se ocupando com a mesma rotina todos os dias e, quando chegam ao final de suas carreiras, percebem que poderiam ter feito tudo de maneira diferente.

Esses profissionais não despertaram para a perspectiva de futuro ou não tiveram alguém no início de suas vidas profissionais para ajudá-los a despertar para uma visão mais ampla das oportunidades que os envolveriam ao longo do tempo.

A seguir, convido você leitor a refletir acerca de um caso prático que evidencia a importância do despertar para a visão de futuro no

Treinamentos Comportamentais

processo de desenvolvimento de um profissional de sucesso.

Caso prático

No ano de 2001, eu acompanhava o trabalho de campo de um supervisor de vendas de sucesso de uma grande empresa no segmento de lingeries com ações estratégicas direcionadas ao público "A". Nesse período, tive a oportunidade de participar de uma convenção com alguns supervisores e vendedores do Nordeste do país. Durante o evento, o diretor geral da empresa explanava sobre os objetivos para o ano seguinte, projetos de expansão da organização e, principalmente, as metas que deveriam ser alcançadas por cada vendedor ao decorrer do ano que viria.

Ao final do evento, um consultor comportamental conduziu um momento ímpar que me encheu os olhos naquele momento decisivo da empresa. Ele simplesmente apresentou em 50 minutos o seu projeto pessoal de vida para o ano que estava por vir e, ao final, motivou cada vendedor e supervisor de vendas a construir o seu projeto pessoal com visão de futuro, análise de ameaças e oportunidades, definição de objetivos, metas e, ao final, um plano de ação detalhado dizendo como conseguiria alcançar aqueles objetivos. O interessante é que a empresa recolheu todo aquele material e não deu nenhum *feedback* aos colaboradores.

Um mês depois, em meados de janeiro do ano seguinte, cada vendedor e supervisor recebeu na sua região do país o plano estratégico da empresa para aquele ano e, em anexo, o projeto pessoal de vida. Na capa do plano havia uma frase que resumia aquele documento: "O nosso desenvolvimento pelo seu desenvolvimento". As metas pessoais de cada colaborador certamente eram trocar de carro, aumentar a casa, colocar os filhos em colégios melhores ou fazer exercícios com mais frequência.

Na mensagem subliminar da empresa e com o momento de capacitação que ela proporcionou àqueles profissionais, ficou mais do que evidente, para realizarem seus projetos, necessariamente teriam que ser profissionais melhores.

Naquele momento, percebi que não adianta as empresas proporcionarem benefícios aos colaboradores sem um plano de ação definido. É o colaborador que deve se inserir no projeto dela e, consequentemente, atingir os seus objetivos por meio do desenvolvimento de uma perspectiva de futuro. Poucas organizações percebem que trabalhar o desempenho da equipe é um requisito primordial não apenas para a sobrevivência, mas para a competitividade empresarial.

André Kaercher

E, para alcançar esse desempenho, é fundamental o desenvolvimento comportamental do potencial de seus colaboradores, capacitando-os a avaliar cenários, conhecer e potencializar suas aptidões com vistas a maximizar os seus resultados.

1.2.1 Perfil do treinador comportamental no processo de desenvolvimento da perspectiva no outro

Entender que uma gama considerável de seres humanos possui dificuldades em desenvolver uma visão ampla de futuro talvez seja o primeiro requisito para que você, treinador comportamental, consiga perceber o seu grupo e identificar as estratégias para levar cada indivíduo ao campo do planejamento individual de carreira.

Algumas técnicas são bastante utilizadas para atingir esses objetivos. Nos meus treinamentos por todo Brasil, procuro criar logo ao começo um clima de reflexão e concentração. Estabeleço primeiramente a relação entre o participante e ele mesmo. A partir dali, é convidado a desenvolver competências intrapessoais como a autoanálise. Nesses processos de imersão, onde cada colaborador pode refletir o seu passado profissional, estabelecer um diagnóstico de sua atual situação em casa e no trabalho, com vistas a estabelecer metas de curto, médio e longo prazo, o treinador comportamental será um mediador e, principalmente, um impulsionador para que sentimentos como coragem, poder de decisão e de ação, aflorem em cada colaborador tanto em prol do plano estratégico da empresa, como para cada indivíduo.

Dessa forma, o perfil para o estabelecimento de perspectiva de futuro, seja do indivíduo ou do grupo como um todo, deverá ser pautado sob aspectos como liderança educadora. O delineamento apontará para a importância do diagnóstico de suas carreiras e direcionará cada participante aos projetos e oportunidades futuras.

1.3 Desenvolvimento comportamental por meio da atitude

O despertar da atitude é um ingrediente primário no perfil de profissionais, que estão sendo capacitados todos os dias nas milhares de empresas em todo o mundo, é de fundamental importância para o crescimento e, principalmente, à manutenção dos resultados empresariais. Ter atitudes proativas neste novo mercado não é tarefa das mais fáceis. A proatividade, inclusive, pode muito bem ser separada em diversos campos de estudos e não somente quando se fala em comportamento humano nas organizações.

Treinamentos Comportamentais

Estudos revelam que uma margem considerável de profissionais desenvolve atitudes corretas e proativas em suas funções, são aqueles geralmente ocupando os cargos certos. Fazem o que gostam e conseguem, de certa forma, estabelecer as duas competências anteriormente aqui estudadas: conhecimento e perspectiva.

A cada dia, mais e mais treinamentos comportamentais direcionados ao desenvolvimento de atitudes inovadoras e proativas afloram por diversas regiões do globo. Empresários, executivos de grandes empresas, supervisores e, também, aqueles que estão iniciando suas carreiras procuram despertar para a importância em desenvolver um perfil diferenciado em prol de seus projetos profissionais e pessoais.

1.3.1 Perfil do treinador comportamental no processo de desenvolvimento da atitude no outro

A expressão é *head trainer*. O treinador comportamental deverá criar nos seus programas de treinamentos um ambiente oportuno e extremamente prático para que os colaboradores possam se expor de maneira ativa e, a partir dele, aflorarem para a importância da atitude no processo de crescimento profissional. É de extrema importância fazê-los lembrar que ninguém louva o tímido, ninguém irá lembrar daquele que não se coloca. Todos admiram o corajoso, irão lembrar-se daquele que se expõe no âmbito profissional de maneira diferenciada. Até por que, qualquer erro cometido por quem se destaca pela atitude e ousadia, facilmente será corrigido com mais ousadia ainda.

4

O que é motivação?

Abordo neste capítulo conceitos fundamentais para o desenvolvimento de pessoas, mas direcionados a um propósito específico. Analiso o líder ou o treinador que precisa ser o exemplo, sempre com base na congruência de ideias. Exponho experiências pessoais, vivências e ofereço recomendações sobre como realizar um bom treinamento

André Stroppa

André Stroppa

Formado em psicologia pela Universidade Paulista, atua como treinador em desenvolvimento humano há mais de 15 anos. *Master Practitioner* em Programação Neurolinguística, possui formação em *Coaching* com PNL e Análise Transacional, além de ser *Head Trainer* de Treinamentos de Desenvolvimento Pessoal em todo o país. É presidente da YOD Excelência Humana, fundada em 2005, em parceria com Alexandre Cury da Humanize Excelência em Desenvolvimento e Liderança, de Porto Alegre e Julio Pereira da Humanity Treinamentos, em Santos. É um dos grandes nomes da Programação Neurolinguística (PNL) do país e vem contribuindo para o desenvolvimento de muitas pessoas, desde profissionais independentes até grandes empresários. Já atendeu mais de 9000 pessoas e realizou treinamentos para as empresas: Cosampa, B&Q Engenharia, Docentes e Decentes, Mulher Cheirosa, Bic Banco, Coketelitas, Instituto Atlântico, Cajuína São Geraldo, Hotel Porto D'Aldeia, TV União, entre outras.

Contatos
www.yodeh.com
andre@yodeh.com

André Stroppa

É comum ouvirmos pessoas falando sobre treinamentos comportamentais abordando o tema motivação. Mas, qual é realmente o significado de motivação?

O que se vê no senso comum é que a motivação é alguma mistura de alegria, entusiasmo, força de vontade. Entretanto, se pesquisarmos melhor, veremos que se trata de algo mais além.

Tudo o que fazemos no nosso dia tem uma motivação.

Para ficarmos um domingo inteiro deitados na cama, assistindo televisão, existe uma motivação. Para termos um resultado excelente em nosso trabalho, existe uma motivação. Isso não quer dizer exatamente um estado de euforia.

Em PNL, a motivação está localizada no nível das crenças. Portanto, para fazermos qualquer ato, precisamos ter uma crença que o fundamente. Precisamos acreditar que aquela ação irá gerar um resultado esperado.

Você pode querer passar o dia descansando a sua mente se acreditar que isso o fará pensar melhor depois ou você pode preferir passar o dia pescando com o mesmo objetivo ou ainda caminhar um pouco. Por isso, a mesma motivação pode gerar diferentes comportamentos.

Muitas empresas procuram-me para realizar um treinamento motivacional e sempre explico isso aos diretores e empresários.

É importante mostrar alguns caminhos ou soluções com a parte motivacional. Caso contrário, você pode ter um bando de incompetentes empolgados na sua empresa ou no seu grupo de trabalho.

Junto com o trabalho motivacional é necessário que se mostre uma visão global, sistêmica do que se espera da empresa e de seus colaboradores.

Quando se quer motivar um grupo, é importante reservar algum tempo pensando nesta questão:

- O que desejo que meus colaboradores façam?

Descreva isso de forma específica.

Por exemplo: "eu quero que eles sejam proativos".

Ok, você deve então mostrar quais os benefícios de ser proativo. Talvez mostrando para eles quais benefícios em suas vidas a proatividade pode trazer. Você pode contar uma metáfora para isso ou mostrar um caso de sucesso ou ainda programar uma tarefa (dinâmica) onde a proatividade é necessária.

O importante é você gerar a vontade, o interesse para o ponto que quer transmitir. Por esta razão, utilize a maior parte do tempo se concentrando, preparando e falando sobre a necessidade de ter um

Treinamentos Comportamentais

conhecimento, uma capacidade ou um valor. Isso será fundamental para seu treinamento.

Deixe seu público ávido pela informação. Como aquelas pessoas que querem descobrir como um truque é feito.

Elas estarão com os olhos arregalados quase sem respiração.

Neste momento tudo o que você tem a fazer é dar a informação que elas tanto querem.

E assim você terá motivado seu público.

Seja o exemplo

Muitas pessoas quando buscam fazer um treinamento, preocupam-se em buscar técnicas de persuasão para convencer seus treinandos.

Pois aqui vai o maior segredo que conheço para transmitir uma mensagem de forma persuasiva: CONGRUÊNCIA.

Nada é mais persuasivo do que a congruência.

Emerson Vamondes é um treinador de coaches que ministra cursos de coaching em todo o Brasil. Além de grande amigo meu, é um excelente treinador.

Eu conversava com uma pessoa que tinha acabado de ter um resultado excepcional após fazer seu treinamento e ela me relatou o seguinte: "Não me esqueço do que ele me disse: - Pode fazer porque EU garanto que vai funcionar"

Ele de fato tem resultados muito bons em sua vida. Ele utiliza as técnicas que ensina. Todo o seu corpo transmite a mensagem que ele quer comunicar. Ele tem certeza que as técnicas funcionam.

Existe uma passagem de Gandhi que expressa de forma brilhante o que estou querendo transmitir aqui:

"Certa vez, uma mãe muito preocupada com seu filho, que comia muitos doces, pediu a Gandhi que o aconselhasse a largar seu vício.

Ele respondeu: ' Volte aqui em duas semanas'.

Passado este tempo, quando se encontrou com o menino, Gandhi disse: ' Você deve parar de comer doces, isso fará muito mal a sua saúde.

Então a mãe do menino perguntou: 'Por que o senhor nos pediu para esperar este tempo para aconselhar meu filho? '

Ele respondeu: 'Porque há duas semanas ainda comia açúcar'".

Portanto, só fale de coisas que você vive, tem experiência e sabe.

Se você não gosta de um tema, não diga que gosta. Se quer ser um bom treinador, apaixone-se pelo tema.

Costumo dizer em meus cursos de formação em PNL (Practitioner) que tudo tem um lado bom e ruim, é verdade. Mas quando você ama o que faz, este lado ruim acaba não ficando tão ruim. Não chega a ser

André Stroppa

um fardo. Passa a ser algo que vale a pena fazer.

Por outro lado, se você vai ministrar um treinamento sobre algo que domina, não se preocupe demais. Vá e fale sobre seu conhecimento e poderá falar para presidentes e generais.

Tenho ajudado as pessoas a descobrirem suas verdadeiras vocações e todas as vezes que isso acontece, fico maravilhado. Não me canso, não fico entediado com as perguntas

Na realidade vejo qualquer interação como uma oportunidade de explicar melhor um tema.

Existe uma máxima em Psicologia Organizacional que diz "Não existe funcionário incompetente, existe funcionário mal colocado."

Portanto, acredito que se uma pessoa tem um resultado medíocre é porque ela não está onde deveria dentro da empresa. Ela pode até estar na empresa correta, mas certamente não está na função correta.

O que desejo transmitir aqui é que por melhor que seja a técnica de oratória, por melhor que sejam os efeitos audiovisuais ou por mais luxuoso que seja o salão de treinamentos, o resultado depende do brilho nos olhos do treinador.

Muitas empresas de Marketing Multinível (MMN) procuram-me para ministrar treinamentos. Ministro treinamentos de vários tipos, como comportamentais, de venda e cursos para treinadores desse mercado.

Tenho muita admiração pelas pessoas que desenvolvem este modelo de negócio e sempre reservo um tempo para este tema: "Para ser um bom treinador para sua rede, seja congruente com o que fala."

Algumas pessoas no MMN são excelentes na expansão de sua rede, outras vendem muito bem o produto. É evidente que é necessário melhorar em todos os aspectos do negócio. Mas quando essas pessoas sobem ao palco para falar sobre o que fazem de melhor, uma magia toma conta do público e o tempo flui sem que se perceba.

Vivência

Talvez você não se lembre de todos os livros que leu ou de todas as aulas que assistiu.

Porém, certamente, sem fazer muita força, você consiga lembrar do seu primeiro beijo ou o mais marcante.

Muitas decisões que você toma hoje o remetem a algo que viveu. Sabemos que as aprendizagens mais importantes de nossa vida foram aprendidas por meio da repetição ou de forte emoção.

Você pode repetir um comportamento porque acredita que o levará a alcançar um resultado desejado. Porém, esse comportamento pode ter sido adquirido em um momento de sua vida que

Treinamentos Comportamentais

funcionou, mas agora não funciona mais.

Por exemplo: quando um bebê está desejando a atenção e o carinho dos pais, tudo o que tem a fazer é chorar. E de fato isso resolve o problema para ele. Os pais o ouvem e vêm em seu socorro. Isso foi aprendido em um momento da vida, repetido várias vezes e sempre com o mesmo resultado positivo. Este comportamento está de acordo com o contexto.

O que às vezes vemos são alguns adultos que quando querem a atenção de seus pares agem como se fossem bebês, chorando, berrando, exigindo atenção e argumentando somente sob seu ponto de vista. Esse comportamento fica fora de contexto e certamente não gera um resultado esperado.

O que estou expondo aqui é que por melhor que eu esclareça isso para sua mente consciente, nada substitui a sua vivência.

Por mais que eu e os outros autores deste livro esclareçam sobre a importância de ter um maior repertório de comportamentos possível, de se fazer uma análise crítica sobre seu *status quo*, somente quando você precisa de um comportamento novo é que sua capacidade psíquica vai trabalhar para isso.

Segundo Henry Ford "Pensar é o trabalho mais difícil que existe. Talvez por isso tão poucos se dediquem a ele."

Em um (bom) treinamento comportamental cabe ao treinador gerar uma necessidade de novos comportamentos aos seus treinandos.

E esse processo acontece em suas mentes de maneira instantânea.

O nosso cérebro tem um poder de processamento de 16,8 mil GHz. Se compararmos isso a um computador pessoal que hoje tem 3,3 GHz, temos sobre nossos ombros uma CPU equivalente a 564 computadores pessoais de última geração. Dá para ter uma noção aproximada da nossa capacidade de processamento. (http://www.transhumanist.com/volume1/moravec.htm)

E isso, claro, consome uma boa energia.

Portanto, como somos programados para economizarmos o máximo de energia, sem um bom 'motivo' não colocaremos nosso computador para funcionar...

Eu me lembro quando comecei a pilotar aviões. Tinha 17 anos e como todo garoto desta idade achava que me sairia bem em qualquer situação de pane na aeronave.

Porém, quando tive uma situação real de pane, percebi que fiz várias ações e raciocinei em uma velocidade que jamais achei que seria possível.

Tive sorte. E percebi depois disso como era importante estudar mais os procedimentos de emergência da aeronave.

Daquele momento em diante, não entrei em um avião sem antes fazer uma boa leitura do manual do equipamento, nas velocidades de

André Stroppa

maior planeio, quantos "G`s" a aeronave suportava etc.

Aquela vivência de poucos segundos valeu mais do que horas de conversa que o Alexandre, meu instrutor, ficava gastando comigo para que eu estudasse os manuais dos equipamentos (aeronaves).

Sempre que puder, utilize uma vivência.

Lembro-me quando comecei minha formação de treinador em meados de 1998. Um de meus mestres e mentores, Neil Negrelli, explicou-me de forma muito simples a importância de se preparar antes de falar.

Ele colocou um CD no computador e começou a tocar uma música. Fiquei parado e a ouvi sem entender nada. De repente, ele ejetou o CD e rapidamente o segurou na mão e me mostrou. A música ainda tocou por alguns segundos e parou.

E ele então me disse: "Viu? O computador primeiro lê depois toca." e começou a rir ...

Concordo que essa vivência não foi uma maravilha do mundo moderno ... Mas nunca mais esqueci isso...

Cada vez mais, a informação estará ao alcance de todos. Qualquer pessoa tem e terá acesso cada vez mais fácil a qualquer informação.

Contudo, a vida moderna muitas vezes faz com que as pessoas não tenham tempo para as vivências mais importantes de suas vidas.

Quando digo isso me refiro às vivências que levarão para o final de suas jornadas.

Certamente você não verá ninguém em seu leito de morte pensando: "eu devia ter feito relatórios mais elaborados" ou " eu deveria ter fechado aquele negócio".

Certamente no final de nossas vidas estaremos nos lembrando de um abraço que recebemos de nossos pais, quando fizemos um gol ou do beijo de um filho após termos feito um curativo em seu joelho.

Portanto, se eu fosse dar um conselho a você, leitor, seria algo assim: "Sempre que puder, proporcione vivências às pessoas. Elas se lembrarão e lhe serão gratas por isso."

Treinamentos Comportamentais

38

5

Como a PNL transforma o comportamento pessoal e organizacional

A busca pela excelência humana, pelo aperfeiçoamento, para melhor enfrentar os desafios e problemas, sempre foi um objetivo do Homem. A ciência tenta explicar, a partir de diversas disciplinas e teorias, a forma como os indivíduos adquirem esse conhecimento ao longo da sua vida. Sendo a PNL uma das ferramentas mais eficazes, rápidas e recentes de treinamento e mudança comportamental, o seu sucesso e vasta aplicabilidade é explicado à luz das recentes descobertas científicas

António Dias & Lívia Levinthal Lima

**António Dias &
Lívia Levinthal Lima**

António Dias

Mestre em Ciências Farmacêuticas pela FFUP (Porto – Portugal). Pós-graduado em Marketing Management pelo IPAM e especialista em Engenharia e Gestão Industrial pela Univ. Lusíada. *Practitioner* em PNL pela IANLP. Professor universitário. Co-fundador e Diretor Executivo do Neuro Training Institute (NTI) – Manaus. Experiência em liderança de equipes e gestão de projetos em Farmácia, Indústria Farmacêutica (Produção) e Distribuição (Comércio Internacional, Vendas).

Lívia Levinthal Lima

Master Practitioner e *Trainer* em Programação Neurolinguística (PNL) reconhecida internacionalmente pela IANLP. Pós-graduada em Marketing Management pelo IPAM - Lisboa. Graduada em Comunicação Social pela UFAM (Amazonas). Hipnoterapeuta certificada pela Hypnos Portugal. *Coach* pela Metaforum (Alemanha). Fundadora, Diretora e *Trainer* do Neuro Training Institute (NTI) – Manaus. Palestrante e facilitadora em eventos, cursos e *workshops* na área do desenvolvimento pessoal/profissional para particulares e empresas.

Contatos

www.neurotraining.com.br
a.dias@neurotraining.com.br / l.lima@neurotraining.com.br
(92) 9383-0641

António Dias & Lívia Levinthal Lima

Desde tempos imemoriais o Homem utiliza técnicas de dinamização grupal e treinamento individual de modo a desenvolver, aperfeiçoar e modelar capacidades, ações e comportamentos considerados úteis. Inicialmente isso era feito para a sobrevivência do grupo, da espécie, posteriormente como ferramenta de demonstração de superioridade e poder. Por isso, o treinamento comportamental desde cedo foi utilizado como ferramenta educacional, militar, diplomática e organizacional, com um objetivo: sermos cada vez melhores e eficazes na nossa comunicação e ação.

Desde formas de gestão mais simples, passando por sistemas organizacionais mais complexos e multivariáveis, as técnicas de modelagem e potencialização dos comportamentos ditos "exemplares" ou "ótimos" sempre fascinaram os líderes, os filósofos, os pensadores e, mais recentemente, os neurocientistas, psicólogos e a população em geral.

Existem inúmeras técnicas de treinamento comportamental, algumas mais superficiais e temporárias, outras mais profundas e duradouras. A Programação Neurolinguística (PNL) insere-se neste segundo grupo.

Evolução individual

Todo o ser humano tem, em algum momento da sua vida, um objetivo a alcançar, uma meta a atingir. Há quem queira potencializar os seus resultados profissionais, há quem queira deixar de fumar, diminuir o seu peso, ou simplesmente definir algum objetivo.

Isso se aplica tanto à vida pessoal como à vida nas organizações, visto que ambas são estruturas em constante mudança e que tentam se adaptar às alterações do meio externo.

Nem sempre a mudança comportamental é fácil e lógica. Há quem tenha mecanismos próprios de autoavaliação e melhoria contínua, mas muitas vezes, as pessoas/organizações procuram técnicos especializados que possam "guiá-las" às mudanças pretendidas. Encontrar o caminho para atingir o objetivo pode não parecer, inicialmente, tão simples assim, porém muitas vezes é um desafio que se revela intuitivamente.

A Programação Neurolinguística surgiu com esse foco, de maximizar através de diversas técnicas a excelência em cada um de nós e nas organizações, de modo a atingir esses objetivos que podem passar pela motivação, pelo fortalecimento da liderança e de *team-building*, a otimização de resultados, bem como ultrapassar dificuldades, medos, crenças limitadoras que possam existir em cada um de nós e que bloqueiam a nossa evolução e performance.

O que é a PNL?

A PNL nos ajuda a entender melhor como pensamos, agimos e

Treinamentos Comportamentais

nos comunicamos, para que sejamos capazes de identificar e aproveitar todas as nossas capacidades para alcançar os resultados que desejamos. Ela permite programar o nosso comportamento e emoções (programação) através da interação fundamental entre a mente (neuro) e a linguagem (linguística).

O desafio da PNL é tornar consciente tudo aquilo que até então era inconsciente. Aprendemos como podemos assumir o controle da nossa própria evolução cognitiva, escolhendo e influenciando (reprogramando) os nossos sentimentos, hábitos e comportamentos da mesma maneira que escolhemos usar os nossos pés para andar devagar ou mais depressa, para frente ou para trás. No fundo, aprender a ter controle sobre nossa própria vida, desligando o botão do piloto automático.

A PNL surgiu no início dos anos 70, na Universidade da Califórnia, nos Estados Unidos. O então estudante de computação (e mais tarde de psicologia) Richard Bandler e o linguista John Grinder fizeram um questionamento simples e curioso: *o que faz com que algumas pessoas tenham sucesso e outras sejam apenas medianas numa determinada área de trabalho?*

A dupla resolveu então estudar exaustivamente alguns dos mais famosos terapeutas da época (tais como Gregory Bateson, Virginia Satir e posteriormente o famoso hipnoterapeuta Milton Erickson), e descobriu que, repetindo exatamente os padrões pessoais de comportamento deles (palavras, estruturas verbais, tom de voz, postura, estratégias mentais), era possível conseguir resultados positivos similares ou ainda melhores com outras pessoas. Essa descoberta se tornou a base para a abordagem inicial da PNL, e sua primeira ferramenta ficou conhecida como *Modelagem*.

Desde então a PNL foi-se desenvolvendo e tornou-se num estudo sistemático da comunicação e subjetividade humana. A PNL estuda, portanto, como estruturamos nossa experiência pessoal: o que e como pensamos, nossos valores, crenças, convicções, estados emocionais e como nos comportamos.

Quais os benefícios

Por meio de descobertas e técnicas desenvolvidas por diversos estudiosos, a PNL se expandiu para outras áreas além da comunicação e da psicoterapia, agregando ferramentas e métodos práticos para as áreas da criatividade, inovação, motivação, saúde, esportes, negócios, treinamentos, vendas, direito, educação, direito, criminal e muitas outras.

Isso porque é possível treinar comportamentos e, mais importante ainda, alterar e modelá-los, visto que todo comportamento humano tem uma estrutura, e é o resultado dos nossos sistemas de representação mental e filtros internos(valores, crenças).

A PNL permite um alargamento de consciência, da mentalidade sobre as nossas capacidades, revelando que somos o limite que queremos, que nos impomos, consciente ou inconscientemente. Tal como disse Einstein: *"A mente que se abre a uma nova ideia jamais voltará ao seu tamanho original"*.

Uma vez experimentada a PNL e adquiridas as suas técnicas e assimilação dos seus pressupostos (tais como *"O mapa não é o território"*; *"As pessoas já possuem todos os recursos de que necessitam"*; *"Todo comportamento tem uma intenção positiva"*; *"Nada é fracasso, tudo é feedback"*), cada pessoa constrói o seu próprio futuro. A PNL proporciona as ferramentas, você fornece o material: a sua mente.

A PNL permite a reprogramação dos comportamentos de forma sistêmica, efetiva e profunda visto que possibilita a identificação, análise e eliminação de crenças limitadoras revelando que muito daquilo que julgávamos imutável e descontrolado,com a conjugação dos fatores motivação/técnicas corretas, permitem a obtenção de resultados espantosos, e que já mudaram a vida de milhares de pessoas em todo o mundo.

Para a PNL, tanto o corpo como a mente fazem parte da mesma estrutura, e assim *interagem*. Quando recebemos uma mensagem, ela é decodificada segundo nossos valores, crenças, modelos internos, desencadeando uma reação fisiológica, um comportamento, uma comunicação ("O significado da sua comunicação é a reação que você obtém", outro pressuposto). Tal resposta e comportamento podem ser alterados e controlados.

Quem nunca ouviu falar de Anthony Robbins e Paul McKenna, grandes motivadores, facilitadores e palestrantes, que promovem eventos que mudam a vida de milhares de pessoas em todo o mundo? Pois bem, esses treinamentos tem como base, entre outros conhecimentos, a PNL e suas técnicas. Com a PNL tornamo-nos melhores comunicadores, a sermos melhor compreendidos e principalmente, aprendemos a nos comunicar melhor com nós mesmos. Porque a PNL não se explica: experimenta-se, sente-se!

Fundamento científico da PNL: Plasticidade neuronal

Os bilhões de células cerebrais e nervosas são organizados em grupos, através dos caminhos de neurotransmissores, de modo a formar "mapas mentais" que respondem de acordo com as experiências que vivemos, e que geram pensamentos e comportamentos. Esses mapas nos permitem compreender o mundo que nos rodeia, as nossas ações e atitudes. As conexões entre as células que são frequentemente estimuladas irão sobreviver e prosperar; as outras irão

Treinamentos Comportamentais

se atrofiar ou serão desviadas para outras tarefas.

A neuroplasticidade neural corresponde à capacidade de adaptação do sistema nervoso, principalmente dos neurônios, às mudanças que ocorrem diariamente na vida dos indivíduos. Essa reorganização neural pode ser influenciada pela experiência, comportamento, prática de tarefas ou lesões cerebrais, além de processos de aprendizagem e memória. Além disso, essa reorganização pode ser facilitada através de treinamento repetitivo, prática de tarefas específicas, treinamento sensorial e prática mental (BORELLA, 2009). Sabe-se portanto que o sistema nervoso central tem grande adaptabilidade e que, mesmo no cérebro adulto, há evidência dessa plasticidade.

Somente na década de 1960 pesquisadores da Universidade de Berkeley (EUA) constataram que o sistema nervoso se modifica quando o organismo é exposto a um ambiente e a condições estimulantes. Curiosamente, poucos anos depois, surgia a PNL.

A PNL permite perceber a dinâmica entre a mente, a linguagem e o comportamento, alterar esses caminhos físico-químicos, os respetivos mapas cerebrais, consolidando as ligações neuronais que desejamos implantar. Tal como as neurociências têm comprovado nas últimas décadas, as redes de neurônios se modificam a cada nova experiência individual: o mapa cerebral se altera, sendo geradas novas conexões sinápticas, outras sendo eliminadas, e outras reforçadas. A PNL tem demonstrado que isso pode ser influenciado conscientemente.

Contrariamente ao que se pensava há algumas décadas, esta adaptação de redes neuronais não é exclusiva das crianças e jovens, mas permanece ao longo da vida. A plasticidade é, portanto, uma condição necessária para a aprendizagem e a evolução individual, além de ser uma propriedade do cérebro ao longo de toda a vida. Tal como refere a Prof. Elenice Ferrari, do Departamento de Fisiologia e Biofísica do Instituto de Biologia da Unicamp (SP, Brasil): "*A base de tudo é a comunicação entre os neurônios – as sinapses. Se a ativação de um neurônio for intensa e duradoura, isto vai resultar em alterações nas sinapses e na estrutura e função dos neurônios, com aumento de tamanho do neurônio, do número de dendritos (...)*". Com a PNL, uma experiência duradoura e consciente altera substancialmente a resposta a um determinado estímulo e experiência anteriores (medos, crenças, fobias).

PNL nas organizações

Ao mudar comportamentos individuais, a PNL altera também os comportamentos sociais e organizacionais.

Ao tomarmos consciência das nossas ações, do resultado da nossa comunicação, e como, em princípio, todos queremos ter melhores relacionamentos e a melhoria nas relações profissionais, é evidente. Isto porque conseguimos enxergar de forma clara a intenção por trás de comportamentos do outro e perceber o "mapa" da outra pessoa, e agir de forma conciliadora e eficaz, otimizando as interações, o trabalho em equipe e os resultados das organizações.

Porque, afinal, todas as organizações são constituídas por pessoas, e estas são o pilar da sua sobrevivência e do seu crescimento. Sem pilares fortes (pessoas em harmonia e mentalmente motivadas) e vigas unidas (relações fortes e companheiras), nenhum edifício ou estrutura permanecem intactos. Por isso a PNL é tão eficaz.

Comparativamente com outras técnicas, a PNL permite uma mudança consciente e inconsciente ao mesmo tempo, duradoura, rápida e estável para o indivíduo, mantendo os recursos adquiridos disponíveis ao longo da vida.

Por isso, as formações individuais e empresariais com PNL são encaradas como conquistas permanentes. No fim de cada módulo é oferecida ao formando a tal "caixa de ferramentas", e este nunca mais deixará de utilizá-la.

Como a PNL altera a nossa visão sobre nossas capacidades e limitações

A verdadeira mudança comportamental que ocorre com as ferramentas e modelo da PNL não se deve somente à assimilação do conhecimento, dos conceitos, mas também pela motivação individual. Cada indivíduo assume a responsabilidade nessa atitude que irá mudar a sua vida, sabendo desde o início que não há limites para os nossos objetivos, e que o seu alcance só depende de nós (afinal todos temos os recursos necessários, basta ativá-los e saber usá-los).

À guisa de conclusão, podemos afirmar que, apesar do livro que lançou a PNL se intitular "*A estrutura da Magia*" (GRINDER R., BANDLER J., 1977), a PNL tem pouco de magia na sua essência, mas muito de ciência físico-química, neurologia e biologia molecular. Só assim se explicam a possibilidade e a capacidade de podermos alterar a nossa estrutura mental interna, a partir de estímulos ambientais e ações conscientes.

Para comprovar essas ações existem inúmeras pesquisas científicas realizadas, e outras que continuam a realizar-se, que demonstram a eficácia das ferramentas e suporte desse modelo. Tal padrão faz com que a PNL ganhe cada vez mais adeptos em todo mundo, e em todas as áreas. Por isso, vem conquistando tanto leigos como pessoas ligadas às ciências (como psicólogos e médicos) às letras (como professores, pedagogos), esportes (treinadores de equipes profissionais de futebol, basquetebol), lançando um novo paradigma

Treinamentos Comportamentais

para a neurologia, psicologia e ciências do comportamento e aprendizagem. Isso permite que quem dominar essas ferramentas, tenha o controle de seu mundo, também de suas ações e de seus comportamentos. E, no limite, da realidade dos outros.

REFERÊNCIAS

ANDREAS, S. *Research in NLP*. Disponível em: http://realpeoplepress.com/blog/research-in-nlp-neurolinguistic-programming-science-evidence, acesso em 10/08/2013.

BORRELA, M. P. B.; SACCHELLI, T. Os efeitos da prática de atividades motoras sobre a neuroplasticidade. *In: Revista Neuroscience*. vol. 17, n. 2, 2009. p. 161-169.

CHARVET, S. R. *Real Behavior Change: How to Break a Habit*. Disponível em: http://www.success-trategies.com/media/articles-interviews/real-behavior-change-how-to-break-a-habit. Acesso em 10/08/2013.

CONNOLLY, R. *The Fundamental Principles of NLP*. Disponível em: http://www.nlp-now.co.uk/principlesnlp.htm. Acesso em 10/08/2013.

DÄNGELI, J. *Demystifying Neuro Linguistic Programming*. Disponível em http://www.nlp-center.net/articles/demystifying-neuro-linguistic-programming.html. Acesso em 10/08/2013.

FERRARI, E. A. de M.; TOYODA, M. S. S.; FALEIROS, L.; CERUTTI, S. M. Plasticidade neural: Relações com o comportamento e abordagens experimentais. *In: Psicologia: Teoria e Pesquisa*. vol. 17, n. 2, mai-ago/2001. p. 187-194.

O´CONNOR, J; SEYMOUR, J; Introdução à programação neurolinguistica, 7ª edição, summus editorial, S. Paulo.

SUGIMOTO, L. Desvendando a Plasticidade Neural. *Jornal da Unicamp*. Ed. 371, 10 a 16 de Setembro de 2007, p. 4.

6

Treinamento *indoor* ou *outdoor*: o melhor dos dois mundos

O mercado oferece diversos tipos de treinamentos, mas como saber qual o treinamento adequado a sua equipe, aos seus objetivos e de sua organização? Descubra os benefícios dos treinamentos *indoor* e outdoor para acelerar os resultados de sua equipe

Benny Rodriguez & Wilson Nascimento

Benny Rodriguez & Wilson Nascimento

Benny Rodriguez

Coordenador acadêmico da Florida Christian University. Professor de *coaching* e psicologia. Membro do Corpo Diretivo do SOAR Global Institute e International Coaching and Mentoring Association. Bacharel em Artes e Ciências Sociais em Psicologia. Mestre em Artes em *Coaching*. Doutorado em Psicologia Clínica. *Master Practitioner* em Programação Neurolinguística.

Contato
dr.benny@fcuonline.com

Wilson Nascimento

Doutorando em "Business Administration Ph.D." pela Florida Christian University. MBA em *Coaching*. Especialista em Gestão de Negócios e Empreendedorismo. Pós-graduado em Marketing e Propaganda. Administrador de Empresas. *Master Coach*. *Trainer* em Programação Neurolinguística. Docente na Faculdade Unida de Suzano e na FIAM. Sócio Diretor do Instituto Evolutivo.

Contatos
www.institutoevolutivo.com.br / wilson@institutoevolutivo.com.br
skype: Wilsonfnascimento

Benny Rodriguez & Wilson Nascimento

Num mundo contemporâneo, em que as mudanças tecnológicas apresentam-se cada vez mais aceleradas e o lançamento de ontem já se tornou obsoleto hoje, se estabelece a necessidade de inovação constante. É determinante que as organizações tracem estratégias capazes de administrar não apenas crises econômicas e adaptar-se as renovações da tecnologia, mas também potencializar seus recursos humanos através do desenvolvimento contínuo proporcionado pelos treinamentos.

Nesse ponto iniciamos o grande desafio das organizações, afinal muitas delas já possuem os melhores softwares, excelentes máquinas e as ferramentas mais atuais do mercado, porém mesmo assim algumas delas continuam encontrando dificuldades em alcançar a excelência.

Segundo O'Connor (1996, p. 25) o treinamento "(...) é processo sistemático de compartilhar conhecimentos, habilidades, atitudes e mudanças de comportamento". Mas como saber qual a melhor maneira de treinar sua equipe?

Ao longo da história da humanidade observamos o desenvolvimento do ser humano no exercício de sua função nas fábricas. Os trabalhadores cumpriam suas atividades como robôs, executando ações mecânicas, serviços repetitivos.

Ainda hoje algumas organizações mantêm suas linhas de produção funcionando neste ritmo, transformando o indivíduo em uma máquina de produzir. A obra de ficção Tempos Modernos, do grande autor e diretor Charles Chaplin, ilustra claramente a desmotivação das pessoas que trabalham num regime rigoroso de mais de 12 horas de trabalho por dia.

O cenário do mundo contemporâneo tem criado desafios para muitos empresários, gerando a necessidade de ser mais criativo com os recursos disponíveis.

Em nossas visitas a grandes e pequenas empresas dos mais diversos segmentos, a frase que mais ouvimos é: "Como alcançar os resultados da minha empresa, se não encontramos pessoas motivadas e comprometidas em viver a Missão da organização?"

Diante desta lacuna, a fórmula encontrada foi elaborar treinamentos que pudessem contribuir com o desenvolvimento humano e resgatar o potencial do indivíduo. Existem diversos métodos para atingir este objetivo, seja através de atividades de alto impacto, vivenciais ou até mesmo em versões online.

Com base nas mudanças tecnológicas e culturais, diversos trei-

Treinamentos Comportamentais

namentos voltados ao desenvolvimento de liderança começam a surgir no mercado, com objetivo de resgatar um líder "adormecido", ou no mínimo despertar algumas habilidades capazes de acompanhar o ritmo das mudanças, formando equipes de alto desempenho.

Matteu e Nascimento afirmam que (2012, p. 315) "um dos maiores desafios das organizações atualmente é desenvolver as pessoas e criar meios para que trabalhem de modo integrado, ou seja, em equipe".

Observamos que outro grande aspecto responsável por fazer as pessoas trabalharem em equipe com pensamento sistêmico e unido, está na busca de cumprir a Visão da empresa, alinhando, assim, seus valores pessoais aos valores da organização.

Observe que o desafio é fazer o ser humano entender que a sua desmotivação está ligada diretamente ao fato de não utilizar seus talentos na potencialidade máxima e ser reconhecido por seu esforço de diferentes maneiras.

Diante desta constatação, como a organização deve escolher o melhor treinamento? Será esse o grande desafio das empresas? Será que elas estão prontas para o processo de aprendizagem?

Alguns treinamentos visam construir equipes com resiliência e uma alta capacidade de *feedback* e o melhor, fazer estas pessoas se tornarem pessoas melhores.

Segundo O'Connor e Seymour (1996, p. 17) "o treinamento enfrenta um desafio cada vez maior para justificar sua eficácia diante das grandes mudanças na organização das empresas e dos avanços da tecnologia".

Aprendizagem organizacional

É cada vez mais evidente que as organizações devem perceber seus colaboradores como capital intelectual, capazes de maximizar seus lucros e aperfeiçoar sua vantagem competitiva.

As organizações devem não só notar o valor de seu capital intelectual, bem como propiciar meios para aprimorá-lo através de processos de aprendizagem.

Ciente desta necessidade de investir no processo de aprendizagem de seus colaboradores, é importante compreender como funcionam os processos de aprendizagem e como eles se desenvolvem.

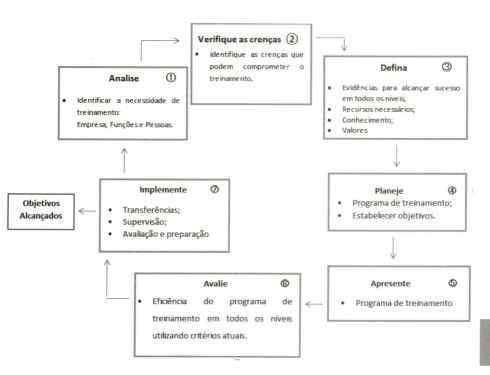

Ciclo de aprendizagem (O'CONNOR; SEYMOUR, 1996) Adaptado.

Como podemos observar no ciclo de aprendizagem, é preciso analisar vários pontos para o sucesso do treinamento. Observe que é muito importante a quebra de crenças limitantes que possam impactar no sucesso antes mesmo de definir as evidências sugeridas.

As crenças são profecias autorrealizáveis e se operam em padrões negativos, tornando-se um grande risco para o sucesso do treinamento.

Uma vez levantados todos os pontos, é importante ressaltar o papel de cada indivíduo no treinamento e definir o ponto de partida, colocando os indicadores para que futuramente possa ser feita uma checagem nos resultados, lembrando ser de extrema importância o Marco Zero, ou seja, o ponto de partida, como podemos observar no exemplo a seguir.

Treinamentos Comportamentais

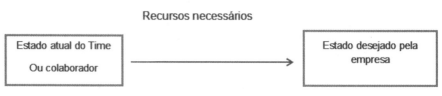

Esse é o princípio primordial para um excelente treinamento, a definição do estado atual, bem como o estado desejado.

Esta é a base para um excelente trabalho de *coaching*, pois não podemos descartar que muitas crenças podem estar com o treinador e assim afetar todo o treinamento. Respeite o sistema de crença de cada um, a não ser que o objetivo do treinamento seja desafiar e instalar novas crenças.

Tipos de treinamentos – Treinamentos Indoor

Uma modalidade muito difundida no Brasil são os *treinamentos de liderança*, que procuram trabalhar as emoções, ou seja, colocam o treinando em situações de estresse, raiva, tristeza, alegria e amor, utilizando técnicas de alto impacto, bem como muitos recursos da Programação Neurolinguística.

Os aspectos emocionais, como a inteligência emocional, abordada nos treinamentos *indoor* geram resultados muito importantes, pois como afirmam Penin; Catalão, (2010, p. 196), "a inteligência emocional reflete a capacidade de sentir, entender, controlar e modificar o próprio estado emocional, ou o de outra pessoa, de forma organizada". Treinamentos capazes de direcionar os treinandos a reconhecerem suas emoções e gatilhos de ação, contribuem de maneira muito significativa para o desenvolvimento de equipes de alto desempenho.

Treinamentos vivenciais

Os treinamentos vivenciais também conhecidos como treinamentos de alto impacto, têm como premissa proporcionar experiências de alto impacto para o desenvolvimento da inteligência emocional com base na psicologia positiva focada na transformação pessoal e nas mudanças comportamentais.

Como exemplo deste tipo de treinamento vivencial, citamos o Evolution Day. Esse é um treinamento moldado para promover um mergulho dos participantes em si mesmo. Todas as atividades proporcionam o desenvolvimento humano a partir de experiências que possibilitam o resgate do potencial do indivíduo o fazendo reconhecer suas potencialidades.

Esse tipo de treinamento proporciona vivências que possibilitam o treinando vivenciar situações capazes de tornar o aprendizado significativo, criando âncoras numa equipe de trabalho, utilizando técnicas que promovem a transformação de atitudes e ressignificação de crenças.

Treinamentos Outdoors

O psicólogo e treinador Michael Gass afirma que *"para fazer mudanças, as pessoas devem ser expostas a uma posição fora do estado de conforto, causando, assim um estado de dissonância onde as mudanças ocorrem"*.

Os treinamentos "Outdoors", ou ao ar livre, têm como base a promoção da aprendizagem através de experiências centradas na aventura. Nós acreditamos que as experiências de aventura provocam um aumento da dissonância e promovem o crescimento pessoal. Tanto assim, que as experiências centradas na aventura podem incluir uma grande variedade de atividades, devido às diferentes formas de experimentar a aventura. Esportes ao ar livre, cursos/circuitos de cordas (*challenge rope courses*), carreiras de aventura e até mesmo atividades internas podem ser utilizadas nos treinamentos de aventura.

Dentro do processo de treinamento, particularmente, é a qualidade das atividades e não as atividades em si a responsável por alcançar os resultados do programa. A combinação de desafios, o domínio e o sucesso nas atividades é o que leva ao crescimento dos participantes.

Em nossos cursos ou circuitos de cordas os participantes geralmente começam com exercícios de integração, para estabelecer a conexão entre os membros, para então começarem as rodadas e níveis de desafios. O primeiro nível é chamado de sequência de confiança, onde o foco é o desenvolvimento de um sentido de confiança entre os participantes, que mais tarde será utilizado nas atividades de altura. O segundo nível de desenvolvimento é uma série de eventos de baixo nível (máximo de 2 metros sobre o solo), onde a sinergia entre a equipe e o nível de desafio deve ser maior. Após o facilitador do programa atingir o segundo nível, os participantes se preparam para o terceiro e último nível. O terceiro nível são os eventos altos ou elevados (entre 10 e 15 metros de altura), onde o nível de dissonância e desafio percebido atinge o seu máximo. Antes do início, o facilitador faz todo o processo de explicação de segurança, aspectos técnicos e programação mental e emocional para preservar o bem-estar do participante e criar um novo sentido

Treinamentos Comportamentais

de vida após evento. Eles são chamados de **metáforas da vida**.

É por isso que os desafios devem ser holísticos, a fim de maximizar os resultados positivos. Os programas devem incluir desafios mentais, emocionais e físicos, e incentivar o domínio simultâneo nos três campos. Também lembramos que a intensidade dos desafios deve aumentar gradativamente, de modo a não sobrecarregar os participantes no início do programa, mas que lhes permitam crescer e se desenvolver ao longo dele.

As atividades devem ser bem organizadas e combinadas para atender às necessidades individuais e às exigências dos participantes.

O sucesso das atividades deve ser realizável. No entanto, alguma falha também pode ser boa para o desenvolvimento dos participantes. Os participantes podem aprender com seus fracassos para alcançar o sucesso. O estabelecimento de metas é fundamental para alcançar os resultados do programa, tanto a nível individual e de grupo. Também é importante, permitir que os participantes vivenciem atividades relacionadas à escolha pessoal.

Algumas das atividades estão relacionadas à confiança, empatia, comunicação, tomada de decisão, resolução de problemas, responsabilidade social e responsabilidade pessoal.

Antes de desenvolver um treinamento, conheça intimamente sua equipe, verifique suas necessidades, saiba qual o estado desejado pretende encontrar após o final do processo e escolha o melhor caminho para o desenvolvimento de uma equipe de alto desempenho.

REFERÊNCIAS

CATALÃO, J.C; PENIN, A. T. *Ferramentas de Coaching*. 3. ed. Porto: Libel, 2010.

LUCKNER, J. L., & NADLER, R. S. *Processing the experience: Strategies to enhance and generalize learning*. Dubuque, IA: Kendall/Hunt Publishing Co., 1997.

MATTEU, D; NASCIMENTO, W. Coaching como estratégia de equipes de alto desempenho. *In*: RIZZI, M; SITA, M. *Ser mais com equipes de alto desempenho*. São Paulo: Ser Mais, 2012.

MCKENZIE, M.D. How are adventure education program outcomes achieved? A review of the literature. *Australian Journal of Outdoor Education*, vol. 5, n. 1, 2000. p. 19-28.

NADLER, R. S. Therapeutic process of change. *In*: GASS, M. A. (Ed.) *Adventure therapy: Therapeutic applications of adventure programming*. Dubuque, IA: Kendall/Hunt Publishing Co., 1993. p. 57-69.

O'CONNOR, J. *Treinando com a PNL: recursos para administradores, instrutores e comunicadores*. 3. ed. São Paulo: Summus, 1996.

7

Planejamento de carreira & sucesso profissional

Neste artigo você encontrará algumas informações fundamentais que o ajudarão a pensar no seu marketing pessoal, como construir, expandir e manter a sua rede de relacionamentos (*networking*), além de sugestões de como elaborar um currículo atrativo

Betty Dabkiewicz

Betty Dabkiewicz

Pedagoga, especialista em Programação Neurolinguística, *master coach* e diretora executiva da Sinergia Consultoria em Gestão de Pessoas e *coaching*. Larga experiência em consultoria e assessoria empresarial em gestão de pessoas e de negócios, elaboração e execução de projetos customizados de capacitação para equipes e lideranças multifuncionais, *trainees* e estagiários. Tem foco em gestão do conhecimento e qualidade integral das pessoas física e/ou jurídica para as quais presta serviços de *personal life coach*, liderança e alta performance individual ou de equipes, *coaching* de escolha profissional e carreira, movimentação de carreira e *coaching* executivo. Escritórios e atendimento no Jardim Botânico e Barra da Tijuca.

Contatos
www.consultoriasinergia.com
http://www.linkedin.com/in/sinergiacoach2010
https://www.facebook.com/pages/Sinergia-Consultoria-em-Gestão-de-Pessoas-Coaching/223586387728777
betty@consultoriasinergia.com
sinergia.coach@gmail.com
(21) 2430-9955 / 99496-9355

Betty Dabkiewicz

Você já pensou em ser um profissional de sucesso, um talento em potencial no mercado de trabalho? Sim, é claro que você pode! Deve estar se perguntando como se preparar para ser bem- sucedido, adequar os seus interesses e ações ao emprego que pretende conquistar ou manter.

Neste fascículo você encontrará algumas informações fundamentais que o ajudarão a pensar no seu marketing pessoal, como construir, expandir e manter a sua rede de relacionamentos (*networking*), além de sugestões de como elaborar um currículo atrativo.

Algumas questões e exercícios de autoconhecimento ajudarão a elaborar metas e objetivos, a desenvolver seus talentos e habilidades e a desenhar um plano de carreira diferenciado que seja compatível com o mercado profissional, altamente competitivo.

Conhecer o conjunto de características pessoais, seus valores, necessidades e metas facilitarão o seu projeto pessoal; porém será através das novas ações promovidas que ocorrerá toda possível diferença.

Como pretende ser reconhecido no mercado de trabalho?

Que ações têm promovido para construir a sua imagem pessoal e profissional?

Você é ágil, aprende rápido, é flexível as mudanças?

Diariamente convivemos com a velocidade dos meios de comunicação, com a diversidade sociocultural imposta pela globalização, interagimos com múltiplas tecnologias, informações e novos conhecimentos.

Os profissionais que estiverem focados no seu autodesenvolvimento, no gerenciamento de sua carreira, na potencialização de seus talentos, habilidades e competências conseguirão um lugar no mercado de trabalho mais rapidamente.

Ainda hoje muitas pessoas vivenciam a situação que Alice experimentou no País das Maravilhas, quando numa encruzilhada do caminho perguntou ao coelho maluco qual trilha deveria seguir para sair dali. Alice foi questionada onde pretendia chegar e respondeu, ao coelho apressado, que ela não tinha ideia a respeito, pois estava totalmente perdida... Recebeu então a seguinte resposta: "Então qualquer caminho lhe servirá..."

Reflita sobre a situação e identifique se em algum momento da sua vida profissional você já se encontrou numa situação semelhante à de Alice... Que atitudes tomou? Em qual caminho encontra-se agora? Está satisfeito?

O próximo passo é a elaboração do seu plano de carreira e sucesso profissional:

Sua marca pessoal: a chave para o seu sucesso!

Lembre-se: não existe uma receita padrão, cada um gerencia o seu

Treinamentos Comportamentais

desenvolvimento, capacitação e competências de acordo com os seus valores, identidade, percepções e relacionamentos no cotidiano.

Ser reconhecido como um bom profissional vai além das competências e dos conhecimentos técnicos. O comportamento, as atitudes, a etiqueta, a maneira de se vestir e de falar, assim como a forma de criar e manter os relacionamentos são aspectos fundamentais para a criação e manutenção da sua imagem pessoal e profissional.

Cada um de nós é reconhecido pelas ações e intervenções nos diferentes meios em que vivemos e nos relacionamos. Somos educados e influenciados pela família, sociedade, religião; criamos hábitos e comportamentos que achamos adequados, porém devemos estar atentos as nossas ações e repercussões que obtemos como respostas às nossas interferências no meio ambiente no qual vivemos e nos relacionamos.

Dicas:

*Use a inteligência emocional e a linguagem corporal a seu favor. Procure perceber a forma como as pessoas lidam com as situações e estímulos no dia a dia, observe e busque responder ou reagir de forma a manter a sua segurança,confiança e credibilidade. Observe a linguagem corporal que pode ser identificada através das reações do nosso corpo frente as situações que experimentamos; suores, palidez, a maneira como nos sentamos ou olhamos para alguém traduz uma intenção .

*Tenha cuidados básicos com o seu estilo pessoal, pois a composição deste pode fazer toda a diferença: vestimentas, cores, o visual, o gestual devem ser adequados as situações cotidianas. Perceba nos ambientes como as pessoas se vestem e se apresentam no ambiente de trabalho(formalmente, calcas social, camisas ,ternos, paletós ou informalmente com calças jeans blusões com cores discretas ou fortes e vibrantes). Estes temas serão abordados nos próximos capítulos.

*Reconheça e desenvolva habilidades interpessoais do comportamento humano que geram expectativas positivas: gentileza, cooperação, ouvir com empatia e atenção, saber fazer e receber elogios e/ou críticas.

*Pense e aja positivamente: seja objetivo, tenha iniciativa, comunicação aberta, automotivado, busque o equilíbrio e a qualidade de vida, diminua o estresse, tenha atitudes e relacionamentos saudáveis e produtivos.

*Uma vez que tenha identificado as qualidades que fazem a diferença na sua carreira e nos relacionamentos pessoais use-as a seu favor através do seu trabalho e de suas ações.

*A sua marca ou marketing pessoal deve traduzir a imagem que as pessoas fazem de você.

Betty Dabkiewicz

Qual é a sua marca atual? Como você a percebe? Como os outros reconhecem a sua marca, suas características?

Pretende mudar algo? O que quer criar ou comunicar? Como quer ser conhecido?

Temos crenças e atitudes que podem ser percebidas como nossos pontos fortes, as quais nos destacam de outros indivíduos; outras revelam os nossos comportamentos que ainda necessitam ser modificadas ou adequadas à uma nova realidade.

A importância do marketing pessoal no ambiente de trabalho

De acordo com várias definições o Marketing é percebido como um Conjunto de técnicas de comercialização de produtos ou serviços, que envolve pesquisas de mercado, adéqua e realiza promoção junto aos consumidores. Também é reconhecido como Publicidade, que é feita para promover a venda de um produto ou serviço, ou para influenciar o público favoravelmente em relação a uma ideia, pessoa ou empresa

Você deve estar se perguntando: O que isto tem haver comigo?

Tudo! Você também é um produto!

Se a propaganda é a alma do negócio, a apresentação do seu produto e dos seus serviços é sem duvida a parte fundamental para a entrada no mercado de trabalho. Isto é você está qualificado para desempenhar as suas funções e para assumir novos desafios?

No mundo corporativo ou institucional exige-se do profissional o desenvolvimento de competências e das experiências técnicas e comportamentais, disponibilidade e flexibilidade frente a mudanças estratégicas, além das habilidades e atitudes que facilitem os relacionamentos, iniciativa, capacidade de integrar e motivar aos seus pares e equipes.

São fundamentais os cuidados e manutenção com imagem pessoal que sejam compatíveis com a imagem que a própria empresa deseja e espera projetar e ser reconhecida junto aos seus clientes, consumidores e parceiros.

O marketing pessoal, portanto está relacionado à identidade e a imagem pessoal que é a manifestação do seu SER e o que estará em evidencia será a forma como fala, gesticula, veste-se, comporta-se, utiliza a linguagem corporal, entre outros aspectos que compõem o estilo pessoal.

Fatores que são reconhecidos como pontos fortes nos profissionais: autoconhecimento, empreendedorismo, competência social, capacidade de análise e negociação, capacidade de ouvir, falar e escrever com fluência outros idiomas além do idioma nativo, criatividade e pensamento estratégico, ter iniciativa, gerar resultados, criar e ampliar redes de relacionamento interpessoal,ter atitude alinhada aos objetivos da empresa, flexibilidade e capacidade de adaptação as novas situações e mudanças, prontidão e resolubilidade, espírito colaborativo, liderança, ter consciên-

Treinamentos Comportamentais

cia socioambiental ,demonstrar e estar preparado para assumir novas responsabilidades, contribuir com o sistema e busca o equilíbrio sistêmico (emocional, racional, lógico, engajamento ambiental);

O marketing pessoal é um instrumento poderoso dos indivíduos e profissionais que procuram alinhar os seus valores, metas e objetivos pessoais com a realidade dos sistemas com os quais influencia e é influenciado.

Seguindo os conselhos do pensador Chinês do Século VI A.C., Lao Tsé, que disse:

> "... Dê um peixe a uma pessoa e ela se alimenta por um dia.
> Ensine-a pescar e ela se alimentará a vida inteira..."

Então, mãos a obra! Convidamos você a descobrir os seus talentos ou pontos fortes que possam ser um diferencial em sua carreira.

1. Identifique e marque quais dos itens abaixo são seus pontos fortes.

2. Acrescente outros pontos fortes que sejam diferentes dos apresentados abaixo.

*Clareza na comunicação escrita e oral   Fluência verbal   Disciplina
Objetividade   Foco em pessoas e no relacionamento   responsabilidade
Relacionamento interpessoal   Planejamento
Bom humor   Ambição   Organização   Proatividade
Administração do tempo Modéstia   Autonomia   Individualismo
Capacidade de análise e síntese   Foco nos objetivos   Empatia
Imparcialidade   Flexibilidade   Escuta atenta   Presença
Liderança Pensamento estratégico   Prudência   Impulsividade
Justiça   Respeito   Adaptabilidade   Compromisso
Capacitação permanente perfeccionismo   Iniciativa   Ética
Flexibilidade   Criatividade   Atitude   Empreendedorismo
Agressividade   Cooperação   Competitividade   Agilidade*

2. Relacione alguns dos itens acima destacados para servirem como referencia na elaboração do seu plano de marketing pessoal:

3. Para que você possa refletir, elaborar um plano ou fortalecer a sua marca profissional sugerimos que faça um registro escrito das seguintes questões :

• *Quais são as características positivas principais que o destacam como indivíduo e profissional?*

• *Descreva o seu estilo de aprendizado, hábitos, estratégias de ação e*

Betty Dabkiewicz

capacidades e quais os seus planos de ação para potencializá-los?

• O que sabe fazer bem e o que pode melhorar? O que ainda não sabe fazer e o que pretende fazer para suprir esta deficiência?

• Relacione as metas principais e os prazos estabelecidos para cumpri-las na sua vida pessoal, profissional, social, familiar, comunitária, religiosa, acadêmica, entre outros aspectos que você achar importante.

• Identifique que características, valores e comportamentos pessoais são determinantes na sua personalidade, de forma a servirem como meios facilitadores para alcançar os seus objetivos? Quais são eles?

• Que experiências, competências técnicas e comportamentais, habilidades e atitudes são o seu diferencial competitivo ou são formadores de sua marca pessoal?

• Quais são os seus principais pontos fortes e o que ainda precisa de atenção especial para gerar o resultado de sucesso esperado?

• Você é considerado/a uma pessoa confiável, motivada, inovadora, autônoma para tomada de decisões?

• Apresenta capacidade de análise, planejamento e argumentação? Em que circunstâncias você as vivenciou?

• Busca novas oportunidades de relacionamento, trabalho e negócios? Como?
• Como as pessoas lembram e falam de você (reputação)?
• Realiza um planejamento estratégico de sua capacitação e carreira? Como?
• Apresenta o poder de empreender coisas e atividades novas na sua rotina?
• Se você pretende mudar algo: o que, como e quando será?
• Utiliza a sua missão, visão, valores pessoais e estratégia de organização de forma que obtenha resultados positivos para você e para o meio o qual convive. Como isto ocorre?

A arte do networking:

A importância de tecer a sua rede de relacionamentos na vida pessoal e profissional.

Treinamentos Comportamentais

Fazer e manter amigos sejam eles no âmbito pessoal ou profissional é ao mesmo tempo uma arte, um desafio e uma forma de sobrevivência.

Criar e cultivar uma rede de relacionamentos é sem dúvida um importante capital social, aumenta a capacidade de tomar decisões corretas, amplia a sua visibilidade no mercado, além de melhorar a sua empregabilidade.

A rede de relacionamento existe em todos os ambientes onde conhecemos pessoas, estabelecemos contatos e nos fazemos conhecer.

Desenvolver uma rede de relacionamentos, também conhecida no mercado de trabalho como *networking* implica numa ação inteligente e contínua de manter e aumentar os relacionamentos sociais e profissionais que exigirão de você determinados cuidados e atenção.

A rede de relacionamentos pode servir como fonte de informações sobre as tendências do mercado, pois através dela podemos levantar dados, trocar ideias, atualizar informações.

O *networking* é a maneira pela qual criamos, mantemos e utilizamos a rede de relacionamento

Sem dúvida é um projeto que representa uma espécie de seguro de vida profissional; portanto nunca será demais compor o relacionamento com simpatia, cordialidade, ética, fidelidade, clareza, confiabilidade, discrição. Estas são peças fundamentais neste jogo de desafios do *networking*.

Pense nisso...

O *networking* é fundamentado numa base onde a relação entre a reputação pessoal e profissional é apoiada na confiabilidade.

Reputação é o conceito que os outros têm de você. Ela nasce com a primeira impressão e cresce à medida que as pessoas o conhecem melhor. Você é confiável, eficaz, sincero nos seus relacionamentos?

A confiabilidade é decorrente dos seus comportamentos. Você age de forma coerente, suas ações correspondem aos seus atos?

Essas são apenas algumas perguntas para ajudá-lo em seu networking. Espero que meu artigo tenha colaborado para o seu desenvolvimento como um todo e possa, a partir dele, realizar mudanças significativas em sua vida! Desejo que você tenha muito sucesso em sua vida, pessoal e profissional!

8

Estado atual para estado desejado - O treinamento comportamental desenvolvendo pessoas

Quanto mais flexíveis formos, mais realizaremos ações de alto
significado e mais próximos estaremos da autorrealização.
Autoconsciência, autoconhecimento e flexibilidade,
sementes da mudança, que deve-se regar
várias vezes ao dia, todos os dias da sua vida!

Carlos Costa & Fabiana Quezada

Carlos Costa & Fabiana Quezada

Carlos Costa

Professional Coach, pelo Instituto Evolutivo com reconhecimento internacional World Coaching Council. Cursando MBA em Gestão de Pessoas pela Conexão FGV, com ênfase internacional na The university of Tampa-Florida, bacharel em Administração de Empresas. Coautor do Livro Felicidade 360 pela Ser Mais. Atualmente é profissional de RH e atua como Especialista de Treinamentos na empresa JSL S/A, líder no segmento logístico, onde desenvolve diagnósticos das operações da empresa e, consequentemente, a aplicação de treinamentos comportamentais.

Contato
carlosacj.coach@gmail.com

Fabiana Quezada

Sócia Diretora do Instituto Evolutivo; formada em Direito pela Universidade Braz Cubas Mogi da Cruzes em 1999; atuante na área Trabalhista e Família; Mestrando em "Arts in Coaching" pela Florida Christian University; Trainer em PNL pelo INAP; *Master Coach* Sistêmico pelo Metaforum; Personal & Executive Coaching pela Sociedade Brasileira de Coaching; Ampla experiência com Treinamento de Desenvolvimento Pessoal e Liderança; ministra cursos de PNL; analista Comportamental (ferramentas DISC e SOAR).

Contatos
www.institutoevolutivo.com.br
fabianaquezada@terra.com.br / fabiana@institutoevolutivo.com.br

Carlos Costa & Fabiana Quezada

Trabalhamos há alguns anos com treinamentos comportamentais com foco em comunicação e liderança. Escolhemos desenvolver pessoas porque temos profunda admiração pelo ser humano e sua capacidade de transformar-se. Poder fazer parte desse processo como agente de mudanças tem sido um propósito de vida. A dinâmica do nosso treinamento é dedicada a liberar o potencial de cada um que busca autorrealização.

Todos nós desejamos ser a melhor versão de nós mesmos, seja no trabalho, em casa, com a família ou com os amigos. Enfim, queremos ser mais. Isso invariavelmente significa que vamos mudar, podemos fazer diferente do que estamos fazendo ou aprimorar o que já está dando certo.

A vida nos dá diversas possibilidades para encontrarmos o sucesso, a felicidade e a plenitude. São muitos os caminhos a serem percorridos, mas temos a tendência de acreditar numa rota só, como se tivéssemos apenas uma saída. Essa é uma crença que limita nossa autoconfiança e nos conduz a um padrão de comportamento convencional.

Michael Hall, em seu livro Liberte-se, confessa que essa convencionalidade funciona. Se você adotou os padrões de vida, cultura, ética e moral de sua sociedade então "se sente em casa", muito confortável e não deseja perturbar esse equilíbrio. Mas será que isso funciona pra despertar o seu melhor? Faz você se sentir um apaixonado pela vida e por suas capacidades? Segundo Hall, tanto não funciona para autorrealização que mantém as pessoas vivendo em prisões da mente, do corpo e das emoções.

Ficar preso a um padrão de comportamento é assumir uma determinada maneira de pensar, sentir e agir. Liberar nossos melhores recursos tem a ver com nos permitir descobrir novas possibilidades e diferentes caminhos. Os treinamentos motivacionais são um convite ao pensar "fora da caixa", a autorreflexão e ao empoderamento.

Nossa experiência nos diz que o treinamento é apenas um start. Grande parte das pessoas sai motivada, com autoconfiança, decidida a mudar, entretanto, em pouco tempo volta a ter o mesmo padrão de comportamento. "Queremos mudar e, ainda assim, hesitamos, chegamos até a temer (...) talvez entender nossa necessidade de mudar e onde isso começa nos dê compreensão, mas não necessariamente mudança" (HALL, 2012, p. 166).

Durante o treinamento as pessoas estão repletas de motivação e dispostas a tomar decisões. Comunicam-se melhor, desenvolvem maior aceitação das diferenças e aprendem ouvir e liderar. Os benefícios são muitos, mas como toda semente plantada precisa ser regada. Elas querem investir em si mesmas e dar continuidade ao processo. De nossa parte, descobrir os porquês dessa ambivalência

Treinamentos Comportamentais

"do querer e não fazer" pode ser a chave que abre as portas para um treinamento mais eficaz.

Então, o que nos impede de ser o melhor de nós mesmos e liberar nossos potenciais rumo a autorrealização? Nós mesmos, quando performamos significados e crenças limitantes. Para Fritz Perls, "as pessoas acreditam que seu ponto de vista a respeito do mundo é uma verdade objetiva, mas a experiência humana é colorida pelas lentes pessoais que usamos para vê-la. Já que nossa percepção configura nossas experiências é possível alterar nossa realidade interna e também nossa realidade externa" (2). Mudar significa transformar nossa realidade em algum ponto.

Se o que acreditamos como verdadeiro depende das nossas "lentes" de percepção, como elas funcionam? De acordo com Kant, "cada um de nós constrói uma versão do mundo como ele é. Então cada um de nós tem visão limitada do mundo, já que nossas percepções são construídas a partir da informação adquirida por um conjunto limitado de sentidos" (1). Ou seja, para captar a realidade externa utilizamos nossos sentidos – visão, audição, cinestesia, olfação e gustação.

Uma vez que internalizamos esses dados percebidos da realidade começamos a processar informações. Utilizamos nosso sistema mente-corpo-emoção para criar significados. Nosso corpo, nossas palavras, o foco de nossos pensamentos e nossas crenças formam um tétrade que cria nosso sentimento e estado emocional, que por sua vez geram nossas ações e comportamentos.

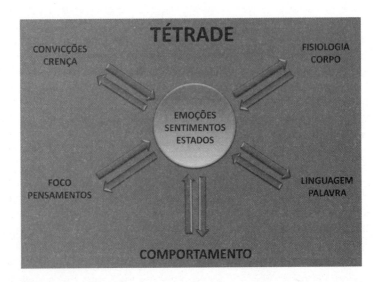

Carlos Costa & Fabiana Quezada

Hall define significado como "tudo aquilo que mantemos em mente(...) é nosso poder interno de dar sentido as coisas, está no coração da liberação do potencial humano, somos grandes criadores e realizadores de significados" (HALL, 2013, p.129) Se nós criamos nossos comportamentos por meio dos significados que performamos em nossa mente, também temos o poder de mudá-los.

A palavra comportamento vem do latim cum me porto – como me porto. Tudo que pode ser observado. Costumamos utilizar a ideia de que é tudo que pode ser captado por uma câmera filmadora. Por exemplo, gestos, tom, volume e andamento da voz, ritmos da respiração, tensão muscular, postura, movimentos, a fala, as palavras etc.

Em determinado momento de nossa vida sentimos necessidade de nos comportarmos de forma diferente. O que antes era útil pode não ser mais no contexto atual. No entanto, continuamos replicando um comportamento já ultrapassado, pelo hábito de repetir experiências, mesmo inconscientes. Com isso reforçamos a crença de que é impossível mudar e a realidade é uma só. Agora sabemos que tudo gira em torno de como percebemos o mundo.

A mudança começa à medida que assumimos o controle de nossas vidas e partimos para ação. Quando alteramos para melhor um ou mais elementos da tétrade (corpo, palavra, pensamento e crenças) iniciamos um processo de qualificação de significados. Quanto mais importante e significativo aquilo for, mais ativador, mais te chama atenção e ativa seus poderes.

Reafirmamos que o treinamento comportamental é sim um start para a autoconsciência. Compreender que nós somos construtores de significados, que nós criamos nossos estados emocionais e estes determinam nossos comportamentos é fundamental para o autoconhecimento. Nesse ponto, contamos com as ferramentas de análise de perfil comportamental, como o DISC e SOAR. Elas permitem um conhecimento mais profundo das fortalezas pessoais e profissionais de cada um. Possibilitam às empresas recolocarem seus colaboradores em funções que realmente utilizam seus potenciais. Assim, garantem melhor qualidade nos relacionamentos, comunicação e liderança, com maior produtividade e a satisfação no trabalho.

Uma vez que adquirimos autoconsciência dos nossos processos internos e conhecemos de fato como agimos e interagimos, temos maior facilidade em mudar. Essa flexibilidade é a chama da mudança, é a chave da liberação do potencial humano. Ela aumenta a capacidade de tolerar, de aceitar, de relacionar, de perceber e de amar.

Quanto mais flexíveis formos, mais realizaremos ações de alto significado e mais próximos estaremos da autorrealização. Autoconsciência,

Treinamentos Comportamentais

autoconhecimento e flexibilidade, semente da mudança, deve-se regar várias vezes ao dia todos os dias de sua vida!

Seis passos para desenvolver um Programa de Treinamento: O Comportamento como fonte de evolução pessoal

1) Propósito bem definido

O grande segredo para desenvolver um programa de treinamento é compreender as necessidades do cliente. A clareza do estado atual e do estado desejado só é possível quando o profissional está aberto a ouvir e perguntar exatamente o verdadeiro propósito da empresa. Se este não estiver claro o desenvolvimento do programa não fará sentido.

- Ouvir

É estar atento ao outro. É ter paciência, estar presente e aceitar a outra pessoa de fato, sem julgamentos. O que eu quero dizer, é que essa é uma habilidade que o profissional precisa ter ao lidar com os vários tipos de gestores. Lembre-se: o sucesso do seu treinamento depende do que a empresa espera de você rumo ao propósito apresentado.

- Perguntar

Não entendeu o propósito do treinamento? Pergunte! Sua meta é extrair o maior volume de informações possíveis para melhor compreensão desse propósito. Envolva a gestão do departamento que será treinado, pois eles têm as respostas poderosas que direcionarão suas ações.

Exemplos:
- Qual o desafio a ser conquistado?
- Quais recursos nós precisamos ter pra isso?
- Onde nós estaremos quando atingirmos nossa meta?
- Quem nós seremos quando conquistarmos nosso propósito?

2) DNE – Definição das Necessidades da Empresa (por área)

É fundamental envolver os gestores de cada área que receberá treinamento, além dos profissionais de RH. Dois passos são importantes para o sucesso da DNE:
- Avaliação de desempenho
- Análise das competências

3) Diagnóstico do estado atual da área

Após o entendimento do propósito e das necessidades do clien-

Carlos Costa & Fabiana Quezada

te, as informações analisadas precisam ser transparentes com a realidade atual. Distribuídas as devidas responsabilidades, o profissional vai avaliar se o desafio é congruente com o Treinamento Comportamental, ou, se existe a necessidade de outras mudanças como cultura organizacional, revisão das normas e processos, adequação a outros cargos, novos equipamentos ou condições de trabalho etc.

4) Elabore o Programa de Treinamento

☐ PROGRAMADO

☐ REALIZADO   EMPRESA/FILIAL   Controle Semanal Mensal ou Anual ⊙

Treinamentos	Conteúdo Programático	Carga Horária	Público-alvo	Status	Quantidade
Liderança	Papel do Líder, Capacitação, Comunicação, *Feedback*, Inteligência Emocional, Autoconhecimento, Automotivação, Projeto de vida e Alcance de Metas.	2 horas	Gerente Coordenador Supervisores Líder de Operação	Programação	100
				Realizado	50
T&D Motivacional	O objetivo do treinamento é desenvolver a capacidade da automotivação dos colaboradores através do autoconhecimento	2 horas	Todos os colaboradores	Programado	100
				Realizado	40

Recursos Necessários	Microfone, Projetor, Som, etc		Realizado	90
Objetivo	O que pretende alcançar com o T&D			

Os *Treinamentos* serão escolhidos conforme a necessidade identificada.

O Conteúdo Programático está diretamente ligado ao desenvolvimento dos participantes. Para isso precisa respeitar os níveis e necessidades de grupos pré-determinados, podendo ser dividido em temas e horários diferentes.

A carga horária deve ser planejada com os responsáveis de cada área com antecedência, respeitando o andamento das atividades de cada setor, sem prejuízo a equipe.

O público alvo é o seu cliente, quem você ajuda, quem você vai proporcionar desenvolvimento. É pra ele que você dedicará todo seu esforço. O status e a quantidade são elementos de controle dos participantes em relação ao que foi feito. Relação entre programado x realizado – parâmetro de alcance.

O controle dos treinamentos realizados pode ser semanal, mensal ou

Treinamentos Comportamentais

anual, isso irá depender do período do treinamento que será realizado.

Os recursos utilizados são importantes a medida que estimulam os sentidos dos participantes. Envolve aspectos visuais, auditivos, cinestésicos e possibilitam um aprendizado mais eficaz. Podem ser vídeos, músicas, apostilas, dinâmicas de grupo etc.

O objetivo é o estado desejado, onde se pretende chegar com as pessoas envolvidas, o que pretende alcançar com o programa de treinamentos.

5) Execução do treinamento

Agora que você entendeu e possui as informações necessárias para aplicar o treinamento, é hora de atender e fazer as coisas acontecerem. Convoque os participantes, colha assinatura numa lista de presença, prepare os certificados de participação e no final do treinamento solicite o preenchimento do formulário de avaliação de reação do treinamento.

6) Avaliação e controle dos resultados

Todo treinamento realizado tem como foco melhorar os resultados das pessoas, individual e coletivo, consequentemente, melhorar a qualidade de vida, a produtividade na organização, a qualidade dos produtos e serviços e o atendimento com os clientes interno e externo. O ideal é um acompanhamento e controle de avaliação de eficácia, onde o gestor da área, num determinado período irá analisar os resultados atuais com os desejados diante os objetivos alinhados.

REFERÊNCIAS

HALL, L. Michael. *Liberte-se! Estratégias para Autorrealização*. Editora Qualitymark, 2012.

HALL, L. Michael. *Coaching Mastery*. Módulo III of Meta-coaching for ACMC, 2013.

(1) *O Livro da Filosofia*. Vários colaboradores. Trad. Douglas Kim. São Paulo: Globo, 2011.

(2) *O Livro da Psicologia*. Vários colaboradores. Trad. Clara M. Hermeto e Ana Luisa Martins. São Paulo: Globo, 2012.

9

Quem você pensa que é

Quem acreditamos ser?

Célia Maria de Souza

Célia Maria de Souza

Psicóloga formada pela FMU. *Master* em PNL. Palestrante. Experiência de 15 anos em tratamento para adultos, casais e adolescentes com transtornos emocionais como depressão, ansiedade, fobias, pânico, relacionamentos interpessoais e doenças psicossomáticas.

Contatos
celia_msouza2005@yahoo.com.br
(11) 99134-2618 / (11) 98461-3847 / (11) 5531-0726

Célia Maria de Souza

É comum nos identificarmos como: "Eu sou psicóloga, engenheiro, inteligente, burro, ansioso". Ouvimos até termos como "Sou cardiopata, diabético, fulano de tal, de tal empresa", etc. Será que *somos* só isso? Ou será que estamos apenas *atuando* em determinadas profissões, *apresentando* determinadas características e/ou doenças? Será que podemos *ser muito mais do que só isso*?

Se até a cor dos olhos pode passar por alterações devido à produção de melanina, do envelhecimento, de algumas químicas ou da iluminação; da mesma forma que a cor da pele e do cabelo muda com o passar do tempo. Como podemos dizer que *somos* algo ou alguma coisa definitivamente?

Podemos afirmar que *somos* apenas o que é imutável, por isso, talvez, não sejamos... *estamos*!

Estamos em constante processo de mudança. Mudar é inevitável!

O bom é que podemos fazer dessa mudança uma maravilhosa construção.

Nascemos com capacidades básicas para desenvolver habilidades, de acordo com as necessidades que vão surgindo em nossa vida. Contudo, nossa autoimagem e autoestima vão sendo norteadas por parâmetros preestabelecidos pela família, pelo marketing (mais do que imaginamos), cultura, política, religião, grupos, comunidades etc. Passamos a acreditar nesses preconceitos, e a viver de acordo com eles, normalmente, sem questioná-los. De vez em quando reclamamos, mas na maior parte do tempo sequer passa pela nossa cabeça que possam existir outras formas de estar e se comportar – o que nos levaria a obter melhores resultados.

É como se no momento do nascimento nos desse uma caixinha para que pudéssemos viver dentro dela. E muitos passam a vida inteira lutando com todas as suas forças para caber e ficar dentro dessa caixinha, mesmo que, de tempos em tempos, tenham que cortar a pontinha dos dedos dos pés.

Então, se acredito que sou inteligente, me comporto, vejo e sinto como inteligente. Se acredito que não sou boa em matemática, toda vez que precisar fazer uma conta, automaticamente, vou usar uma calculadora ou pedir para a pessoa que eu considero que é boa nessa matéria, para fazer a conta por mim. Logo essa habilidade não será desenvolvida, nem treinada, ocasionando o reforço dessa crença.

Conseguimos usar o mesmo sapatinho, o mesmo mijãozinho a vida toda? Por mais bonitinhos e confortáveis que tenham sido quando éramos bebê?

Mesmo em relação ao lugar mais seguro, confortável, acolhedor e protegido, como o útero materno: se não saímos dele depois que ele cumpriu sua função, o que acontece?

Treinamentos Comportamentais

Quando agimos de forma inconsciente e automática, somos mais frutos que protagonistas da nossa história. Quem comanda quem? Seu *inconsciente* ou *você*?

Enquanto não assumirmos a direção, no momento presente, dando as ordens ao cérebro para que ele execute o que desejamos, ele fará o que está acostumado a fazer, repetindo o que aprendeu anteriormente, sem atualizar as informações para a situação atual específica, que muitas vezes requer outra estratégia, outro raciocínio, outro caminho.

Por exemplo, quando bebês, aprendemos que a melhor forma para ter a atenção especial da mamãe era ficar doente. Ela ficava o tempo todo ao nosso lado, nos dando colo e cuidados. Quando crescemos, continuamos adoecendo, sem imaginar que há fatores inconscientes promovendo tais estados. A falta de atualização dessa informação na vida adulta nos priva de outras formas mais saudáveis e eficientes de se obter atenção e cuidados.

Podemos aprender a fazer o que é importante para nós, sem delegarmos para terceiros, pois por mais que o outro tente, por mais boa vontade e consideração que tenha, dificilmente nos dará exatamente o que estamos querendo: ou melhor, o que quer nossa criança interior – que parou no tempo, por ter conseguido uma vez, no passado, reforçando o padrão, na tentativa de obter o resultado novamente.

Quando delegamos o que só nós podemos fazer e dar a nós mesmos, abrimos mão do controle da nossa vida, nos tornando dependentes do outro. Essa é uma das causas de muitos conflitos interpessoais, pois geram cobrança e descontentamento de ambos os lados.

Os responsáveis por nossa vida somos nós. Então, mãos à obra!

"Não conseguimos mudar coisa alguma sem antes aceitá-la."
(Carl G. Jung)

Assim como na Engenharia Civil, é importante construir o alicerce dessa mudança. Fazendo reconhecimento do inconsciente, limpeza das estruturas emocionais, fortalecendo o amor próprio e promovendo a autoaceitação.

Com a eficácia desse processo poderemos fazer uma construção mais sólida e significativa, pois estaremos mais estruturados e fortalecidos para iniciarmos as mudanças comportamentais almejadas.

Geralmente proponho um exercício simples, com o intuito de rever comportamentos automáticos e começar a ensinar ao cérebro que existem formas diferentes e mais eficientes para fazer coisas semelhantes. Ele precisa nos perguntar o que queremos que ele faça.

Muitas vezes pensamos que promover essa mudança consciente requer técnicas difíceis e complicadas, mas o segredo está nas coisas simples, no dia a dia.

As técnicas da PNL (Programação Neurolinguística) contribuem para atingir esse objetivo.

Vamos desligar o piloto automático e assumir o controle das nossas escolhas?

Desligando o automático

Fazer exatamente as mesmas coisas, só que de forma diferente.

1) Vamos iniciar com o ato de dormir: durante uma semana, trocar o lado de dormir na cama. Onde ficam os pés, durante uma semana, ficará a cabeça. Anotar sensações e sentimentos. (Algumas pessoas costumam dizer que frequentemente dormem em camas diferentes e que por isso, costumam variar. O importante desses exercícios é fazer exatamente as mesmas coisas, mas de forma diferente.)

2) Na semana seguinte, fazer um levantamento da rotina que tem ao levantar, ao chegar no trabalho e/ou escola, ao retornar para casa etc., e criar uma mudança na ordem dessa rotina. Por exemplo: se primeiro toma café, depois banho, inverter essa ordem.

3) Na sequência dar continuidade a mudanças na rotina, incluindo mudar o trajeto casa–trabalho, trabalho–casa.

4) Outras sugestões: sentar-se em lugar diferente do sofá, da poltrona, da mesa de casa, da mesa do restaurante que costuma frequentar, entrar e/ou sair por portas diferentes.

5) Por último, vamos trocar a ordem em que tomamos banho. É muito interesse verificar que levamos um tempo para identificarmos a que ordem utilizamos, por ser uma das primeiras coisas que aprendemos e repetimos.

Pronto. O cérebro já entendeu que não mais comanda automaticamente e que vai precisar da nossa autorização para criar estratégias atuais.

A partir desse momento fica mais fácil atualizar comportamentos, lembrando que isso exige foco no objetivo traçado, repetição e frequência do comportamento desejado. Basta nos lembrarmos de como aprendemos a andar, falar, ler, escrever, dirigir e todas as outras coisas que fazemos tão bem hoje.

Treinamentos Comportamentais

Pensando positivo

Agora já podemos começar a ensinar o cérebro a pensar positivamente. Quando pensamos positivo há um aumento na produção das químicas que produzem as sensações de prazer e bem-estar. Existem algumas crenças que nos mantêm pensando negativo, alguns ganhos que chamamos de "benefícios secundários". Uma delas, muito comum, é: "Se eu pensar negativo e der errado, não vou sofrer". Além de ser um pensamento limitante, é um autoengano.

Pensar negativo gera estresse, desprazer, desconforto. Portanto, nos mantém em sofrimento, consumindo energia, pensamentos e esforços, dificultando o trabalho de encontrar soluções possíveis e satisfatórias, ou postergando-as – no mínimo aumentando o tempo e a intensidade desse sofrimento.

> *"Um dos importantes conceitos básicos da PNL é que não existem fracassos, nem erros e sim resultados."*

Um bom exemplo disso foram as mil tentativas de Thomas Edison até que inventasse a lâmpada.

É comum ficarmos brigando com nossos pensamentos e sentimentos.

Também é inútil.

Precisamos aprender a fazer as pazes com nós mesmos, nos amar, nos respeitar e, principalmente, nos aceitar.

Então, baseando-nos na importância de aprender a pensar positivo, sem criar resistência, proponho um exercício:

1) Escrever pensamentos, exatamente da forma como eles surgem na mente, deixando mais uma linha em branco após escrevermos.

   Quando criamos resistência a situação se intensifica. Toda vez que fazemos força para bloquearmos o pensamento, ele volta à nossa mente.

   Fazendo isso durante uma semana percebemos que geralmente são os mesmos pensamentos que ocorrem.

2) Em seguida, incluir a palavra "mas" (ou similar) e completar a frase, dando um sentido positivo a ela.

   Exemplos:
   – *Hoje não estou bem, "mas" estou aprendendo recursos para ficar bem.*
   – *Isso é difícil, "mas" já estou quase conseguindo aprender.*

É importante que a frase se torne positiva e afirmativa, e que ao falá-la, ela traga conforto e faça sentido para você.

3) Deixar essas frases escritas em lugar visível (parede do quarto, papel na carteira, piscando na tela de descanso do computador etc). No momento de estresse ou quando esse pensamento surge, dificilmente conseguimos criar algo novo e positivo e, por isso, ter esses pensamentos transformados em positivos e afirmativos, prontos, facilitarão o processo de aprendizado e treino. Devemos cuidar dos pensamentos da mesma forma como cuidamos da saúde do nosso corpo. É recomendado alimentar-se de 3 em 3 horas. Que tal pensar em algo positivo com a mesma frequência, até se tornar um hábito natural?

4) Se rodear de estímulos positivos também é necessário, e isso inclui: pessoas, músicas, programas de TV, livros etc.
Não basta a pessoa ser "legal", mas estar o tempo todo falando de tragédias, doenças, problemas, fofocas. A "companhia legal e saudável" para nós é aquela que também o é em seu conteúdo (lembrando que a pessoa mais próxima de nós somos nós mesmos).

É preciso mais que uma "boa" música, com som alto e ritmo alegre, para ser positiva. É necessário ter conteúdos positivos. Se a letra diz que "sem você não sou ninguém, minha vida não tem sentido", que "fui traído", que "vou me embriagar até cair", adivinhe quais informações seu cérebro estará registrando e treinando?

Por incrível que possa parecer, a prática de tais exercícios já promove uma mudança significativa.

Criando objetivos

Quando temos objetivos criamos direção, motivação e sentido. Geralmente temos na ponta da língua tudo *o que não queremos*, mas para atingir nossos objetivos é importante saber exatamente *o que desejamos*. Vamos a mais um exercício?

1) Escrever o objetivo, de forma positiva, afirmativa e mais específica possível. (Escrever é importante, pois dá o tempo necessário para o cérebro reter e organizar a informação.)
Desejar ser feliz é muito genérico, não dá ao cérebro coordenadas de como executar esse comando. Ele fica perdido, pois ao mesmo tempo que recebe a ordem para ser feliz, só tem as informações do que é ser infeliz. Cada pessoa dá o seu significado. Para uns é ter bens materiais, para outros ter

Treinamentos Comportamentais

sucesso profissional e assim por diante.

2) Criar frases e imagens que contêm esses desejos ajuda o cérebro a registrar tais informações, e o ajudam na conquista do que foi desejado. Pode ser através de desenhos, recortes de revistas, pinturas etc. Mantenha em lugares que você veja com muita frequência.

3) Obter informações sobre o objetivo desejado diminui o medo do desconhecido, facilitando o processo de encontrar os recursos necessários para que o objetivo seja atingido.

Se os nossos objetivos nos dão sentido, então:

"A única coisa que se aprende e realmente faz diferença no comportamento da pessoa que aprende é a descoberta de si mesma."
(Carl Rogers)

10

Treinamentos Comportamentais

"Podem-se obter provas da natureza de um caráter também a partir de miudezas. Justamente nestas é que o homem, quando não se procura conter, é que revela seu caráter. Nas ações mais insignificantes, em simples maneiras, pode-se amiúde observar o seu egoísmo ilimitado, sem a menor consideração para com os outros e que, em seguida, embora dissimulado, não se desmente nas grandes coisas."(Séneca - Arthur Schopenhauer, in 'Aforismos para a Sabedoria de vida)"

Cida Montijo

Cida Montijo

Sócia-diretora da Interativa, Assessoria de Projetos e Consultoria Empresarial, e profissional com sólidos conhecimentos da área educacional, com mais de 20 anos de atuação. É Consultora Organizacional. Especialista Gestão de Processos e Pessoas (RH), Dinâmicas Organizacionais e Jogos Empresariais. Especialista Elaboração de Projetos Educacionais na Empresa para DH (Desenvolvimento Humano), Métodos e Técnicas de Ensino e Treinamentos, Gestão Estratégica de Pessoas e Competências. Especialista em Psicologia Organizacional, Consultoria interna e Relações de Trabalho. Atua em projetos internacionais na preparação de profissionais, no suporte estrutural, científico e técnico das organizações; apoia empresários de PMEs, ONGs e COOPERAÇÕES INTERNACIONAIS. É palestrante e articulista. Pós-graduada em Língua e Literatura Espanhola, Psicopedagogia e Pedagogia Empresarial. Coautora do livros *Coaching - A solução e Capital Intelectual* pela Editora Ser Mais.

Contatos
www.inter-ativa.com
cida@inter-ativa.com

Cida Montijo

Sobre comportamento

Não há como não citar Skinner quando se trata de comportamento. Para ele o Comportamento Humano é um campo da Psicologia Científica que passou a se interessar cada vez mais pela forma de portar-se, de proceder do ser humano. A interatividade do homem com seu o ambiente tornou-se objeto de estudo, visto que essas condições ambientais influenciam categoricamente no comportamento desse indivíduo, já que suas reações são provenientes dessa mesma circunstância. 'Nesse sentido o comportamento é entendido como uma relação interativa de transformação mútua entre o organismo (homem) e o ambiente que o cerca na qual os padrões de conduta são naturalmente selecionados em função de seu valor adaptativo'. (Wikipedia)

Dessa forma, pode-se então definir comportamento como uma designação genérica de cada modo de reação em face de um estímulo presente, ou seja, mais amplamente explicado, como qualquer atividade, fato ou experiência mental, passível de observação direta ou indiretamente.

Num mundo tão aberto, globalizado, moderno, repleto de conexões tecnológicas o comportamento humano torna-se passível de ser analisado nas mais DISTINTAS circunstâncias, dentro mesmo de organizações e instituições, já que o homem recebe influências desse meio que lhe determinam comportamentos diversos; ele é também ator e, pressupostamente um causador de emoções que influenciam seu entorno positiva ou negativamente.

"Um homem sincero e verdadeiro nas suas palavras, prudente e circunspecto nas suas ações, terá influência, mesmo entre os bárbaros do centro e do norte. Um homem que não é sincero, nem verdadeiro nas suas palavras, nem prudente, nem circunspecto nas suas ações, terá alguma influência, mesmo numa cidade ou numa aldeia. Quando estiverdes em pé, imaginai as quatro virtudes (a sinceridade, a veracidade, a prudência e a circunspecção) conservando-as perto de vós, diante de vossos olhos. Quando estiverdes num carro, contemplai-as sentadas ao vosso lado. Desse modo, adquirireis influência." (Confúcio, in 'Os Anacletos')

O comportamento humano tem sido uma condição de avaliação constante por parte da gestão em ambientes empresariais. O que o homem faz, a forma que realiza suas tarefas, suas atitudes, comprometimento, maneira de encarar os problemas e seus relacionamentos interpessoais estão dando o tom, ininterruptamente, de sua performance dentro da organização. Essas pessoas são recursos dinâmicos, vivos e inteligentes nesse universo empresarial. Elas detêm grande capacidade de aprendizagem, de mudanças, de vencer desafios, porém para isso

Treinamentos Comportamentais

são necessários disponibilidade e coragem para conhecer o novo. E se isso, numa leitura superficial parece simples, por que então as pessoas não estão, muitas vezes, tão receptivas a atenderem essa demanda?

Em decorrência desses entraves pessoais, da incapacidade do indivíduo não ter uma visão sistêmica clara e de ter enrijecido dentro de si modelos mentais antiquados, ultrapassados, descomprometidos e até mesmo agressivos ou não desejáveis, foi o que levou as organizações perceberam a necessidade de se abrir um novo espaço para um novo tipo de capacitação que atendesse a esse encetado modelo de perceber as pessoas. (Hebert Alexander Simon, em 1947 com o livro O Comportamento Administrativo)

A pragmática da comunicação

'A alma não tem segredo que o comportamento não revele'. **Lao-Tsé**

Não existe forma de não se comunicar. Tudo o que se faz ou se deixa de fazer tem valor de comportamento. É impossível participar de uma simples reunião sem deixar impressa sua participação, mesmo que não se tenha participado efetivamente. O fato de abster-se, de não se pronunciar, fechar-se, não opinar, já transmite uma ou várias informações decorrentes desse comportamento. Todo comportamento é comunicação; o comportamento não tem oposto e a não comunicação não existe. Comunicamos de alguma forma o desejo de não comunicar, mas não deixamos de comunicar. "O indivíduo não pode colocar-se fora do universo da interacionalidade. Mesmo que as suas atitudes sejam bizarras e completamente fora do alcance para os demais, elas encontram-se sempre dentro de quadros de referência." (J Mauel Silva, 1998)

O comportamento tem valor de mensagem numa ação interacional e por muito que o indivíduo tente negá-lo, como parece ser o caso do cão mais zangado do mundo, é impossível não comunicar. "Atividade ou inatividade, palavras ou silêncio, tudo possui um valor de mensagem; influenciam outros e estes outros, por sua vez, não podem não responder a essas comunicações e, portanto, também estão comunicando. (...) a mera ausência de falar ou de observar não constituiu exceção ao que acabamos de dizer". (http://bocc.ubi.pt/pag/silva-jm-cao-comunicar.html)

Treinamento e Desenvolvimento

As pessoas são o recurso mais importante dentro de uma organização, visto que é através de sua inteligência, dos seus conhecimentos,

Cida Montijo

dinamismo e capacidade de criar, aprender, interagir, mudar comportamentos, é que as instituições lançam mão de alguns recursos para desenvolver seus colaboradores, valorizá-los e prepará-los para que se tornem cada vez mais capacitados para o trabalho.

Dentre os recursos, destacam-se: Treinamento & Desenvolvimento Humano (ou de Pessoal) e Desenvolvimento Organizacional.

O que difere 'Treinamento' de 'Desenvolvimento' é o tempo e o aprofundamento dos conteúdos tratados em cada um. O 'Desenvolvimento de Pessoal' é um processo educacional, que segue um caminho mais longo, mais demorado, mais profundo, com interações mais sistemáticas e organizadas; amplia e desenvolve o indivíduo para um crescimento profissional na carreira, dentro da organização.

O 'Treinamento', é também um processo educacional, porém de curto prazo. Prepara o indivíduo para um determinado cargo ou para execução de alguma tarefa. Tem objetivos bem específicos, restritos e imediatos. Podem ser : Técnicos e Comportamentais.

"O conceito de Desenvolvimento Organizacional está intimamente ligado aos conceitos de mudança e de capacidade adaptativa da organização à mudança. D.O é o nome que se dá a um conjunto de teorias baseadas em sociologia e psicologia, que se focam em melhorar a forma através da qual as pessoas atuam – em conjunto – na empresa." (Chiavenato 1983)

Sobre os treinamentos comportamentais

"Um mapa-mundi que não inclua a utopia não vale nem a pena olhar, pois deixa de fora o único país em que a humanidade está sempre desembarcando. E quando a humanidade lá desembarca, ela olha em volta e, vendo um país melhor iça as velas. O progresso é a realização das utopias." (Zygmunt Bauman, 2007 – Tempo Líquidos, pág 101)

Progresso, globalização, trazem mudanças que ocorrem tão rapidamente que influenciam o comportamento das pessoas e, evidentemente, das organizações. Valores são alterados; a hostilidade e a agressividade estão permeando as relações a todo instante. O respeito ao ser humano esmaece, as relações são deterioradas e o egoísmo se torna o 'carro-chefe' para o crescimento profissional, visto que a competitividade é demasiadamente acirrada, em qualquer segmento.

Por outro lado, a tecnologia veio para ficar; trouxe consigo facilidades tecnológicas, encurtamento da distância e, aparentemente, uma consequente diminuição do tempo. Empresas mais enxutas exigem mais de seus colaboradores, fazendo-se crer que, com demanda de muita atividade, o tempo parecesse encolher.

Treinamentos Comportamentais

Embora a comunicação tenha ampliado com o acesso à informação mais rápida, também houve grandes mudanças no perfil dos consumidores que passaram a selecionar melhor seus fornecedores. Essa exigência por qualidade nos serviços prestados e nos produtos oferecidos aumentou a concorrência entre as empresas, e assim, como cascata, exigiu uma grande mudança dentro das organizações. A subjetividade passou a ser uma nova forma de imprimir um aspecto singular e único de cada empresa, dando-lhe personalidade e criando um diferencial de atendimento – emoções e personalidade não podem ser plagiadas. São exclusivas. Torna-se assim, importante que dentro das organizações duas dimensões estejam em equilíbrio: o que se refere às questões objetivas, isto é, processos, tecnologia e procedimentos e às subjetivas, que se referem às emoções, à espiritualidade, ao bem-estar do indivíduo dentro das instituições.

Dessa forma, os treinamentos comportamentais tornaram-se ferramentas indispensáveis, dos quais as empresas recorrem para provocar mudanças no comportamento dos colaboradores, com o objetivo de facilitar as relações interpessoais, de formar equipes mais produtivas, de minimizar conflitos, de forma a maximizar os resultados corporativos, se possível, com menos desgaste.

Uma vez que o departamento de recursos humanos diagnosticou a necessidade de se aplicar em determinados grupos algum tipo de treinamento comportamental é necessário que haja uma programação para que as áreas demandadas não interfiram na produtividade da empresa. É importante que haja a aplicação da capacitação e posteriormente uma avaliação dos resultados. O subjetivismo dos treinamentos comportamentais é avaliado; entretanto, é imprescindível a vinculação dos indicadores aos objetivos ligados às estratégias da organização, é o que afirma Milioni (2005 apud EL-KOUBA et al, 2009)

Quem participa dos treinamentos

Todas as organizações, de quaisquer os segmentos e portes e todos os seus empregados podem participar de treinamentos comportamentais, independentemente do cargo ocupado ou de sua posição hierárquica. São os cargos mais altos, estratégicos, pessoas que lideram, diretores, gerentes, supervisores, coordenadores, os que lidam diretamente com equipes, aqueles que necessitam desenvolver maiores habilidades humanas, e conceitos sobre gestão de pessoas. São eles que dão o tom do clima interno, que motivam pessoas, que reconhecem os trabalhos e os esforços demandados na execução de tarefas; "são eles que necessitam desenvolver as dimensões intra e interpessoais, trabalhando as emoções e as percepções." (Petrocchi, 2007)

Abordagens comportamentais

Um dos temas mais frequentes e necessários são os ligados às questões emocionais, ao uso positivo ou negativo das emoções. No livro "Inteligência Emocional no Trabalho" (Daniel Goleman, 1997) afirma que a falta da Inteligência Emocional (IE) pode prejudicar o progresso e o sucesso, tanto do indivíduo quanto da empresa, e, inversamente, o uso da Inteligência Emocional leva a resultados produtivos, tanto no que diz respeito ao indivíduo quanto à organização. Divide em duas partes essenciais a IE no trabalho: 1. Uso intrapessoal da IE - que é o desenvolvimento dessa inteligência para uso próprio; 2. Uso Interpessoal da IE – que é o desenvolvimento da IE para relacionar-se com o outro. Dimensões a serem trabalhadas: 1- Autoconhecimento ou autoconsciência que é capacidade de se auto monitorar, ver-se do lado de dentro e perceber-se cônscio de suas debilidades utilizando-se de suas próprias informações: pensamentos, sentimentos, interpretações e intenções; 2- Autocontrole que é a capacidade de controlar as emoções, capacidade de perceber alterações fisiológicas e reações a um acontecimento externo; 3. Capacidade de se automotivar – que é a condição de iniciar uma atividade, persistir nela, concluí-la independentemente dos obstáculos que surgirem; 4. Desenvolvimento de técnicas de comunicação, capacidade de ouvir, dar e receber *feedbacks*, empatia, percepção de formas de comunicação e suas interferências, desenvolvimento de destrezas interpessoais; 5. Capacidade de administrar conflitos, ou seja, adquirir condições de ajudar outras pessoas a se ajudarem, de acalmar pessoas, imparcialidade e capacidade de moderação.

Importante também que os treinamentos possam preparar equipes para que sejam mais produtivas, para a excelência no atendimento ao cliente, desenvolvimento de gestores, líderes, para desenvolver novas habilidades em negociação, vendas, criatividade, inovação, carreira. Deve-se levar em consideração que os treinamentos comportamentais conduzem os participantes à reflexões profundas, podendo dessa forma influenciar nas atitudes pessoais de seus colaboradores. "Quando tratamos de aprimoramento comportamental por meio do treinamento [...] o que observamos na prática é [...] a ampliação do autoconhecimento, influencia diretamente nas escolhas das pessoas, tornando-as mais assertivas consigo e com o mundo. Se uma empresa concede este tipo de oportunidade a seus funcionários ela contribui com os mesmos em direção a melhores patamares de satisfação

Treinamentos Comportamentais

pessoal, além de torná-los mais conscientes de suas escolhas e em seus posicionamentos como empregados, também os influenciará positivamente como maridos, esposas, filhos, pais, etc...as consequências positivas acontecerão também fora da empresa, na vida privada e no eco-mapa de relação dos indivíduos." (RODRIGUES, 2012)

Considerações importantes

A formação de uma organização emocionalmente inteligente é o grande desafio do mundo corporativo. Criar um ambiente cujos empregados saibam um pouco mais de si, sejam conscientes de suas obrigações, trabalhem satisfeitos, emocionalmente equilibrados e sejam capazes de tomar iniciativas, é, de fato, o diferencial de crescimento da organização. Os benefícios oriundos dos treinamentos comportamentais podem ser, inclusive, instrumentos para uma mudança social, para uma releitura profissional vocacional, para buscar novos caminhos ou melhores condições para a família. O encontro de cada um consigo mesmo, de ver-se neste contexto empresarial faz com que cada indivíduo possa repensar sua condição dentro da empresa; o que ela lhe proporciona de satisfações pessoais e profissionais e o que ele pode retribuir-lhe nessa mesma proporção.

Por onde começar?

Toda e qualquer mudança começa de dentro para fora; sempre de dentro de cada um, em direção ao outro e assim, num processo simultâneo, possam contagiar o ambiente empresarial; porém, não há mágica: só mesmo preparando as pessoas este milagre da transformação e do uso equilibrado da emoções pode tornar-se realidade. As organizações já perceberam que é preciso muito trabalho para se atingir esse patamar emocional!

REFERÊNCIAS

PETROCCHI, Mário - Hotelaria. Planejamento e Gestão. 2. Ed. São Paulo: Pearson Prentice Hall, 2007

BAUMAN, Zygmund - Tempos Líquidos – Zahar Editora, 2007

WEISINGER, Hendrie – Inteligência Emocional no Trabalho – Edt Objetiva, Rio de Janeiro 2001

CHIAVENATO, Idalberto – Treinamento e Desenvolvimento de Recursos Humanos – Editora Atlas, 2003

RODRIGUES, Sidemberg. Espiritual e sustentável. Vitória: ArtPoint Editora, 2010.

http://www.cairu.br/revista/arquivos/artigos/2013_1/12_INFL_TREIN_COMP_CORP_VI_PES_174_190.pdf

(http://bocc.ubi.pt/pag/silva-jm-cao-comunicar.html)

11

O mundo em transformação

A palavra de ordem é Transformar, que significa, tornar diferente, mudar, dar nova forma, metamorfosear, converter, modificar e alterar. Hoje se faz necessária uma mudança estrutural no atual modelo de pensar e agir das empresas. Há de se entender que sem pessoas qualificadas, preparadas e desenvolvidas, não há sustentação no mercado. Sem transformação, a vida se paralisa, perde o dinamismo natural, deixa escapar o ritmo próprio da evolução. Não há progressos e nem evolução sem transformação

Claudia Diás

Claudia Diás

Personal Coach pela Sociedade Brasileira de Coaching. *Business & Executive Coach, Professional e Self Coach* e Analista Comportamental certificada nacionalmente pela Sociedade Brasileira de Coaching e pelo IBC – Instituto Brasileiro de Coaching, e internacionalmente pela Behavioral Coaching Institute (BCI). Minha missão é desenvolver de forma continuada metodologias e processos que contribuam para o desenvolvimento do Ser Humano.

Contatos
www.claudiadiasconsultoria.com.br
diretoria@claudiadiasconsutoria.com.br
(11) 99964-3230 / (11) 95721-8453 / (11) 98970-9539

Claudia Diás

O mundo mudou, está mudando, e inevitavelmente mudará muito mais, de forma rápida e inesperada, isto é um fato Antes, sofríamos por falta de informação, hoje sofremos pelo excesso dela: o fato é que estamos numa era de mudanças rápidas e muito difíceis de serem assimiladas prontamente.

Um dia precisamos abandonar o fax e usar o e-mail, hoje temos que ter perfil no Facebook, LinkedIn e no Twiter: o mundo parece que ficou tão maior e ao mesmo tempo tudo extremamente próximo e acessível.

Com tantas mudanças, acabamos vivendo em um verdadeiro colapso de identidade, tanto pessoal quanto empresarial. Precisamos aprender a equilibrar estas diferenças positivamente.

No entanto, independente das mudanças que vêm ocorrendo, é notório que muitos de nós, por falta de visão e preparo, continuamos a fazer as mesmas coisas que fazíamos há 20 anos, pois lidar com o que conhecemos – mesmo que não nos traga mais tanta satisfação e retorno financeiro – é mais fácil, por ser previsível e nos permitir permanecer em nossa tão conhecida zona de conforto.

A mudança no mercado de trabalho está exigindo um repensar das atividades profissionais, e é necessário, além do conhecimento, um comportamento empreendedor e ético do novo profissional, em todas as escalas do processo empresarial: empresários, diretores, gerentes, profissionais de produção, profissionais terceirizados: todos precisam se colocar no novo caminho da era profissional, pois não haverá outra forma de ser.

Muitos empresários, com a melhor das intenções, aplicam seus esforços no desenvolvimento da competitividade sem uma orientação estratégica, de forma desordenada, fazendo o que sempre fizeram, mesmo conscientes de que não atingirão os objetivos propostos, alcançando baixos índices de sucesso.

Por isso, independente do seu porte, todas as empresas devem ter uma noção clara de que chegou o momento de adotar uma postura de crescimento sustentável, onde certamente um dos pilares será o da qualificação profissional, da aprendizagem intensiva e permanente, alinhado à identificação de estratégias que maximizem a probabilidade de sobreviver e prosperar nesta nova era.

Independente do porte da empresa, surge, mais do que nunca, a necessidade de identificar se os profissionais contratados possuem as competências necessárias que impulsionem suas carreiras e que os façam compreender quão importantes são seus papéis diante deste mercado, e quais as perspectivas os mesmos têm diante de si.

Quanto aos profissionais, de forma geral, terão de desenvolver atitudes como: automotivação, autoliderança e autodesenvolvimen-

Treinamentos Comportamentais

to, porque são fatores cruciais para o sucesso de qualquer profissional. São passos importantes e fundamentais que precisam dar para terem uma carreira promissora, rentável, que lhes traga satisfação, prazer, orgulho e muitas perspectivas de futuro.

Este processo, juntamente com o posicionamento em relação à concorrência e à formulação de estratégias competitivas, possibilitará aos envolvidos um novo olhar sobre a disputa pelo mercado, alcançando uma posição de destaque e melhor margem de rentabilidade nos negócios efetuados.

A palavra de ordem é *Transformação*, e mesmo que ainda não seja um tema totalmente discutido, hoje se faz necessária uma mudança estrutural no atual modelo de pensar e agir das empresas, que ainda não entenderam que sem pessoas qualificadas, preparadas e desenvolvidas, não há sustentação no mercado. Empresas bem-sucedidas são aquelas que acompanham as tendências que surgem a todo o momento.

Muitos fatores têm contribuído e impulsionado as empresas que tratam a gestão de pessoas como um diferencial, o que as coloca em evidência neste mundo corporativo completamente transformado.

As organizações não estão mais limitadas às fronteiras de países, o mundo virou uma grande aldeia global, que fica mais perto a cada dia. As culturas se encontram, as pessoas se misturam, as diferenças precisam conviver, e para que se possa tirar o máximo proveito de tudo isso temos que entender uma organização de forma geral, como uma engrenagem que precisa estar em constante movimento.

Um dos maiores desafios enfrentados pelas organizações hoje em dia é a diversidade da força de trabalho: as empresas estão se tornando cada vez mais heterogêneas.

A inclusão social traz pessoas com necessidades de adaptação para que contribuam com seu potencial de forma segura; a mulher ocupa cada dia mais o campo profissional; uma grande parcela de profissionais que se encontram na melhor idade (chamados por muitos de "idosos") podem colocar à disposição das empresas a sua rica experiência; os novos e preciosos conhecimentos que o jovem fornece à empresa hão de ser depurados, assimilados. Estamos no apogeu do choque cultural, e por isso precisamos, de vez por todas, entender que *diferente* é só diferente, não é *errado*.

Empresas conseguirão trabalhar as adversidades fazendo com que haja uma relação de ganha-ganha, somente através de um processo de aculturamento, onde um passe a entender o outro, a querer aprender com ele e, além disso, que aceite que pontos de vista diferentes precisam ser, além de respeitados, compreendidos, para que se aproveite o máximo do potencial de cada ser envolvido na questão.

Transformar pessoas

Transformar a força de trabalho passou a ser o maior desafio para as organizações, já que antes as empresas não tinham como obrigação a capacitação de seus colaboradores (anteriormente chamados de empregados). Algumas até tinham a cultura de investir em treinamentos motivacionais, entendendo que a motivação era uma maneira de manter as pessoas felizes e satisfeitas com sua vida e, consequentemente, com seu trabalho.

Por outro lado, o funcionário passava anos desempenhando uma função para a qual tinha conhecimento e habilidades técnicas, ou seja: uma pessoa inserida em uma grande corporação, que possuía uma pequena engrenagem em um grande mecanismo.

Hoje, no entanto, vivemos na era em que pessoas precisam ser capacitadas profissionalmente através do aprendizado contínuo, o que tem impulsionado as empresas, cada dia mais, a desenvolverem suas universidades corporativas e os seus Programas de Educação Corporativa.

Educação corporativa

Diante do novo cenário, as empresas têm o grande desafio de apresentar um quadro de colaboradores capacitados, qualificados e constantemente desenvolvidos. Por isso deve-se levar em conta que, para que se desenvolva um Projeto de Educação Corporativa, em primeiro lugar é necessário que seus mentores tenham o entendimento da grande necessidade em educar e aprender, o que está diretamente ligado ao fator de sucesso de qualquer processo de treinamento ou desenvolvimento humano dentro de uma empresa – independente do seu porte.

Aqueles que buscam seu desenvolvimento deverão investir em um Programa de Educação Comportamental Contínuo. Muda-se o comportamento através da mudança do pensamento.

Houve uma época em que era imprescindível desenvolver tecnologias cada vez mais avançadas para concorrer no mercado. Hoje em dia, porém, o diferencial competitivo passou a ser o capital humano, que, ao contrário de máquinas industriais, não é fabricado em série, não passa por manutenção periódica.

Recursos são gerenciados, pessoas são LIDERADAS, precisam ser motivadas, desenvolvidas, ouvidas, para garantir à empresa sua eficiência na gestão dessas pessoas.

As organizações estão cada dia mais conscientes de que sem pessoas não há inovações, pois são estas que pensam e agem para desenvolver sistemas, tecnologias, conceitos. São as *pessoas* que implementam inovações, não existem avanços tecnológicos ou modernidades que fun-

Treinamentos Comportamentais

cionem sem pessoas comprometidas com a causa – o que só é possível com um profundo envolvimento de todos: empresas e colaboradores.

Embora esteja claro que sem mudanças de pensamentos não haverá mudanças de comportamentos, e que sem mudanças de atitudes não haverá progresso, os programas de Educação Comportamental ainda são a minoria, e temos poucas instituições especializadas nesta questão.

Por mais óbvia que esta questão seja, alguns segmentos empresariais parecem ignorá-la completamente, e investem quase todo seu tempo dedicando-se a processos, à burocracia, e pouco olham para o capital humano como peça fundamental do seu sucesso.

As tendências mundiais apontam para um caminho em que o profissional do futuro precisará deixar de ver a organização em que trabalha como um mecanismo onde é apenas uma peça, mas sim um ser humano com potenciais a serem explorados, aproveitados e amplamente utilizados.

Somente um processo de Educação Comportamental Estruturado e Contínuo é capaz de promover mudanças significativas e resultados positivos na empresa como um todo. Há de se modificar a cultura organizacional de várias empresas para que estas entendam que ou se desenvolve o capital humano, ou se prepara para ir em direção ao abismo do fracasso.

A velocidade do desenvolvimento e do conhecimento exige aprendizado constante, ainda que fora do banco das escolas. As empresas precisarão treinar e educar seus funcionários, pois o conhecimento é e continuará sendo o produto mais valioso do terceiro milênio.

Coaching como processo de desenvolvimento

O mundo mudou, as pessoas mudaram, as organizações se transformaram, então é óbvio que, para que os resultados sejam melhores, o sistema de ensino e aprendizado deve ser modificado e atender às tendências naturais de evolução. A cada dia descobre-se que o indivíduo está mais preparado para absorver mudanças – desde que desenvolvam seu autoconhecimento, e que sua percepção sobre aquilo que aprendem seja assimilada de forma contínua, permanente e praticável.

Nos dias atuais afirma-se que o coaching é uma das respostas mais eficazes para o rápido desenvolvimento pessoal e profissional do indivíduo: é, sem dúvida, uma das ferramentas mais eficientes para que empresas e profissionais encontrem respostas e promovam mudanças positivas, acompanhando um mundo que se transforma a todo momento.

Na era da *velocidade da informação*, em que mudanças acontecem muito rapidamente, o coaching surge como uma alternativa eficiente, que gera resultados rápidos e extraordinários em indivíduos ou grupos,

Claudia Diás

para aprimorar suas habilidades sociais e sua eficiência no local de trabalho, num curto espaço de tempo, se comparado a outros processos.

O *coaching* é um processo de fornecer instruções, diretrizes, *feedback*. Desenvolve as habilidades e o conhecimento de uma pessoa, um grupo ou time. É um processo que se baseia em estimular o potencial das pessoas para maximizarem o próprio desempenho, *ajudando-as a aprender* em vez de *ensinar-lhes alguma coisa*.

O *coaching* é indicado para as pessoas ou empresas que resolveram superar suas próprias limitações e investir em um poderoso processo de transformação, pessoal ou profissional, pelo qual é possível desenvolver as capacidades necessárias para que se possa rapidamente atingir o resultado que se deseja.

O *coaching* é normalmente procurado por pessoas ou corporações que queiram transformação de forma objetiva, que querem mudanças rápidas e consistentes em suas vidas e em seus comportamentos.

Quem sou eu?

Meu nome é Claudia Diás: sou *Personal Coach* pela Sociedade Brasileira de *Coaching, Business & Executive Coaching, Professional* e *Self Coach*. Analista Comportamental certificada nacionalmente pela Sociedade Brasileira de Coaching e pelo IBC – Instituto Brasileiro de Coaching; e internacionalmente pela Behavioral Coaching Institut (BCI).

Minha *missão* é desenvolver, de forma continuada, metodologias e processos que contribuam para o desenvolvimento do Ser Humano.

Meu *objetivo* é fazer com que o ser humano alcance o tão sonhado e desejado equilíbrio, em todas as áreas da sua vida. É ser facilitadora e levar ferramentas que possibilitem às pessoas um encontro com sua mais pura essência, motivar pessoas a buscarem sua verdadeira transformação, e auxiliá-las a desenvolver a capacidade e as competências necessárias para que acessem, através de si mesmas, as condições para adquirirem uma vida mais plena e feliz. Além disso, busco proporcionar um encontro profundo, conseguindo, mesmo, ser uma bússola que possa guiá-lo em seus desafios, suas dores e auxiliá-lo a viver de forma mais equilibrada com o mundo exterior e, principalmente com seu mundo interior.

Minha convicção

Acredito que todo ser humano é único neste universo, e que a cada dia precisamos reconhecer mais e mais que estamos aqui para um propósito muito maior. Fazemos parte do mundo, tanto quanto ele faz parte de nós; precisamos viver bem com o planeta, na mesma proporção em que precisamos viver bem conosco. Não adianta nada conhecermos

Treinamentos Comportamentais

as maiores ciências do planeta se não conhecermos a nós mesmos.

Creio que toda relação é, antes de tudo, uma relação entre pessoas; por isso nosso compromisso é fazer com que o ser humano seja mais Pleno e Feliz na sua longa caminhada.

Os pilares que fundamentam e guiam minhas ações são:

– Amor pelo ser humano e pelo que faço;

– Integridade, Ética e Respeito às relações humanas;

– Acreditar que podemos mudar, nem que só um pouquinho, o mundo em que vivemos.

12

O *stop-start* e o *squeeze* no contexto clínico de terapia sexual

O presente artigo busca mostrar a evolução das teorias sexuais humanas, desde os relatórios Kinsey até os dias de hoje. O intuito é apresentar a já disseminada técnica do *Stop-Start*, introduzida inicialmente por James Semans em meados do século XX. É uma técnica pautada em treinamentos comportamentais para controle de ejaculação precoce e prolongamento do estímulo sexual

Daniel Portela de Deus Albano

Daniel Portela de Deus Albano

Mestrando em Psicologia e Saúde pelo Centro Universitário de Brasília. Especialista em Neuropsicologia pelo Instituto Brasileiro de Neuropsicologia (2011). Graduado em Psicologia pelo Centro Universitário de Brasília (2009). Possui experiência na área de Psicologia Clínica e Psicologia Social, atuando principalmente nos seguintes temas: avaliação cognitiva, neuropsicologia e psicoterapia (crianças, adultos e idosos).

Contatos
www.daniel.psc.br
facebook.com/daniel.portela
portela@live.com
(61) 9237-5949

Daniel Portela de Deus Albano

A sexualidade é um fenômeno que ultrapassa os limites da fisiologia e perpassa pelas representações sociais, culturais e psíquicas. A Organização Mundial da Saúde (OMS, 1995) define saúde sexual como integração de elementos somáticos, emocionais, intelectuais e sociais do ser sexual, por meios que sejam positivamente enriquecedores e que potencializem a personalidade, a comunicação e o amor. Ao apontar isto, pode-se mostrar que tanto a antropologia quanto a sociologia contribuem para o tema. A primeira questiona o comportamento sexual das populações, enquanto a segunda tem focado nas descrições de valores e práticas de determinados grupos sociais (HeilBorn & Brandão, 1999). Aqui, o sexo não é mais visto apenas como uma necessidade biológica de perpetuação da espécie, mas de todo um contexto biopsicossocial no qual o sujeito se insere.

Freud (1958a, 1958b, 1858c) foi um dos primeiros a escrever abertamente sobre a sexualidade humana, passando por cinco fases de desenvolvimento psicossexual infantil: as fases oral, anal, fálica, latência e genital. Na primeira, a atividade sexual ainda não se separou da nutrição, está associada à alimentação. Nela, o alvo sexual consiste na incorporação do objeto. A segunda refere-se a duas fases: primeira fase – o erotismo anal (gratificação libidinal) está ligado à evacuação, enquanto que a pulsão sádica (agressividade emergente) tem por objetivo a destruição do objeto; segunda fase – o erotismo anal está ligado à retenção e à pulsão sádica, ao controle possessivo do objeto. A terceira fase corresponde à unificação das pulsões parciais sob a primazia dos órgãos genitais. Durante esta fase o Complexo de Édipo segue diferentes caminhos para ambos os sexos: ameaça de castração em meninos e o desejo de um bebê como equivalente simbólico do pênis em meninas. No período de latência ocorre a dissolução do Complexo de Édipo e ocorre uma pausa na evolução da sexualidade. A última fase se instala na puberdade, quando as pulsões parciais estão definitivamente integradas sob a primazia genital específica de cada sexo, sendo o estágio final do desenvolvimento libidinal instintual.

A terapia reichiana, de grande influência na teoria Bioenergética, dá um passo a mais em relação à Freud no que diz respeito a considerar os processos corporais na psicoterapia e nos processos psíquicos do sujeito. Willhelm Reich (1976) afirmava que a libido era uma força, sobretudo orgânica, mensurável, e não uma energia psíquica, como era definido na psicanálise. Ele afirmava em sua teoria que o corpo guarda energia excessiva e necessita de descarregá-la, quando isto não acontece de forma sexual o sistema nervoso autônomo (SNA) se sobrecarrega, e a excitação não liberada exterioriza-se em forma de angústia e, consequentemente, de neurose. Reich afirmava que o neu-

Treinamentos Comportamentais

rótico não teria potência orgástica, que é a capacidade de se integrar, completamente, ao ato sexual. O grande objetivo da terapia reichiana é fazer com que o indivíduo chegue ao orgasmo para descarregar toda a energia acumulada, e talvez por isto tenha sido desacreditada ao longo dos anos. Uma das grandes contribuições de Reich à psicoterapia foi a introdução de técnicas de respiração como procedimento terapêutico para neutralizar as couraças musculares: ao se respirar mais profundamente obtém-se um estado de relaxamento psicofísico.

A partir de Freud, os estudos acerca de sexualidade humana têm aumentado exponencialmente ao longo dos anos. Os estudos de Kinsey (1948) abriram espaço para descrever alguns comportamentos sexuais de americanos que pouco se assemelhavam ao normativo da época. Envolviam, de forma ampla e irrestrita, corpos de ambos os parceiros durante toda a excitação, concentrando-se nos genitais para a finalização do ato.

Masters e Johnson (1966), um casal de terapeutas americanos, ficaram famosos por desenvolverem um modelo de ciclo de reposta sexual constituído por quatro fases comum aos dois gêneros estudados na época (masculino e feminino):

a) Excitação: duração de minutos a horas. É a estimulação psicológica e/ou fisiológica para o ato. Corresponde à lubrificação vaginal na mulher e à ereção peniana no homem. Caracteriza-se basicamente por dois fenômenos: vasocongestão (enchimento de sangue nos órgãos) e miotonia (contração involuntária), culminando na formação da plataforma orgástica.

b) Platô: excitação contínua, mamilos femininos e, em algumas vezes, os masculinos, estão eretos. O clitóris se torna mais proeminente e todo o corpo começa a vibrar.

c) Orgasmo: é uma descarga de imenso prazer, representada no homem pela ejaculação peniana e na mulher há espasmos do útero. É a fase de excitação máxima (clímax), com grande vasocongestão e miotonia rítmica da região pélvica, acompanhada de grande sensação de prazer, seguida de relaxamento e involução da resposta (resolução).

d) Resolução: chamada de fase detumescência, é um estado subjetivo de bem-estar que se segue ao orgasmo, no qual predomina o relaxamento muscular, a lassidão e o torpor. Tem duração de minutos a horas. Nos homens, caracteriza-se por um período refratário no qual o organismo necessita estar em repouso, não aceitando mais estimulação. Na mulher, o útero reassume sua posição original e o colo relaxa, perdendo seu tônus.

Kaplan (1977) propôs um novo modelo contendo três fases: desejo, excitação e orgasmo. Neste novo modelo, o desejo é o fator que estimula por completo o ciclo. Ele resulta da soma de dois fatores diferentes: o anatomofisiológico e o subjetivo. O primeiro baseia-se na produção do apetite sexual por meio da atuação de um sistema neural específico no cérebro. Já o segundo tem conotação mais complexa, envolvendo sensações que levam a pessoa ao aguçamento da sensopercepção e da capacidade física em busca de gratificação sexual. A boa relação é baseada em fantasia e contato físico, quando existe, basta um pouco de toque para que a experiência sexual seja agradável. Por outro lado, se ela é ausente ou de mínima expressão, a vivência sexual será de menor expressão (Hentschel et al, 2006).

Mesmo tendo todos estes modelos vigentes sobre sexualidade humana, é impossível padronizar, de modo rígido e impessoal, as respostas orgânicas. Cada indivíduo herda um potencial biológico, mas a natureza não redistribui a mesma capacidade reacional para todos (Cavalcanti & Cavalcanti, 2006). Isto caracteriza a singularidade do indivíduo inserido em sua realidade sócio-histórica. Os modelos teóricos da sexualidade são importantes para demonstrar um funcionamento fisiológico e psíquico dos sujeitos envolvidos, mas variam de cultura para cultura. Por exemplo, o que é considerado comum em uma cultura ocidental, pode ser uma afronta em uma cultura islâmica ou oriental e assim por diante.

A mulher era pouco estudada nos modelos previamente apresentados. Basson e sua equipe (2001) introduzem uma nova proposta para o ciclo de resposta sexual feminino, enfatizando o valor da intimidade como motivação para o sexo. A partir de suas pesquisas pode-se notar que muitas mulheres iniciam o ato sexual sem interesse e entusiasmo, desejando aproximação física e carinho antes de se envolver eroticamente. Com base nisso, sua equipe propõe um modelo circular para o ciclo de resposta sexual feminino, em que a ausência do desejo espontâneo não significaria necessariamente uma disfunção sexual, e pode ser dividido em cinco fases:

a) Início da atividade sexual, por motivo não necessariamente sexual ou sem consciência do desejo;
b) Excitação subjetiva com respectiva resposta física, desencadeadas pela receptividade ao estímulo erótico, em contexto adequado.
c) Sensação de excitação subjetiva, desencadeando a consciência do desejo;
d) Aumento gradativo da excitação e do desejo, atingindo ou não alívio orgástico.
e) Satisfação física e emocional, resultando em receptividade

Treinamentos Comportamentais

para futuros atos.

Nesse modelo, pode-se notar que existe um maior envolvimento psíquico e emocional da mulher com sua sexualidade. Ao contrário dos outros modelos, que eram voltados para uma perspectiva heterossexual, de propagação da espécie, etc., já é possível notar que casais homossexuais também fazem parte do esquema proposto. O sexo também deixa de ser visto como uma atividade praticada dentro do casamento, e o sexo casual ganha uma maior representação aqui, ou seja, o sexo pelo prazer fica mais em evidência.

Os estudos de autoras pré-feministas como Simone de Beauvoir (1949) e Margaret Mead (1935) trouxeram à tona a opressão feminina quanto a sua sexualidade por meio do poder econômico, biológico e psicológico masculino sobre as sociedades ocidentais. A mulher era tratada como o Outro, o negativo do homem e, por consequência, inferior a ele. Pensando na frase célebre de Beauvoir, "não se nasce mulher, torna-se uma", podemos ver que o ser feminino é um ser construído culturalmente, já o masculino parece pré-determinado.

A partir daí surgiram várias correntes feministas e as teorias *queer*. Esta última, influenciada por Mead, é definida como uma teoria sobre o gênero, que afirma que a "orientação" sexual e a identidade sexual ou gênero dos indivíduos são o resultado de um constructo social e que, portanto, não existem papeis sexuais essencial ou biologicamente inscritos na natureza humana. Louro (2004) escreve: "a teoria *queer* permite pensar a ambiguidade, a multiplicidade e a fluidez das identidades sexuais e de gênero, mas, além disso, também sugere novas formas de pensar a cultura, o conhecimento, o poder e a educação". Essa teoria foge de padrões normativos e estigmatizados impostos pela biologia e pelos padrões sociais.

Como pode-se notar, a sexualidade passa não apenas pelo biológico, mas a cultura e as representações sociais em torno do sexo também influenciam diretamente em como os indivíduos se comportam inseridos em suas realidades. Neste artigo utilizaremos o artigo definido e nomenclatura masculinos, pois tanto relações heterossexuais quanto homoafetivas podem se beneficiar do assunto aqui tratado.

Técnicas na terapia sexual

Neste artigo estudaremos duas técnicas na clínica da Terapia Sexual sob a ótica da terapia cognitiva-comportamental, adotada por muitos dos autores supracitados: o *Stop-Start* e o *Squeeze*. A primeira foi idealizada em 1956 por Semans, ao observar que a característica fundamental da ejaculação precoce era um mecanismo de reflexo excessivamente rápido, ou seja, o sujeito tinha a ereção, a excitação e a resolução em segundos. O objetivo desta técnica era o de prolongar ao máximo este mecanismo (Cavalcanti & Cavalcanti, 2006).

A técnica consiste em estimular o pênis até o momento em que se começa a sentir sensações de ejaculação. Neste momento, o sujeito, manuseando o pênis, ao ser sinalizado pelo parceiro, deve parar (*stop*) de estimular. Quando a pressão ejaculatória cessa, volta-se a uma nova estimulação, devendo então o sujeito sinalizar para que o outro reinicie (*start*) a estimulação (Cavalcanti & Cavalcanti, 2006). Os parceiros devem cronometrar o tempo de estimulação e o tempo de pausa entre o término do estímulo.

Quando o sujeito tiver realizado as manobras manuais com sucesso, passa-se à etapa da penetração. O parceiro posiciona-se em cima do sujeito (posição Andrômaca) e realiza movimentos de sobe e desce. No momento da introdução, a pessoa deve-se manter imóvel para familiarizar-se com a sensação do meio e infundir que este não é o "gatilho" para a ejaculação. Passada esta fase, deve-se colocar as mãos na cintura do parceiro, orientando os movimentos pélvicos até que esteja próximo do orgasmo. Deve ser sinalizado que pare (*stop*), permanecendo ambos imóveis até que a sensação ejaculatória acabe. Quando isto ocorre, um novo sinal de que recomece (*start*) é dado (Cavalcanti & Cavalcanti, 2006).

A segunda técnica é a do *Squeeze*, na qual há o estímulo do pênis até que o indivíduo atinja um ponto imediatamente anterior à inevitabilidade ejaculatória. Neste momento, deve-se fazer uma compressão no sulco bálano-prepucial com o polegar aplicado sobre o freio e os dedos indicador e médio na face dorsal do pênis, logo abaixo da glande. A pressão deve ser realizada durante 3 a 4 segundos, forte o suficiente para ser incômoda, e não dolorosa. Como o limiar varia de pessoa para pessoa, o casal deve encontrar o ponto certo por tentativa e erro. Em nenhuma hipótese deve-se realizar o *squeeze* com o pênis flácido, pois pode haver lesão no corpo cavernoso. Depois de um *squeeze* deve-se esperar de 15 a 30 segundos, reiniciando a estimulação para posteriormente realizar nova manobra compressiva nas proximidades da inevitabilidade ejaculatória (Cavalcanti & Cavalcanti, 2006).

Conclusão

Alguns estudos mostram que o uso da clomipramina (antidepressivo tricíclico que inibe a receptação da noradrenalina e da serotonina) pode beneficiar o paciente no controle da ejaculação precoce (Kim & Seo, 1998). Em alguns casos, a psicoterapia aliada à medicação obtém resultados expressivos (Melnik et al, 2009); em outros, a psicoterapia para prolongar a latência ejaculatória mostra resultados satisfatórios (Porto, 2008).

Treinamentos Comportamentais

As técnicas exploradas neste artigo têm sua eficácia comprovada cientificamente, e, apesar de questionadas (Grenier & Byers, 1995), elas possuem seu valor na clínica da terapia sexual e são ferramentas importantes no auxílio do tratamento de disfunções sexuais.

REFERÊNCIAS

Basson, R., Berman, J., Burnett, A., Derogatis, L., Ferguson, D., Fourcroy, J. *Report of the International Consensus Development Conference on Female Sexual Dysfunction: Definitions and classifications.* Jour Sex Marit The, 27, 83-94, 2001.

Beauvoir, S. *Le Deuxième Sexe.* Paris: Gallimard, 1949.

Cavalcanti, R., Cavalcanti, M. *Tratamento Clínico das Inadequações Sexuais.* São Paulo: Roca, 2006.

Freud, S. A dissolução do Complexo de Édipo. *In: Obras completas de Sigmund Freud.* Rio de Janeiro: Delta, 1958c.

Freud, S. A organização genital infantil. *In: Obras completas de Sigmund Freud.* Rio de Janeiro: Delta, 1958a.

Freud, S. Uma teoria sexual. *In: Obras completas de Sigmund Freud.* Rio de Janeiro: Delta, 1958b.

Grenier, G., Byers, S. E. *Rapid Ejaculation: a review of conceptual, etiological and treatment issues.* Arch Sex Behav; 24(4): 447-472, 1995.

Hentschel H., Alberton D.L., Capp E., Goldin J.R., Passos, E. P. *Aspectos fisiológicos e disfuncionais da sexualidade feminina.* Rev HCPA; 26(2): 61-62, 2006.

Heilborn, M.L., Brandão, E. R. Introdução: Ciências Sociais e Sexualidade. *In:* Heilborn, Maria Luiza (org.). *Sexualidade: o olhar das ciências sociais*, IMS/UERJ. Rio de Janeiro: Editora Zahar, 1999, p. 7-17.

Kaplan, H. S. *A Nova Terapia do Sexo.* 3. ed. Rio de Janeiro: Nova Fronteira, 1977.

Kinsey, A. S., Pomeroy, W. B., Martin, C. R. *Sexual Behavior in the Human Male.* Filadélfia: Sauders, 1948.

Kim, S. C., Seo, K. K. Efficacy and safety of fluoxetine, sertraline and clomipramine in patients with premature ejaculation: a double-blind, placebo controlled study. J Urol; 159: 425-427, 1998.

Louro, G. L. *Um Corpo Estranho: Ensaios Sobre Sexualidade e Teoria Queer.* Belo Horizonte: Autêntica, 2004.

Masters, W. H., Johnson, V. E. *Human Sexual Response.* New York: Bantam Books, 1966.

Mead, M. *Sex and temperament.* New York: Routledge and Kegan Paul, 1935.

Melnik, T., Glina, S., Rodrigues, O. M. *Psychological intervention for premature ejaculation*, Nat Rev Urol; 6(9): 501-508, 2009.

Organização Mundial da Saúde. *Instrução e assistência em questões de sexualidade humana: formação de profissionais de saúde.* Genebra: OMS, 1995.

Porto, R. *Psychological aspects of premature ejaculation.* Sexologies; 17(1): 5-8, 2008.

Reich, W. *A revolução sexual.* Rio de Janeiro: Zahar, 1976.

13

O que todo empresário deve saber sobre Treinamento Comportamental

A proposta do artigo é explorar pontos importantes em investir nesse tipo de treinamento. A ideia principal do texto é levar de uma forma clara e prática o leitor a refletir sobre a relevância desse tema nas organizações, considerando as principais dificuldades e esclarecendo alguns mitos que circulam a cabeça do gestor ou empresário quando contratam esse tipo de trabalho

Danilo Fernando Olegario

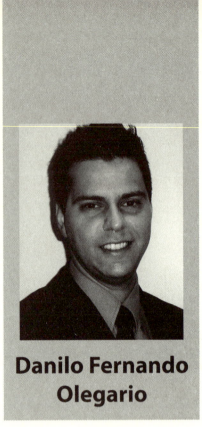

Danilo Fernando Olegario

Coach Self e *Professional* e Analista Comportamental (*Behavioral Analyst*) com certificação internacional pelo IBC – Instituto Brasileiro de *Coaching*. Graduado em Administração pela UNIMEP, MBA em Gestão Estratégica de Pessoas pela FGV. Atua há mais de quinze anos em Gestão de Pessoas, onde trabalhou em grandes empresas nacionais e multinacionais tendo atuado em todos o subsistemas da área. Especialista em desenvolvimento de Programas de Desenvolvimento Organizacional e Treinamentos comportamentais. Atuou como instrutor de treinamentos comportamentais, foi propulsor e responsável por diversos programas de formação de pessoas em posições operacionais e liderança. Possui grande experiência em programas de Jovem Aprendiz e PCDs (Pessoas com Deficiência), do recrutamento ao treinamento. Participou e construiu grandes projetos de RH, visando movimentação estratégica de pessoas, retenção de talentos, projeções de carreira e desenvolvimento de equipes. Atua como *Coach* Comportamental em Desenvolvimento de Liderança e Carreiras, e escritor do site RH.com de diversos artigos sobre o comportamento humano.

Contatos
dfolegario@yahoo.com.br
Skype: danilo_olegario1
(19) 3427-1714 / (19) 98259-8833

Danilo Fernando Olegario

"A lei de ouro do comportamento é a tolerância mútua, já que nunca pensaremos todos da mesma maneira, já que nunca veremos senão uma parte da verdade e sob ângulos diversos."
(Mahatma Gandhi)

Treinamento Comportamental é um método que visa o aprimoramento e ou aperfeiçoamento de um conjunto de comportamentos de um indivíduo ou de um grupo. A ideia surgiu nos Estados Unidos em 1947, com a abordagem de que os pensamentos e emoções influenciam diretamente o comportamento das pessoas, logo, tais comportamentos refletem no desempenho da organização.

No Brasil, o mundo corporativo vem aderindo a essa prática. Muitas empresas já investem pesado nesse tipo de treinamento há um bom tempo. No entanto ainda se tem uma atuação bastante tímida em relação ao assunto.

Todo empresário que deseja investir em treinamento comportamental deve considerar sobretudo que esse é um tipo de projeto que não se tem um fim, pois o estudo humano é inacabado.

Quando se decide contratar, investir nesse tipo de treinamento, é importante considerar a estratégia do negócio, bem como onde se quer chegar. O TC (Treinamento Comportamental) pode ser uma poderosa ferramenta de comunicação entre o negócio e as pessoas. Tais treinamentos devem estar atrelados às estratégias e aos valores da empresa. Dessa forma se abrirá um excelente canal de comunicação e aproximação do capital humano para alavancar os resultados da empresa.

A fórmula é bem simples: Toda empresa, e portanto seus principais acionistas (empresários), visam resultados financeiros – sobretudo que sejam sustentáveis para o negócio. As pessoas que compõem a organização querem reconhecimento e oportunidades, de certa forma também querem saber para onde estão indo e porquê.

Os comportamentos norteiam as atitudes das pessoas, e todo indivíduo, para ter uma determinada atitude perante algo, precisa ter uma razão, um motivo que gere essa ação esperada.

Nas minhas atuações em treinamentos comportamentais, bem como meus estudos literários, participações em palestras e congressos, pude perceber alguns mitos e dúvidas que se tornaram comuns, principalmente para as pessoas ou empresas que pouco acessaram esse assunto:

- **Não é possível mensurar esse tipo de treinamento:** essa é uma crença limitante, parte do princípio de que comportamento não se pode quantificar. De fato não existe uma fórmula para isso. No entanto, quando atrelamos o TC a indicadores visíveis, ele passa a ser mensurável. Por exemplo: o que é Segurança do Trabalho

Treinamentos Comportamentais

senão puramente o reflexo de atitudes de pessoas, comportamentos? Com isso, qual o principal indicador de uma área de segurança, que expressa claramente a qualidade do seu trabalho? Acidentes. Todas as campanhas sobre redução de acidentes em qualquer organização (inclusive na televisão) têm um apelo de consciência. Por quê? Esses apelos servem para estimular atitudes positivas das pessoas em relação à sua própria segurança. É um trabalho comportamental que visa um resultado que está claro para todo mundo. Dessa forma é possível, sim, mensurar os resultados do TC através de indicadores factíveis de impactos.

- **Esses treinamentos de ficar abraçando árvores não geram resultados:** de fato não geram nenhum resultado quando não têm um propósito claro. Já dizia o gato de Alice no País das Maravilhas: "Se você não sabe onde quer chegar, então qualquer caminho serve...". O que acontece é que muitas empresas tratam o TC como uma solução para todos os problemas, só que não acontece dessa forma. O TC não é um fim, e quando ele é tratado isoladamente não gera resultados. TC é um gatilho, um *start*, uma parte do processo de mudança. Se outras ações não acontecerem em paralelo, ele perde a força. Não adianta, por exemplo, criar ambiente de motivação para as pessoas e não organizar a tabela de salários. Uma ação leva à outra. A metodologia com que o treinamento acontece é indiferente quando as coisas estão alinhadas: todo mundo precisa de reflexão, inclusive o gestor.

- **Qual o nível de pessoas ideal para participar de TC?** Não existe um "nível" ideal de pessoas, mesmo porque não podemos subestimar a capacidade de entendimento do indivíduo, independente do grau de formação. Realizei e participei de muitos treinamentos onde o público eram pessoas com baixa escolaridade, algumas analfabetas, e nem por isso a qualidade do treinamento diminuiu. Se o conceito é complexo, simplifique a linguagem – tudo tem jeito.

- **Adianta investir pesado em TC se a pessoa pode deixar minha empresa?** Aqui cabe outra pergunta: se você não investir, a pessoa permanece na sua empresa? Mesmo com esse tipo de investimento não se pode garantir a permanência da pessoa na organização. Porém o risco de não se investir, por medo de perder a pessoa, é o mesmo que não plantar e esperar a colheita: não acontece. É importante para a empresa esse alinhamento dos valores do negócio com os valores das pessoas, não existe um certo ou errado, apenas o ideal para o momento.

Todo empresário precisa considerar dois elementos importantes nesse processo de TC: A Paciência e a Confiança.

A paciência porque a mudança de comportamento não acontece de um dia para o outro, é preciso um tempo, e cada pessoa reage de uma forma. Para a obtenção dos resultados o prazo pode se estender. O importante é não invalidar o programa de TC por conta disso. Vale ressaltar que paciência não tem a ver com tolerância a resultados negativos, mas sim com o entendimento das reações das pessoas nesse processo.

O que pude observar é que o ambiente da empresa tem diversas reações diante um projeto de TC, no seu início e ao longo do processo. Particularmente classifico essas reações como uma grande curva onde se tem os pontos altos e os mais baixos (cabe ressaltar que essa curva não tem um pressuposto científico, mas sim uma visão baseada em experiências vivenciadas na prática). Quando me refiro a TC estou considerando programas de Desenvolvimento de Liderança, Motivacional, Comportamental Operacional, treinamentos que visam o desenvolvimento ou fortalecimento de habilidades pessoais (comunicação verbal, administração do tempo, relacionamento interpessoal).

O primeiro ponto indica o início de um projeto de TC, logo em seguida, num primeiro momento, as reações mais comuns são de **Resistência**, principalmente dentro de uma cultura pouco acostumada com a ideia de TC. Neste estágio as pessoas ainda têm muitas dúvidas, tendem a não acreditar, e podem até achar que não passa de um simples "amor de verão". Nesta fase é importante intensificar a ideia e principalmente caprichar no processo de comunicação, pois a confiança ainda não existe, ela está sendo construída.

O terceiro ponto indica a **Permissão**, onde apesar de ainda existirem as dúvidas, a confiança começa a nascer. Nesta fase as pessoas começam a permitir mais o TC, o nível de aceitação é maior. É importante, neste estágio, a área de RH mensurar e acompanhar os indicadores do treinamento através de avaliação de reação ou outras ferramentas pertinentes. Apesar de ainda se perceberem oscilações, os resultados já estão mais visíveis e a credibilidade tende a aumentar.

No ponto do **Patrocínio** a confiança está estabelecida, e o TC come-

Treinamentos Comportamentais

ça a ser solicitado pelas pessoas. No entanto, entre esse ponto e o próximo (**Revisão do Programa**), é preciso prestar atenção ao andamento do TC, pois o nível de criticidade das pessoas está mais elevado, tanto em relação ao programa de treinamento como à estrutura da empresa. O próprio Einstein já dizia: "A mente uma vez expandida não retorna mais", e isso cabe com maestria neste contexto. Quanto mais as pessoas têm acesso a conhecimentos, maior é o nível de exigência: é uma consequência positiva do TC, pois a partir dos estímulos vai aumentando o nível de consciência e entrega. Contudo é o momento de revisar ou ajustar pequenos detalhes que podem fazer grandes diferenças.

É possível perceber essas reações quando se está muito próximo das pessoas que participam dos programas. Não existe uma regra, mas quando o programa de TC está bem estruturado e comunicado essas reações têm uma velocidade maior. É necessário portanto um processo de paciência, o que não quer dizer comodidade, mas atenção total a todos os passos do programa de TC.

Outro ponto indispensável é a confiança no profissional ou empresa que conduzirá o programa de treinamento e, principalmente, o alinhamento com a cultura da empresa. Se não falarem a mesma língua, não estabelece a química necessária para o sucesso do treinamento, e isso só se consegue com confiança.

Gosto sempre de citar como referência o livro "A Velocidade da Confiança", do autor Stephen M. R. Covey, em que ele fala desse elemento como o principal fator de diferença na organização. Inclusive ele traduz essa afirmação em uma fórmula bem simples:

Quanto maior a confiança, maior a velocidade com que as coisas acontecem e menor é o custo (dinheiro mesmo), o contrário também é válido: quanto menor a confiança, menor a velocidade e maior é o custo.

Essa fórmula faz muito sentido para esse exemplo do TC: não adianta prosseguir em algo onde não se estabelece a confiança, os resultados serão lentos e os custos altos, isso vale para qualquer área da vida.

Contudo compartilho da ideia de que esse modelo de Treinamento Comportamental não somente traz resultados para a organização como, principalmente, para as pessoas: é uma grande ferramenta de empoderamento que, se bem utilizada e direcionada, pode se tornar o principal diferencial competitivo de uma empresa. O colaborador, independentemente do nível hierárquico estabelecido, precisa ter cultivado seus valores compatíveis com a empresa para que faça sentido ele acordar todos os dias e dar o seu melhor. O Treinamento Comportamental permite esse resgate e auxilia na manutenção esporádica. Isso, atrelado ao plano de carreira muito bem administrado, pode alavancar grandes talentos! Portanto caro (a) amigo (a) empresário (a), através do TC você pode despertar grandes potenciais das pessoas do seu time! Seus líderes poderão ter um alicerce consistente para toda a base da empresa, garantindo primeiramente os valores da empresa junto aos colaboradores, e também os resultados da estratégia com muita qualidade no produto, velocidade e garantia da entrega do produto na data, bem como menores custos em toda a cadeia estrutural da empresa.

Treinamentos Comportamentais

14

Despertar da consciência: qual é o seu propósito de vida?

Costumamos enfocar o autoconhecimento e a Competência Emocional como pontos de partida para a realização pessoal e profissional. Aqui relato o despertar e a trilha por diversos caminhos na busca desta realização e na aplicação dos aprendizados no desenvolvimento das pessoas e grupos, e o que me levou a trilhar este caminho

Deroní Sabbi

Deroní Sabbi

Palestrante motivacional com ampla experiência como psicoterapeuta individual e de grupos. *Coach* com formação internacional, Psicólogo com Pós-graduação em Psicologia Transpessoal (Unipaz), escritor, autor do *bestseller* *Sinto, logo existo: inteligência emocional e autoestima* e coautor do Manual Completo de PNL. *Master* e *Trainer* em PNL na Universidade da Califórnia (EUA), fez cursos com Robert Diltz e John Grinder, ciadores da PNL (EUA). Sua formação inclui Seminários extensivos de Hipnose com os discípulos diretos de Milton Erickson, Educação Biocêntrica, com Rolando Toro, Regressão, Terapia da Linha do Tempo, Análise Transacional, Gestalt-terapia, Abordagem Holística, Física Quântica, Dinâmica de Grupo, jogos de empresa e estudo de tradições de sabedoria. Diretor do Instituto Sabbi Desenvolvimento Humano. Ministrou, desde 1980, mais de 1800 palestras, cursos e *workshops* comportamentais a convite de empresas, universidades, convenções e seminários de educação e qualidade de vida, no Brasil e no exterior.

Contatos
www.sabbi.com.br
(51) 3029-1430

Deroní Sabbi

Muitas vezes quando pensamos ter todas as respostas, a vida muda as perguntas. Nenhuma resposta é definitiva e como treinadores comportamentais, isto é uma coisa que precisamos ter sempre presente, pois nós promovemos a mudança que realmente importa, que é a de cada ser humano. Trabalho para tornar esta mudança evolutiva possível. Podemos auxiliar melhor na mudança do outro quando temos consciência de nossos próprios processos de transformação, e por isto relato aqui uma pequena parte de minhas buscas, que começaram muito cedo, com a intenção de que seja útil ao leitor.

Com 14 anos, ficava horas olhando as estrelas, especialmente nos acampamentos escoteiros de que participava. Tinha um laboratório, onde fazia muitas experiências. Chamava-o de LAE - Laboratório Albert Einstein, pois tinha uma profunda admiração por este ilustre ser humano, cujas reflexões falavam de coisas que encontravam em mim muita ressonância. Dizia: "A experiência cósmica espiritual é a mais forte e a mais nobre fonte de pesquisa científica", e também: a imaginação é mais importante que o conhecimento". Descobri que Einstein era muito mais do que um cientista. Ele ia muito além da mente racional e dizia: "O que quero é descobrir como é o pensamento de Deus."

Um dia, uma de minhas irmãs, perguntou: "O que queres de aniversário?"

Imediatamente respondi: "Um telescópio!" Vivíamos o histórico momento em que o homem havia pisado na lua. A atenção da humanidade estava direcionada à grandeza do Universo. E eu sonhava explorá-lo. Morávamos numa cidade do interior, e o que ela me trouxe de presente foi o que encontrou de mais parecido, um microscópio.

Confesso que inicialmente fiquei desapontado, mas entrei no meu laboratório, fechei a porta e comecei a explorar o presente inusitado. Devia haver uma razão para ter sido assim. Lembrei de Hermes Trismegistrus, que já dizia: "O que está no alto é como o que está embaixo... O que está fora é como o que está dentro". Então lhe dei um novo significado.

Pelo microscópio vi o movimento daquelas minúsculas estruturas -base da própria vida, e fiquei maravilhado. Estava diante de uma força misteriosa e presente em tudo o que existe. Havia um universo dentro de cada célula e o que realmente importava era o insondável mistério da vida. Subitamente, uma pergunta surgiu:

- Que Força é esta que faz com que todo o Universo funcione perfeitamente, e que se manifesta perfeitamente também no infinitamente pequeno?

A resposta preencheu o ar: – É a consciênciaaa...

Eu vislumbrei todos os povos, ocupações e tempos se descortinarem à minha frente. Uma nova pergunta me ocorreu: - O desenvolvimento

Treinamentos Comportamentais

da consciência é o que realmente importa ao ser humano, independente de onde viva e qual a sua época? Isto, de tudo, é o mais relevante?

– Ééé..., disse aquela voz misteriosa...

A expressão parecia vir de uma voz que vinha ao mesmo tempo de fora e de dentro. Era imbuída de uma força poderosa, parecia a própria voz do Grande Arquiteto do Universo.

Então a minha missão é trabalhar no sentido de auxiliar as pessoas no desenvolvimento da consciência? Meu propósito de vida é ajudá-las a perceber quem são e o que realmente importa em suas vidas? Uma espécie de palestrante ou treinador comportamental?

E aquela voz misteriosa, expressão de um grande mistério, disse novamente:

– Ééé...

Uma sensação de êxtase tomou conta de mim. Uma paz profunda preencheu todo o meu ser e as lágrimas brotaram. Imediatamente tive um vislumbre de mim mesmo estudando os mistérios da mente, ministrando palestras e trabalhando com grupos de crescimento. Por um instante me esqueci de que era extremamente tímido e tinha medo de tantas coisas! Num instante o medo perdeu importância e novas e poderosas perguntas nasceram em meu interior, trazendo a primeira experiência de grande ampliação de consciência de que me lembro, trazendo um sentido mais pleno de sentido à minha própria vida.

Logo minha atenção transcendeu o que eu via pelo microscópio: foi absorvida e pela observação da minha própria natureza interior. A experiência descortinou para mim um novo mundo. Logo descobri que desde milhares de anos os budistas, os iogues e outras tradições praticavam a auto-observação. Comecei uma longa busca, através de muitas escolas. Muitas leituras, pesquisas e estudos. Aí descobri a meditação e passei a praticá-la. Compreendi que se quisesse um dia auxiliar as pessoas na sua caminhada, como treinador comportamental, deveria começar por mim mesmo.

Então vivi um ano memorável, iniciei minha vida profissional no Banco do Brasil, onde ficaria quinze anos, comecei a participar de seminários, estudar e praticar intensamente a hipnose e a auto-hipnose e meditação e conduzir grupos de e autoconhecimento, o primeiro ensaio no desenvolvimento de habilidades como treinador comportamental que viria a ser no futuro. E não parei mais, Durante três anos trabalhamos com teatro, em uma peça de duas horas que abordava as grandes perguntas da humanidade: Quem somos, de onde viemos, para onde vamos? Em seguida publiquei um texto de abertura do livro Abrindo Portas (Ijuí-RS, 1974), que se chamava *O homem à procura de si mesmo*. Mergulhei intensamente de maneira ativa em grupos e seminários

Deroní Sabbi

de autoconhecimento, filosofia, ciência e espiritualidade e organizei em minha cidade um grupo de estudos de autodesenvolvimento, à frente do qual permaneci alguns anos. No Oráculo de Delfos, na Grécia, havia uma frase que viria a nortear minhas buscas: "Conhece-te a ti mesmo e conhecerás o Universo."

Em 1980, iniciei a graduação em Psicologia, mas paralelamente intensifiquei a participação em cursos, seminários e grupos de vivências muito diversificadas, mas que tinham em comum a busca do autoconhecimento e o poder da mente humana. Desde o início fascinou-me a visão de Jung, segundo a qual "a consciência é mais do que o pensamento, pois inclui razão, emoção (e sentimento), sensação e a intuição". Sou eternamente grato a uma grande amiga junguiana, Therezinha Vargas Flores, psicóloga pós-doutorada na Sorbonne, que me orientou nos primeiros passos, quando juntos iniciamos em 1984 o trabalho com grupos meditação, sensibilização e autoconhecimento, que foi por onde iniciei meu trabalho na área.

Quando conclui a graduação em psicologia, em 1987, e acreditando que o especialista é aquele que "sabe quase tudo sobre quase nada", passei a realizar com frequência treinamentos comportamentais de autoconhecimento de três a quarto dias junto à natureza na serra gaúcha, cujas filmagens ainda tenho, com inspirações de diversas destas fontes, que mostravam a convergência da arte, filosofia, mística e ciência – sob um prisma que integrava todo o conhecimento e as tradições de sabedoria ancestral. Tudo parecia convergir para a certeza de que era preciso ver não apenas a árvore, mas a floresta toda, e que para compreender o Universo e o próprio ser humano era preciso olhar de uma forma abrangente, holística, interdisciplinar e transcultural. Começamos estes encontros reunindo uma equipe de profissionais de diversas áreas, incluindo médicos, psicólogos, terapeutas alternativos, assistentes sociais e até engenheiros. Descobri, nos treinamentos comportamentais, uma maneira muito efetiva de auxiliar as pessoas na evolução da consciência e na melhoria da qualidade de vida, como havia intuído aos quatorze anos.

A busca prosseguiu. Em 1989 fui à Índia, onde vivi quase seis meses na Humaniversity e na Universidade Brahma Kumaris, dois dos maiores centros de desenvolvimento humano da época. Lá, pratiquei por cerca de cinco meses, com diversas horas diárias de meditação e diversos cursos de desenvolvimento pessoal, junto a mais de dez mil pessoas, alunos e mestres, reunidos numa experiência cosmopolita sem igual. Foi um rico aprendizado em diversos sistemas de autodesenvolvimento contemporâneos e outros baseados em tradições de sabedoria orientais, complementado por mais de um mês viajando e conhecendo mais a Índia, o Nepal e a Inglaterra. Foi como uma viagem no tempo.

Treinamentos Comportamentais

Quando voltei da Índia, por algum tempo, falei pouco ou quase nada acerca dos mestres que acompanhei por diversos meses e sobre o que havia vivido e aprendido, mesmo nas palestras que dei, pois a experiência produziu um impacto tão profundo em minha consciência, que calei até integrar o que havia aprendido. Só então passei a falar a respeito. E venho aprendendo, ao longo dos anos, com especialistas em desenvolvimento humano, de diversas partes do planeta, em palestras, seminários e cursos curta e longa duração, sempre voltados ao desenvolvimento da consciência. Parte deste aprendizado na Universidade Holística Internacional, Unipaz, onde fiz cursos de pós-graduação em Psicologia Transpessoal, Abordagem Holística, Educação Emocional e outros, por mais de dez anos. Apresentei como obra prima da Formação Holística de Base, o livro Sinto, logo Existo, a respeito de Inteligência Emocional e Autoestima.

Nossa consciência precisa contemplar nossas relações com as pessoas e com o mundo. Muitos povos indígenas, em sua sabedoria, dizem que a terra não nos pertence, mas sim que nós pertencemos à terra. Eles podem nos ensinar muito sobre valores, respeito e vida sustentável. No entanto procuramos respostas na tecnologia, sem percebermos que para vivermos felizes não precisamos de muitas coisas. A resposta parece estar nas coisas simples da vida.

A maior parte das pessoas vive tão absorvida com as demandas da rotina, numa espécie de piloto automático e imersa em sua zona de conforto, correndo muito, embora não saiba ao certo para onde e para quê. É uma busca incessante por vicissitudes ligadas ao verbo "ter", muitas vezes esquecendo-se da essência do "Ser".

Hoje inspirado em Sócrates, "penso que o que sei é tão pouco, que posso dizer que já sei que (quase) nada sei". Sócrates sabia fazer perguntas precisas em cada situação, para auxiliar cada um a encontrar os melhores caminhos. Foi o precursor da técnica que hoje chamamos de Coaching.

Algumas perguntas tornaram-se muito importante em meu trabalho e em minha vida: Somos seres humanos vivendo uma experiência espiritual? Ou seres espirituais vivendo uma experiência humana? Quem é você... mesmo? O que você está fazendo aqui, neste planeta? Qual o seu lugar no universo? O que realmente importa? Como pode dar mais sentido à vida? Já pensou que as transformações podem começar por você? Quando? Qual o legado que irá deixar? E o que permanece em nós, num mundo em que a mudança é a coisa mais presente? E a transformação que queremos para o mundo, deve começar por onde? Pela nossa consciência? Quando? Certamente não no passado, nem no futuro, mas aqui, e agora...

Deroní Sabbi

Sempre gostei de contar, nos treinamentos, muitas histórias relacionadas a estas questões, usadas como instrumentos para o despertar da consciência. Elas estão presentes em todos os tempos e em todas as culturas, e especialmente nas tradições de sabedoria. Como a de um discípulo que certa vez procurou um Mestre, e vendo que vivia numa casa muito simples, com poucas posses, e perguntou-lhe:

– Mas o senhor vive aqui de forma tão simples, e não tem quase nada?

O Mestre respondeu: – O que você tem na mochila?

O discípulo disse:– Nada, Mestre, só estou de passagem.

Ao que o Mestre respondeu:

– Eu também...

O efeito das metáforas atinge os níveis subconscientes da mente, é muito mais profundo e duradouro, e não apenas para crianças. Nós, treinadores, educadores e líderes, precisamos ir além do que apenas transmitir conteúdos. E considerar o objetivo de desenvolver compreensão, competências e bons valores. Pois num tempo em que em poucos dias dobra o número de informações em nosso mundo, o conteúdo perde importância. É preciso lembrar que informação é diferente de conhecimento. O efeito das palavras e das metáforas, com sintonia e *rapport* com o educando, e traduzindo simbolicamente onde está e aonde quer chegar quem escuta a trama da história, pode desencadear processos transformadores. E nos permite diariamente a oportunidade de lançar sementes que podem influenciar as atitudes e o caráter de gerações, e que trazem em si a promessa de um pomar, influenciando o direcionamento de uma vida inteira. Usando os conhecimentos e habilidades desenvolvidos nas práticas de PNL, Neurociência, *Coaching* e Linguagem Hipnótica e outros recursos que temos acesso hoje, nossa ação terá um poder ainda maior, pelo seu efeito subliminar que dribla a resistência. É preciso estarmos sempre nos instrumentalizando com os melhores recursos. As metáforas que mais utilizei ao longo dos anos estão no livro "Sinto, logo existo", que publiquei pela primeira vez em 1999.

Para que nosso trabalho como treinadores comportamentais floresça, precisamos, a cada dia, cuidar do nosso jardim interior, pois cada pessoa tem o que necessita dentro de si mesma. É no interior de cada um que se originam as mudanças do mundo externo. Precisamos extrair as ervas daninha, plantar novas e melhores sementes de pensamento, palavras e ações. As histórias que contamos ampliam o seu poder através de nossos exemplos. Temos a oportunidade de ampliar a consciência do impacto das nossas ações em nossas vidas, nas pessoas e na sociedade em que vivemos, sempre atentos ao movimento de correnteza da civilização. E precisamos ser flexíveis, versáteis, e lançar mão de uma

Treinamentos Comportamentais

grande variedade de recursos, procurando encontrar sempre os mais adequados para cada pessoa, grupo ou situação.

O caminho, para sermos bons treinadores comportamentais, é sermos congruentes, pois, como disse Buda, e depois Gandhi: "Devemos estar atentos aos pensamentos, pois estes se transformarão em ações, e as ações se transformarão em hábitos, que marcarão nosso caráter, que por sua vez determinarão nosso destino." Hoje, junto aos pensamentos incluo os sentimentos. Costumava dizer também que "ter raiva de alguém é como tomar veneno e querer que o outro morra", pois os pensamentos e sentimentos passam antes por nosso próprio corpo, e ali deixam marcas do seu veneno, ou do seu remédio.

Conta-se que um dia um homem buscou um mestre e perguntou: - Qual o segredo da serenidade? E ele respondeu: - Pedir ao Criador que nos dê força pra mudar o que pode e deve ser mudado, serenidade para aceitar o que não pode e não deve ser mudado. E sabedoria para distinguir uma coisa da outra. O caminho para a saúde e felicidade passa por assimilar o que passou, aceitando o que não pode ser mudado, libertando-se do sentimento de vítima e ficando com os aprendizados, fazendo bom uso destes, e construindo um caminho que só é possível caminhando, aprendendo com o próprio fazer.

Uma certeza que tem se fortalecido através dos anos é que dez por cento de nossa vida é aquilo que acontece, e noventa por cento é o que fazemos com o que acontece, como já disse Stephen Covey. Somos resultados das nossas escolhas. Podemos aprender a superar dificuldades e explorar habilidades inimagináveis, para crescermos em todas as áreas, tornando-nos mais conscientes, atuantes, e influenciando o mundo ao nosso redor. Assim não seremos mais um dos expectadores, mas nossa existência deixará um legado positivo. A mente cria, as emoções processam e o corpo reflete. O que ocorre no corpo retorna pelo mesmo caminho ao campo mental e vibracional. Por fim, podemos nos lembrar de que os sonhos de ontem são as possibilidades de hoje e a realidade de amanhã. E que, como assinalou John Lennon: "Sonho que se sonha só, é apenas um sonho, mas quando sonhamos juntos, estamos criando a realidade. Devemos nos juntar a quem pensa assim também". Cada um fazendo a sua parte, pode influenciar a construção de um mundo melhor. Se você também acredita, o Deus que habita em mim saúda o Deus que habita em você! Sejamos a transformação que desejamos para o mundo.

15

A força do comportamento na liderança de alta performance

"Um líder de alta performance investe no seu autoconhecimento. Ele sabe da importância que a força do seu comportamento tem para lapidar fraquezas, potencializar talentos e transformar desafios em oportunidades. Ele é um líder de si mesmo." Dirlene

Dirlene Costa

Dirlene Costa

Palestrante, *Coach* e Consultora de Empresas. Atua em Carreira, Liderança e Construção de Times de Alto Desempenho formada em Administração de Empresas pela Pontifícia Universidade Católica de MG. Pós-graduada em Administração Financeira pela UNA MG. É certificada pelo IBC em *Professional & Self Coaching, Assessment Coaching* e em *Leader Coach*. Certificada pelo ICF em *Master Coach* em Finanças e coautora do livro *Coaching & Mentoring* pela Editora Ser Mais.

Contatos

www.coachinghighperformance.com.br
contato@coachinghighperformance.com.br
(21) 7515-6622 / (21) 8183-4083

Dirlene Costa

Durante anos os executivos e gestores foram preparados para lidar com aspectos técnicos, negócios e resultados. Inclusive no processo de recrutamento e seleção das empresas estas eram competências primordiais. A questão da racionalidade tratada de forma rígida, considerando que para ser um bom líder apenas a razão deveria prevalecer, esquecendo-se de que um líder é um ser humano, portanto composto de emoções, sentimentos, pensamentos. Tudo isso reflete no seu comportamento e na sua formar de liderar e gerir.

Liderar era um termo muito utilizado para "os grandes", como se ser líder fosse uma função apenas para presidentes, grandes figuras políticas e religiosas etc. O importante era chefiar bem, seguir normas e regras, produzir e fazer a equipe trabalhar direito. A parte comportamental era pouco levada em conta tanto pelo gestor quanto por sua equipe. A equipe precisava executar e agir, sem questionamento.

Com a mudança do mundo, as integrações dos mercados, a competitividade, a exigência dos consumidores e consequentemente das empresas – que precisavam acompanhar esta nova realidade –, uma nova figura, com novas competências e habilidades, começou a ser demanda nas empresas, nos esportes etc. A figura de um condutor de pessoas que é capaz de falar com clareza, especificidade, direcionar, desenvolver, trazer recursos e alcançar objetivos através das mesmas, alinhando as estratégias da organização.

Além disso, este novo gestor, diante de tantas demandas e competências, viu que precisava trabalhar seu lado comportamental, pois nem a equipe nem as organizações aceitavam mais um gestor inflexível, duro, sem abertura, sem visão para pessoas. Este profissional começou a perceber que ele era contratado por suas competências técnicas, mas era dispensado ou tinha seu caminho dificultado pela falta de habilidades comportamentais.

A pressão também trouxe o estresse, o desgaste emocional, comprometendo inclusive a vida pessoal. Muitos gestores começaram a perceber que estavam perdendo cada vez mais qualidade de vida, além de agregar estresse no seu dia a dia. Mais uma vez os aspectos comportamentais entram em cena, pedindo uma gestão de tempo diferenciada e eficaz, para que este profissional cuidasse da saúde, tivesse energia, disposição, criatividade, inovação e sensibilidade para as questões humanas.

Neste contexto entra a necessidade do investimento – pelas organizações e pelos próprios gestores – em treinamentos e processos que tratem as competências técnicas, mas principalmente as habilidades comportamentais. O treinamento comportamental para líderes começa a tomar força, e as técnicas e metodologias cada vez mais abrangentes nos pontos que tratam pensamento, emoção e comportamento, crian-

Treinamentos Comportamentais

do uma tríade conectada com o desempenho profissional.

Também entra em cena o trabalho em equipe, como trabalhar o *feedback*, a delegação, a gestão do tempo. Desta forma, líder e equipes estão sendo preparados para esta nova realidade: *como saber gerir suas emoções, seus pensamentos e comportamentos frente a este novo mundo, mercado e demanda.*

Os treinamentos comportamentais e o *coaching* utilizam metodologias testadas e comprovadas no mundo corporativo, alinhadas com a psicologia positiva e a programação neurolinguística, trazendo uma claridade ao desenvolvimento comportamental das lideranças. O gestor, nesse trabalho, percebe que tem crenças limitantes que bloqueiam seu desempenho como líder, seus resultados, seus relacionamentos com pares, mercado e equipes, e que é necessário criar novas crenças, construtivas e positivas.

O treinamento comportamental também fornece para este novo líder a capacidade de potencializar suas forças, abrindo seus olhos para as oportunidades, eliminando o medo das ameaças e lapidando as fraquezas. Um novo ângulo de visão, com obtenção de resultados fantásticos, com mais foco, disciplina, serenidade e harmonia.

A força dos treinamentos comportamentais, alinhados às metodologias de *coaching*, transforma este gestor num Líder *Coach*, que é capaz de levar sua equipe, seus pares, a organização, a transpor do ponto A para o ponto B, fazendo a maravilhosa travessia da ponte ao futuro. Este líder começa a perceber oportunidades e perspectivas em tudo, inclusive nos desafios e nas dificuldades. Seu foco não está mais nas ameaças do mundo e do mercado, e sim na força de cada acontecimento. Parece até mágico, mas na realidade é bastante real e simples. É apenas uma mudança de visão e ação.

Assim como um esportista que treina diariamente para atingir o seu melhor, este novo líder precisa treinar constantemente. Na realidade, quando ele é preparado para ser um líder *coach*, ele passa a autotreinar, potencializando o que vem dando certo e corrigindo as rotas do que precisa ser melhorado. Sempre com muita clareza que, em determinados momentos, precisará de apoio para movimentar as pedras do jogo, buscando estrutura com *Coaches* e Treinadores.

O treinamento comportamental vai ajudar o líder a compreender a dinâmica das situações, transformando-o em líder situacional. Para cada situação e cada pessoa ele coloca em prática habilidades específicas. A liderança situacional lhe trará resultados maravilhosos, pois a flexibilidade e a amplitude da visão de que tudo é oportunidade trazem uma nova perspectiva de valor.

Líderes de alta performance têm um elevado nível de autoconhe-

Dirlene Costa

cimento, sabem atuar com suas emoções e colocar seu comportamento sempre a favor das questões, e nunca contra. Por isso o treinamento comportamental ganhou e tem tanta força para gestores que buscam esta nova dinâmica de atuar com pessoas, negócios, resultados etc.

Dentro desta necessidade e dos desafios de liderar onde atualmente é solicitado um investimento do líder nas habilidades comportamentais, recomendo algumas estratégias:

1) Gestão do tempo e da vida

O tempo é um dos maiores bens que temos. Além disso, o tempo é algo democrático, pois ele é o mesmo para todos. Temos vinte quatro horas por dia, independente de cor, raça, time, religião, condição social. Por isso, o benefício que se pode ter em relação ao tempo é a gestão dele. Quem tem melhor gestão do seu tempo proporciona muitos ganhos e benefícios para sua vida. E na posição de liderança o tempo é crucial, pois cada minuto gasto em aspectos que não tem relação com as estratégias e o objetivo do líder é fatal no desempenho final. Muitos líderes trabalham muitas horas e não conseguem ter a melhor performance, enquanto outros dedicam menos horas, mas desempenham maravilhosamente bem. Não é o número de horas que faz a diferença, e sim como usam estas horas, ou seja, seu precioso tempo.

Hoje temos métodos fantásticos de gestão do tempo e um líder precisa ser treinado em como conduzir de forma eficaz seu tempo. Os benefícios são inúmeros, não apenas na profissão, mas na vida pessoal. O líder que passa por um treinamento de gestão do tempo e o coloca em prática eleva consideravelmente o nível de sua qualidade de vida.

Como diz o ditado, tempo é dinheiro. Mas vai além disso, tempo é vida. E vida você não desperdiça, vida você valoriza. Valorize seu tempo.

2) Delegação perfeita e confiança

O conceito anterior de chefe exigia do mesmo uma centralização, pois o medo de errar fazia com que o mesmo controlasse cada detalhe. Com a complexidade dos mercados, das informações, das decisões, nasceu o papel de líder nas organizações. Este papel exigiu uma delegação, que é passar para a equipe a execução das atividades, alinhando de acordo com as estratégias e objetivos organizacionais. Porém, uma confusão teve início, considerando que delegar é relegar. É passar a atividade e deixar que a equipe se vire.

A delegação perfeita é diferente. Chama-se perfeita por isso, pois ela permite que o líder passe a execução para a equipe, mas com uma técnica orientada para obter resultados de qualidade. Ele avalia para quem delega, analisando as habilidades e competências para cumprir

Treinamentos Comportamentais

a atividade, e se este profissional precisa de treinamento. Além disso, avalia o nível de maturidade da equipe e de a quem se destina a tarefa.

Desta forma, o líder precisa ser treinado nos conceitos de delegação perfeita, aprendendo a especificar o resultado que espera ao delegar, desenvolver e treinar a equipe e trabalhar o grau de maturidade da mesma.

A delegação dá liberdade ao líder para cuidar do importante e tem alto impacto na gestão do tempo, na tomada de decisão e consequentemente no desempenho do mesmo.

Geralmente os treinamentos de liderança tratam este aspecto, que é a delegação, de forma efetiva, dando suporte para uma liderança de qualidade, excelência e alta performance.

3) Feedback e Feedforward

O *feedback* é outro ponto tratado na maioria dos treinamentos para liderança. Ele treina o líder para saber identificar os pontos fracos e os pontos a melhorar em cada membro da sua equipe, sempre trabalhando a forma de falar, salientando primeiro os aspectos positivos para depois posicionar o que precisa ser melhorado.

Atualmente foi inserido o *feedforward*. Ele não descarta o *feedback*, mas complementa, pois trata o que o membro da equipe precisa fazer em termos de comportamento e ação dali para frente.

Treinar o líder em *feedback* e *feedforward* é primordial como habilidade e competência na gestão e desenvolvimento de pessoas.

Liderar é ser específico, é direcionar seu time no caminho a seguir. E, para isso, a posição do que precisa ser aprimorado e o plano de ação são relevantes para o sucesso do time e da liderança.

4) Desenvolvimento de pessoas

Por fim, o aspecto mais relevante na posição de liderança é o desenvolvimento de pessoas, ou seja, capacitação de sua equipe. O líder que orienta, especifica, dá direção, capacita e treina, tem uma equipe alinhada, integrada e mais motivada. Consequentemente obtém resultados melhores, pois a equipe tem um propósito em suas atividades e ações.

Preparar e treinar o líder nas habilidades comportamentais para entender as diferenças de sua equipe, as forças e talentos, bem como desenvolver cada um para ampliar a visão de oportunidades, vai levar a organização à conquista de uma série de ganhos quantitativos e qualitativos.

O grande líder é aquele que tem tempo para investir exaustivamente na sua equipe, "transformando suor em ouro", como diz Bernardinho, técnico da seleção masculina de vôlei. Por isso não basta treinar a equipe, é preciso também treinar os líderes, tanto nos aspectos técnicos, mas principalmente nas habilidades comportamen-

Dirlene Costa

tais para que trabalhem com a complexidade que as organizações, o mundo, os mercados e os profissionais de hoje exigem.

A força do comportamento na liderança é estratégica e prioritária diante deste mundo novo. Por isso alinhar o líder com a visão corporativa e investir em programas de desenvolvimento e capacitação nas competências comportamentais tem alto retorno sobre o investimento. Tudo isso, vai transformar o líder e seu time numa explosão de resultados de alta performance.

> *"Lembre-se de que cada dia que você deixa de treinar, ou de se dedicar ao treinamento, significa um dia mais distante da realização de seus sonhos."*
> **Bernardinho – *Transformando suor em ouro***

REFERÊNCIAS

COVEY, Stephen. *Os 7 hábitos das pessoas altamente eficazes*, Editora Best Seller

Instituto Brasileiro de Coaching. *Apostila Professional & Self Coaching – PSC*.

Whitmore, John. *Coaching para Performance*, Editora Qualitymark.

Treinamentos Comportamentais

16

Os segredos dos treinadores comportamentais

Imagine como seria acessar as mais poderosas e modernas técnicas de desenvolvimento humano, conhecer estratégias vencedoras para potencializar os seus treinamentos. O objetivo desse artigo é que realmente e verdadeiramente você consiga mobilizar a mente consciente e inconsciente dos seus treinandos rumo à excelência e aprenda a tocar de uma forma muito especial o coração dos treinandos. Descubra agora os segredos dos treinadores que são super, ultra, mega, *power,* estelar, celestial!

Douglas de Matteu

Douglas de Matteu

Prof. Douglas de Matteu, Ph.D.(c): Doutorando em *"Business Administration* PhD" pela Florida Christian University. Mestre em Semiótica, Tecnologias da Informação e Educação, especialista em Marketing, Educação a Distância e em Gestão de Pessoas com *Coaching*, Bacharel em Administração. *Master Coach* pelo Metaforum com reconhecimento internacional por diversas instituições. *Trainer* em PNL. Treinador Comportamental (*Head Trainer* pelo IFT). Credenciado como Treinador de *Coaches* junto a World Coaching Council. Professor convidado da Florida Christian University - EUA e Docente na Fatec de Mogi das Cruzes, Faculdade Unidade de Suzano - UNISUZ e em cursos de pós-graduação. Coordenador do Grupo de Ensino e Pesquisa em Liderança e Coaching – GEPLICO da FATEC. Diretor Presidente da Associação Brasileira dos Profissionais de Marketing e do Instituto Evolutivo – Coaching & Marketing. Desenvolve treinamentos *in company*, palestras e *Coaching*. Coautor de mais de quinze livros e coordenador da obra *Master Coaches* da Editora Ser Mais.

Contatos
www.institutoevolutivo.com.br - www.douglasmatteu.com.br
douglas@institutoevolutivo.com.br
(11) 3419-0585

Douglas de Matteu

Pense, visualize, ouça e sinta você atuando como um treinador comportamental que promove uma verdadeira evolução transformando comportamentos e gerando resultados extraordinários. Todos os nossos resultados começam com uma pequena semente, um pensamento, uma intenção verdadeira de contribuir com o outro. Uma semente quando bem regada e cuidada pode gerar árvores de sabedoria e frutos de transformação, nesse sentido o treinador comportamental é o responsável por, em poucas horas, trabalhar o solo fértil da mente e depositar sementes fortes para germinar novos comportamentos.

O treinador comportamental tem o grande desafio de promover mudanças comportamentais positivas e duradoras na mente e coração das pessoas. Talvez possa soar estranho falar de coração em treinamento, porém uma base importante para resultados transformadores é o amor. Amar verdadeiramente a atividade de treinamento é, sem sombra de dúvidas, um fator crítico para sucesso como treinador. Você ama a área de treinamento comportamental?

Porém não é só de amor que o treinamento é realizado, é necessário mobilizar muito conhecimento técnico sobre o tema a ser desenvolvido e também conduzir com maestria o processo.

Em minha carreira acadêmica, sempre acreditei que uma boa aula estava alicerçada em um profundo conhecimento na área da disciplina, porém somente isso não faz uma boa aula, vejo acadêmicos catedráticos com doutorado e pós-doutorado que na hora transmitir deixam a desejar. Quando decidi atuar como treinador comportamental, uma das coisas que aprendi é que aula é aula! Treinamento comportamental é treinamento comportamental. As abordagens e técnicas são diferentes, mesmo por que o objetivo da aula é ensinar determinado conteúdo e no treinamento comportamental é mudar comportamentos, existem diversas diferenças nesse paralelo, porém aqui vou compartilhar alguns dos "segredos dos treinamentos comportamentais".

Os segredos estão aqui traduzidos em formato de receita e traduzem um pouco do "Estilo Evolutivo de Treinamento Comportamental". Para facilitar a você leitor, sintetizei em sete segredos práticos e poderosos que têm como base: *Coaching Group*, Linguagem Ericksoniana, Programação Neurolinguística, Andragogia (BELLAN, 2005) e aprendizagem dinâmica, Aprendizado Baseado em Problemas – ABP /*Problem-Based Learning* – PBL e o conceito CAV - Ciclo de Aprendizagem Vivencial, ou seja, aprendizado por meio da experiência, Gestalt Terapia entre outras abordagens.

Treinamentos Comportamentais

"Os 7 Segredos para o Treinamento Comportamental Evolutivo"

1.Segredo - Estado Atual e Estado Desejado

Em meus treinamentos, utilizo a abordagem do *Coaching* que busca identificar o estado atual dos treinandos, da empresa, ou grupo a ser trabalhado e, também, a visualização do que se espera do treinamento. É muito mais do que se estabelecer um objetivo, é identificar o momento atual e pensar no estado desejado, esse é o ponto de partida. Pois o treinamento começa entendo a necessidade e as particularidades do grupo. Logo, nesse passo é fundamental identificar o perfil do público a ser trabalhado para utilizar uma linguagem acessível.

2. Segredo - Desenvolva Competências para o alto desempenho

As competências podem ser compreendidas por um "repertório de comportamentos capazes de integrar, mobilizar, transferir conhecimentos, habilidades, julgamentos e atitudes que agregam valor econômico à organização e valor social à pessoa"(CHIAVENATO, 2008, p.142).Conforme destacado pelo autor as competências são traduzidas em comportamentos de geram resultados.

Considere o estado atual, estado de desejo, o público-alvo, o tempo disponível, como será o treinamento no que tange ao conteúdo e forma de aplicação. Tão importante quanto o conteúdo é a forma, a maneira da condução que é um dos segredos. Mais do que passar informações, a proposta consiste em desenvolver competências para alcançar o alto desempenho.

Nesse sentido, podemos considerar, por exemplo, os níveis de aprendizagem focalizando o aumento de performance, por meio do processo dos quatro estágios de aprendizado apresentados por WHITMORE (2010).

1. Incompetência inconsciente – Onde o treinando não sabe que não sabe, ou seja, não tem consciência da sua incompetência tendo como resultado uma baixa performance, sem diferenciação.

2. Incompetência consciente – Nesse nível o treinando tem consciência que não possui a competência, geralmente entrega baixa performance, porém já consegue identificar os seus pontos de melhoria.

3. Competência consciente – Com este nível, o treinando sabe fazer e o faz conscientemente, sua performance é melhorada consideravelmente, tem consciência do que está fazendo e como desempenha as tarefas

4. Competência inconsciente – Neste patamar, conquista-se a alta performance, a resposta para as tarefas são automáticas, de modo natural e integrada.

Douglas de Matteu

Ao desenhar o treinamento o treinador/*trainer* deve considerar que cada treinando pode estar em um nível e, principalmente, entender que um dos objetivos é conduzir os treinandos para níveis superiores, desenvolvendo suas competências e focalizando alcançar o patamar de competência inconsciente, onde naturalmente se entrega a excelência.

3 - Segredo - Níveis Neurológicos

A Programação Neurolinguística oferta referências poderosas para os treinamentos comportamentais, aqui a ênfase será nos níveis neurológicos que referem-se aos diferentes níveis de experiência do homem e perpassa pelas variáveis relacionadas ao ambiente, comportamento, capacidade, crenças, identidade e espiritualidade (O'CONNOR, 2011).

Diante do exposto, nossa concepção de mundo fica atrelada à leitura e interpretação das facetas neurológicas apresentadas, conforme descrito a seguir nos Níveis Neurológicos.

Níveis Neurológicos

1° Nível Ambiente: o contexto, tudo que nos rodeia e as pessoa com as quais nos relacionamos. Aqui temos limites e oportunidades.
2° Nível Comportamento: refere-se às nossas ações específicas.
3° Nível Habilidades e Capacidades: centra-se no que se pode fazer.
4° Nível Crenças e Valores: é aquilo em que o indivíduo acredita e considera importante na sua vida, consequentemente influencia suas decisões e comportamentos.
5° Nível Identidade: nossa autoconsciência, valores, essências, e a missão de vida.
6° Nível Espiritualidade: está atrelada a algo além de nós mesmos, uma perspectiva espiritual.

Fonte: O'Connor e Seymour, 1996 – Adaptado.

Conforme apresentado, a estrutura neurológica possui mais facetas do que são apresentadas no contexto de competências tradicionais, onde são trabalhadas as questões do conhecimento, habilidade e atitude, isto é, saber, fazer, querer, no modelo que considera os níveis neurológicos avança-se para o nível de crenças, valores, identidade e espiritualidade.

É muito comum os resultados não acontecerem como o desejado por que intimamente os treinandos não acreditam na empresa, ou no produto, ou ainda neles mesmos. O desenvolvimento de competência é relevante, mais uma crença ou um valor, este mais enraizado no

Treinamentos Comportamentais

comportamento, mude as crenças e mudará os comportamentos e assim por diante nos níveis apresentados.

4 - Segredo - Emoção x Razão

Para a efetividade do treinamento, é preciso acessar a mente e os corações dos treinandos, os discursos realizados podem ser construídos para atender os dois hemisférios cerebrais, isto é, a razão e a emoção, criatividade e memória. O discurso precisa ser lógico, racional e também emotivo para fazer sentido ao participante, ou seja, aplicável tanto no contexto coerente de modo racionalizado como também numa dimensão emotiva, que envolva sentimentos, é notória a relevância da inteligência emocional e seu efeito no que tange aos resultados em nível de comportamento. Ainda na perspectiva, recomenda-se utilizar um exemplo que acione a memória do participante e outro que estimule a imaginação, dessa maneira estarão estimulados os dois lados do cérebro.

5- Segredo - Linguagem e Rapport

Com base na Programação Neurolinguística, para alcançar a mente dos treinandos deve-se minimamente navegar nos sistemas representacionais, ou seja, moldar o discurso para acessar os visuais, os auditivos, cinestésicos e digitais. Sua plateia será composta por pessoas que aprendem com maior facilidade por meio de um desses canais, isto é, algumas treinandos aprendem melhor por meio de imagens, slides e figuras, outros são auditivos, o simples ouvir é suficiente para a construção mental, porém outros querem sentir suas palavras, precisam tocar, acariciar a mente. Já o novo perfil, o digital, é o que quer dados, gráficos, conceito com fontes de referência e detalhes.

Um *trainer* de sucesso deve conceber o material considerando essas quatro possibilidades, integrando em sua fala palavras que acessem cada um desses canais, mais que isso precisa criar uma conexão com a mente e com coração do público por meio do *rapport*, habilidade que é desenvolvida quando você se tornar um *trainer* em PNL. Onde se aprende a se conectar inconscientemente com público.

A linguagem precisa estar contextualizada, isto é, conectada, amarrada, costurada com as realidades dos treinandos, quanto maior aderência, maior será a consistência. Acesse a mente inconsciente por meio

Douglas de Matteu

de metáforas e fábulas ou por meio da linguagem Ericksoniana. Existe um grande poder no subconsciente que pode ser liberado/acessado.

6. Segredo – Dinâmicas e a Quebra de Estado

O grande filosofo Confúcio disse: "O que eu ouço eu esqueço, o que eu vejo eu lembro, e o que eu faço eu aprendo". Logo, resgata-se aqui o processo de aprender por meio da experiência, o uso de dinâmicas e vivências elevam a consciência do participante no que tange aos temas, mais do que isso, oferece referência cerebral para que o treinador possa associar ao novo aprendizado promovido. É extremante importante a realização de um debate reflexivo com estímulo e fechamento do *trainer* após a dinâmica, para que o processo de aprendizagem seja coroado, use a experiência e percepção individual e exponencie a capacidade do grupo. Outro segredo poderoso é a quebra de estado, neurologicamente o cérebro vai perdendo atenção com o passar o tempo.

O cérebro trabalha com ondas Alfa, Beta, Gama, Delta e Nova Alfa (MANCILHA, 2013), quando se está em Gama, há considerável queda de atenção e frequentemente inquietação. Identificado esse estado, é necessário conduzir a mudança de atenção, a dinâmica de quebra de estado pode ser utilizada para que, ao retornar ao conteúdo, o treinando esteja com atenção maior.

7. Segredo - Aplicação, Avaliação, Métricas

Valiosos segredos foram compartilhados aqui, porém um fator crítico com certeza está atrelado à sua aplicação. Dominar muitas técnicas e segredos, porém não aplicá-los é como uma caneca sem fundo, ou seja, não se tem grande utilidade. Lembre-se que a mágica acontece quando você aplica. Ofereço aqui dicas que levaram anos para eu aprender, e destaco que o fator crítico para o resultado do treinamento está na sua aplicação.

Tão importante quanto aplicar é avaliar e criar indicadores que possam mensurar os resultados. Além das tradicionais avaliações de reação, é recomendada uma avaliação dos resultados, para tanto considera-se o estado desejado identificado no momento da contratação do treinamento. Crie escalas, métricas. Por exemplo, de zero a dez como estava sua motivação para aprender mais sobre treinamentos comportamentais? Uma vez avaliado o resultado, podem ser desenvolvidas ações para potencializar e acompanhar.

Dica extra! Importante: John Whitmore (2010), em seu livro *Coaching para Performance* destaca que: "Nós acabamos conseguindo aquilo no que nos concentramos. Se tememos o fracasso, concentramos-nos nele

Treinamentos Comportamentais

e é isso o que conseguimos" (WHITMORE, 2010, p 62).

Logo, fica evidenciada a necessidade de foco para conquistar os objetivos almejados, se eu temer o fracasso do meu treinamento, assim será, recomenda-se então focalizar e concentrar-se no que se quer, mais que isso, focalizar o positivo. Nesse sentido, Martin Seligman, pai da Psicologia positiva destaca: "Um estado de espírito positivo, nos induz a um modo de pensar completamente diferente de um estado de espírito negativo" (SELIGMAN, 2004, p. 54).

Quero evidenciar aqui que talvez o mais poderoso segredo seja acreditar verdadeiramente que você pode ser um grande treinador comportamental. Focalize positivamente o que deseja, entre no estado de treinador comportamental, dedique-se, estude e pratique intensamente. Faça com amor e dedicação, ouse fazer mais e fazer diferente, faça a diferença na vida das pessoas e no resultado das organizações e sempre ofereça algo mais.

REFERÊNCIAS

BELLAN, Zezina Soares. *Andragogia em ação: como ensinar adultos sem se tornar maçante.* Santa Bárbara d'Oeste, SP: SOCEP, 2005.

CHIAVENATO, I. Gestão de Pessoas. Rio de Janeiro: Campus, 2008.

O'CONNOR, Joseph. *Manual de programação neurolinguística: PNL: um guia prático para alcançar os resultados que você quer.* Rio de Janeiro: Qualitymark, 2011.

_____. *Treinando com a PNL: um recurso para administradores, instrutores e comunicadores.* São Paulo: Summus, 1996.

MANCILHA, Jairo. *Formação Trainer em Programação Neurolinguística, Instituto de Neurolinguística,* 2013, Rio de Janeiro: RJ, 2013.

MATTEU, Douglas. *Desenvolva as Competências do líder Coach com a Roda da Liderança Coaching* in: SITA, M; PERCIA, A. Manual Completo de Coaching. São Paulo: Ser Mais, 2011.

_____. *O processo de coaching: A possibilidade de revolucionar a sua vida e a gestão de pessoas* in: MOTT, M; SILVA, L,R. *Gestão de pessoas: Elementos, ferramentas e procedimentos,* 2012.

SELIGMAN, Martin. *Felicidade autêntica: Usando a nova Psicologia para a realização permanente.* Tradução de Neuza Capelo. Rio de Janeiro: Objetiva, 2004.

WHITMORE, J. *Coaching para Performance: aprimorando pessoas, desempenhos e resultados:competências pessoais e profissionais.* Rio de Janeiro: Qualitymark, 2010.

17

O homem por trás das cortinas

Além das questões óbvias, você já parou para pensar quais são os recursos que de fato podem fazer a diferença ao escrever um livro? Já lhe ocorreu o que faz uma obra agigantar-se diante das demais versadas sobre o mesmo tema? Este capítulo resume cuidados indispensáveis sobre o comportamento de compra e venda aplicados à arte de escrever com maestria. Boa reflexão!

Edilson Menezes

Edilson Menezes

Consultor literário e treinador comportamental formado pelo IFT. Criador da revisão artística, um processo que incute brilhantismo na venda de imagem, ideias e convicções dos autores, em sua consultoria atende profissionais renomados como o próprio Prof. Massaru Ogata, coordenador editorial desta obra. Especializou-se em transcrição, a fim de atender aos profissionais cujo tempo é escasso para escrever e preferem enviar o áudio, que futuramente é digitado e revisado artisticamente. Como treinador, ministra eventos com os temas vendas, motivação e liderança. Seu programa mais solicitado é o Arte nas Vendas, que vem mudando os conceitos da sociedade sobre comprar e vender. É colunista na Catho (portal Carreira & Sucesso) e na Revista Marketing & Vendas, além de colaborar como articulista em espaços diversos, como a Comunidade Venda Mais.

Contatos
www.arteesucesso.com.br
www.artigos-com-br.webnode.com
edilson@arteesucesso.com.br
(11) 99507-2645 / 2592-9382

Edilson Menezes

A arte de escrever é um dom que acompanha o ser humano desde seu nascimento, mas a autocrítica faz muitos desistirem nos primeiros parágrafos. – **Edilson Menezes**

Eu faço revisão artística nas obras de diversos autores brasileiros consagrados e também ofereço consultoria para pessoas que sonham publicar seu primeiro livro, mas não sabem dar o primeiro passo. Portanto, se este sonho sempre esteve presente, mas ficou para depois, talvez até o final desta reflexão você descubra que já pode realizá-lo.

Durante pesquisas realizadas ao longo de 20 anos dedicados ao comportamento de compra e venda, identifiquei muitos profissionais de minhas relações que eram brilhantes para defender verbalmente suas ideias, muitas delas originalíssimas, mas quando eu sugeria a importância de registrar para a posteridade, evitando que o tempo pudesse sepultá-las, quase sempre eles me diziam:

- Isso não é para mim!
- Não tenho a menor vocação para escrever!
- Não escrevo nem redação!

Certo dia, eu conversava com um grande amigo que recorria a estas típicas alegações para justificar o fato de que nada escrevia embora muito pensasse. Eu escutei carinhosamente e pensei:
Quero construir minha carreira literária ajudando estas pessoas a escrever.

Quando fui convidado a fazer parte do rol de autores que versam nesta obra, fiz questão de apresentar aos leitores um pouco mais sobre a vida e o legado daqueles que assim como eu, vislumbram uma sociedade melhor através de um caminho alternativo: a aliança com profissionais que são brilhantes por natureza, assemelhados a um diamante, mas com uma singela diferença: não precisam exatamente de alguém que os lapide, mas de pessoas que mostrem como **eles próprios** podem se apaixonar pela arte da lapidação.

Vamos então começar pelas razões que me fizeram escolher o título deste capítulo: um dia, ouvi meu Xará Edilson Lopes usar esta expressão em um dos eventos da KLA, empresa por ele fundada. Em sua explanação, ele dizia que os grandes talentos, sem exceção, têm um profissional por trás de suas cortinas, alguém nos bastidores que os ajuda a brilhar. Imediatamente, me identifiquei, pois é exatamente o que eu faço: ajudo pessoas a realizarem o sonho de deixar um legado em livro para as próximas gerações.

Portanto, aqui deixarei um resumo das necessidades básicas para que você possa realizar o seu sonho. No Brasil, existem três

Treinamentos Comportamentais

formas de publicar um livro:

1) Através de um projeto como este, em acordo selado de co-autoria. Um grupo de autores, especialistas no tema de capa, assinam contrato com uma respeitável editora, que se encarrega de todos os detalhes operacionais, estratégias de marketing e divulgação. O autor investe um determinado montante, entrega seu texto, que é avaliado e publicado. O valor investido dá direito a uma boa quantidade de livros, que podem ser vendidos ou utilizados como ferramenta de *networking*, fica a critério dos autores. É um bom investimento.

2) A segunda forma de escrever um livro é através da aliança entre autores e editores. Como a demanda de autores é superior à oferta editorial, se torna permitido escrever sobre assuntos discutidos há séculos, mas é fundamental oferecer um posicionamento **novo**, algo que faça a sociedade refletir e gere interesse da editora.

3) A terceira possibilidade é a produção independente. Os autores podem assumir todo o projeto até o término. Isso inclui revisão, projeto gráfico, arte de capa, registro junto ao órgão competente, obtenção de ficha catalográfica, impressão, divulgação, pré-venda, lançamento, coquetéis, feiras, etc. Esta última, como se pode imaginar, demanda tempo e energia que as pessoas normalmente não têm ou querem investir.

Nos três casos, o único risco que os autores assumem é não conseguir que a obra seja *bestseller*. E convenhamos: duas opções se fazem valer: correr o risco de sua obra não emplacar ou passar a vida inteira desejando escrever e não fazê-lo?

O mercado financeiro define três perfis de investidores: conservador, moderado e arrojado. Para escolher a maneira como nascerá o sonho de publicar uma obra, podemos intercambiar esta análise para as opções disponíveis há pouco citadas.

- A opção 1 é mais conservadora, porque uma coautoria não prevê riscos e oferece relativas chances de retorno financeiro, já que não depende apenas da editora, mas também dos esforços da coautoria para divulgar e vender. Quanto ao retorno de relacionamento, além de muito promissor, é garantido.
- A opção 2 representa um risco diminuto e se encaixa com o perfil moderado. Com o poder de barganha que as editoras possuem no mercado, as chances dos autores a caminho do seleto pódio literário aumentam.
- A opção 3 é reservada para os arrojados. O risco do insucesso para uma produção independente é maior, se comparado ao apoio editorial, mas como todo investimento arriscado, também gera lucros maiores para a autoria.

Agora que as opções estão dispostas, vamos entender juntos os fatores que podem garantir a aceitação de um livro.

Atemporalidade

A quantidade de livrarias instaladas no país, em comparação ao número de brasileiros, é ínfima, mas isso não muda um fato: o nosso povo está lendo mais e por direito, também está mais exigente. Você já leu uma obra e pensou: *"Excelente conteúdo, mas era outra realidade, não cabe mais para hoje"*? Se isso aconteceu, é porque a autoria não se preocupou com os fatores que protegem a obra do prazo de validade. Um processo de revisão artística é capaz de identificar estas lacunas deixadas no livro, normalmente invisíveis a olho nu e evitar que migrem para a versão impressa. A missão autoral é entregar conteúdo literário que esteja atual para no mínimo um século depois do nascimento da obra. Autores podem imaginar como pensará a sociedade do século seguinte. Após fazê-lo, fica a desafiadora tarefa de conciliar a linguagem futura com a linguagem presente, sem perder o conteúdo cognitivo ou fugir da ideia central. Ao passar por esta fase, a obra está garantida.

Inclusão Social

Não existe tenuidade na linha que divide um livro entre ser desejável por uma multidão ou ter acesso restrito a determinado público. Alguns autores confundem temática com especificidade. Se você produziu um livro para líderes, é importante universalizar a linguagem. A obra pode ser direcionada, mas a linguagem deve ser abrangente. Todas as classes sociais merecem entender o seu recado. Um executivo se aposentou em uma multinacional e pretende deixar um legado para as próximas gerações de líderes? Ele não poderá escrever apenas para aqueles que já estão no comando de equipes. Há de ser empregada uma linguagem com a qual os líderes em formação, seus filhos e netos também se identifiquem. Este meu conteúdo é um exemplo vivo. Eu poderia produzi-lo usando uma linguagem direcionada a *Coaches*, Palestrantes, Treinadores, Conferencistas, Facilitadores e Líderes, que compõem basicamente minha carteira de clientes, por serem profissionais cujas carreiras sugerem a autoria de um livro. Entretanto, estou usando uma linguagem generalizada em busca de acesso universal. Cada segmento tem uma linguagem de vício imperativa e é salutar desfazer-se dela ou pagar o preço de não atingir novo público, mercado, investidores (editores) e livreiros.

Treinamentos Comportamentais

Religiosidade

Um dos mais altos valores do jornalismo é a imparcialidade. Se assim não o fosse, imagine um narrador transmitindo o futebol e expressando suas opiniões sobre o time rival, durante a partida. A audiência seria um desastre. No caso de livros, a premissa é semelhante. Devem nascer para todos os credos. Incutir caráter de exceção ou protecionismo a específicas correntes religiosas condena a obra a ser útil ou bela apenas para um público. Até os leitores que não acreditam em nada merecem o respeito da autoria, pois não é raro encontrar livros criticando ferozmente o ateísmo. Vivemos em um país de incomum diversidade religiosa. Uma pesquisa publicada pelo instituto alemão Bertelsmann Stiftung, apontou que 65% dos jovens brasileiros entre 18 e 29 anos se declararam profundamente religiosos. São estes jovens religiosos que eventualmente irão se deparar com obras tendenciosas para este ou aquele lado. Percebe a importância desta preocupação? Assim como uma única palavra dita pode ferir profundamente alguém, semelhantes circunstâncias escritas podem fazer os leitores fecharem as páginas de seu livro e jamais voltarem a abrir.

Conteúdo Unissexual

Lanço aqui um desafio: escolha um livro cujo conteúdo você amou, mas por algum motivo não foi um "sucesso". Leia alguns trechos a procura de frases, afirmações, convicções, críticas ou meras argumentações que sejam machistas ou feministas. Você vai encontrar, é uma questão de paciência. Quando conseguir, repare que a sua obra preferida tem uma linguagem que atinge o público masculino, mas não o feminino ou vice-versa. Faça a idêntica análise com um livro que, goste você ou não, tornou-se Best-seller e você não vai encontrar situações de único alcance sexual.

Homofobia nas páginas

Paul Thompson, fundador da LGBT Capital, uma consultoria especializada no mercado gay com sedes em Londres e Hong Kong, afirma que o mercado brasileiro neste setor está avaliado em mais de R$ 300 bilhões. É um nicho exploradíssimo pelo setor de turismo, mas parece que alguns autores se esqueceram deste gigantesco contingente. É um público que repudia discriminação sutil ou explícita e convenhamos: eles estão certos, homofobia é crime previsto em lei. O conteúdo intelectual deve ser limpo de qualquer forma de exclusão e merece chegar a todos os olhos, desde que os autores também se posicionem desta maneira. Milton Nascimento, um dia, eternizou a necessidade de levar conhecimento e cultura a todos, em sua música Nos Bailes da Vida, com a marcante frase "Todo artista tem de ir onde o povo está". Traçando uma analogia, seu livro merece ir onde existam leitores, mas vai encalhar na prateleira se estiver recheado de preconceito.

A idade leitora

As gerações diversas não leem com o mesmo interesse, entusiasmo, objetivo, foco, prazer e avidez por conhecimento. Eles abrem suas páginas para preencher lazer, sabedoria, crescimento ou passatempo, mas não necessariamente nesta ordem. Não existem regras quando o assunto é a maravilhosa complexidade humana e sua admirável imperfeição. Escrever sem considerar tais diferenças é socialmente equivocado. Seu conteúdo merece o público de 10 a 100 anos e vai atingi-lo, desde que você se disponha a admirar e respeitar estas diferenças em sua criação.

O posicionamento

Há quem defenda a necessidade literária de existir um regrado rótulo que determine "o caminho". Se a pessoa escreve sobre motivação, "não pode" se arriscar em poemas. Da mesma forma, se deita a pena sobre romance, não é saudável escrever uma comédia. Há ainda quem defenda: quem escreve sobre tudo, não escreve nada. Eu respeito esta opinião, mas ao mesmo tempo lanço uma pergunta: se temos o talento da versatilidade para compor, devemos engavetá-lo? Proponho uma comparação: em determinada época, a liderança brasileira defendia que era preciso foco nas tarefas, até descobrirem a alto preço e inúmeras demissões, que algumas pessoas se frustram justamente por não acessar a diversidade de funções. Esta percepção mudou o cenário nacional a ponto de fazer os empresários deixarem de buscar "posicionamento" para investir pesadamente em múltiplas competências. Por que haveria de ser diferente em ralação a autores?

São muitos detalhes para escrever um livro, concorda? Talvez agora você entenda porque escolhi o homem por trás das cortinas como título desta reflexão. Em dado momento da carreira, uma dúvida íntima me levou a uma grande decisão:

Posso me tornar um escritor de sucesso ou me tornar um revisor e ajudar inúmeros escritores a alcançá-lo. A primeira opção era mais fácil, lucrativa e preenchia todos os critérios de reconhecimento que a maio-

Treinamentos Comportamentais

ria das pessoas busca. A segunda me apresentaria ao mercado através dos bastidores, com menor lucro, mas eu havia descoberto algo incrível:

Conduzir escritores desde suas primeiras ideias até a conclusão do trabalho e vê-los segurando seu livro nas mãos com paternais cuidados, me levaram a uma crença...

Eu fiz a escolha certa!

Era como se eu olhasse no espelho e pensasse:

Você já vendeu todo tipo de produto. A partir daqui, vai se especializar em vender imagem, ideias e convicções profundas.

Respeitando a versatilidade que tanto defendo, consultei a opinião de meus clientes e recebi apoio incondicional para um novo projeto. No primeiro semestre de 2014, vou experimentar o mesmo prazer que levei a diversos autores. Pela primeira vez, vou passar para o lado de lá das cortinas e entregar meu próprio livro para a sociedade.

E você, o que espera para entregar uma parte de si para o futuro?

Prometi que pareceria mais fácil quando você chegasse ao término da reflexão e para isso, lhe mostrei algumas ferramentas. A desafiadora e intrigante arte de escrever ainda guarda alguns segredos. Terei prazer em dividi-los com você!

Um livro é como a vida: você experimenta profundamente cada momento ou fica sonhando como seria se tivesse escrito...
Edilson Menezes

18

É possível mudar o comportamento das pessoas?

Todos sabemos que não é fácil mudarmos os nossos comportamentos. O que influencia a mudança dos nossos hábitos? Neste capítulo veremos o que é o comportamento humano, a importância do significado e da pedagogia da presença nas nossas vidas. O texto não contem receitas ou caminho das pedras para mudarmos o comportamento das pessoas, porém, possui ricas reflexões e *insights* para que possamos influenciar neste processo

Eduardo Gomes de Matos

Eduardo Gomes de Matos

Economista, pós-graduado em Administração de Empresas com experiência em Desenvolvimento Empresarial e na utilização das mais modernas ferramentas da Gestão Empresarial. Consultor responsável pela implantação de projetos de competitividade em várias empresas no país. Consultor do Programa FOCUS da FORD do Brasil. Autor do livro *Novos Padrões de Gestão Empresarial – Os Desafios da Competitividade*. Atuou como executivo por quatro anos do SINDILOJAS e CDL de Fortaleza. Atualmente exerce as atividades de palestrante, pesquisador, consultor e mentor da Endeavor.

Contatos
www.gomesdematos.com.br
presidencia@gomesdematos.com.br
(85) 3224.1005 / (85) 8732.0809

Eduardo Gomes de Matos

O que faz as pessoas darem o melhor de si? O que as leva a um desempenho cada vez melhor em um mundo em constante transformação? É possível mudar o comportamento das pessoas?

Atuando há 20 anos como consultor organizacional em centenas de empresas, minha pesquisa e a de meus colaboradores têm sido intensas e constantes para encontrar as melhores respostas a estes questionamentos que são imprescindíveis para um agente de mudanças externo, que tem como missão tornar as empresas mais competitivas e duradouras e as pessoas mais qualificadas, vibrantes e felizes.

Queremos compartilhar com você algumas experiências e lições aprendidas para que possamos obter êxito neste desafio de buscar o sucesso empresarial diante de todos os desafios impostos externa e internamente durante o ciclo de vida de uma organização.

Iremos tratar deste assunto em quatro tópicos, pois entendemos que isso facilita o nosso entendimento e posterior aplicação prática no nosso dia a dia.

1. O QUE É O COMPORTAMENTO HUMANO?

Podemos definir o comportamento humano como o conjunto de reações que podem ser observadas em um indivíduo. Ele define o que fazemos durante nossos dias. Levanto de manhã cedo ou mais tarde? Busco o aprendizado contínuo ou não? São ações cotidianas como essas que definem o nosso comportamento. Mas de onde vem essas reações? Como modificá-las? Pesquisando estudiosos que buscaram e buscam entender o comportamento humano desde os mais antigos como Aristóteles, Platão, Kurt Lewin, Abraham Maslow, Frederick Herzberg, Douglas McGregor, até dos mais recentes como Howard Gardner, Victor Frankl, Stephen Covey, Dave Ulrich e Mihaly Csikszentmihalyi chegamos à conclusão de que o comportamento é materialização nas atitudes das pessoas. Importante, não vemos as atitudes das pessoas, vemos seus comportamentos.

Mas quem orienta nossas atitudes? São os nossos valores pessoais que norteiam nossas atitudes e comportamentos.

Por isso, não podemos ter pessoas em nossas empresas cujos valores pessoais são divergentes e conflitantes com os nossos valores organizacionais, pois as mesmas não terão o comportamento que esperamos delas. Sendo assim, podemos novamente nos questionar, é possível mudar comportamentos? Entendemos que depende da conduta do gestor, pois o verdadeiro líder, quando um comportamento é divergente do esperado, ele não trabalha apenas o comportamento. É preciso trabalhar a ATITUDE. Se esta não for trabalhada,

Treinamentos Comportamentais

provavelmente o comportamento indesejado voltará a existir.

E como devemos trabalhar as atitudes? Trabalhar as atitudes é simples, mas trabalhoso. Devemos iniciar enfatizando o porquê do comportamento indesejado, como ele reflete e impacta nos objetivos organizacionais. E como ele reflete nos valores organizacionais. Para trabalhar as atitudes, devemos trabalhar as crenças das pessoas. Pois nossas atitudes que refletem os nossos comportamentos são provenientes das crenças e de acordo com elas tomamos as nossas decisões, as nossas atitudes. Sendo assim, defina claramente quais são as crenças comuns que devem permear o cotidiano da empresa. Certa vez realizando um trabalho de mudança organizacional em uma empresa com atuação em todo o Brasil, verificamos que uma de suas crenças comerciais se baseava no fato de que o faturamento da empresa era consequência do mercado. Para obtermos sucesso com o programa de crescimento empresarial, fizemos com que todos os lideres refletissem sobre esta crença, e eles chegaram à conclusão de que ela estava ultrapassada e a substituíram por uma nova: o faturamento da empresa será consequência das Ações que fizermos para este mercado. Somente com a mudança desta crença o programa obteve sucesso. A metodologia é simples. Divida uma página com risco no meio e de um lado escreva DE e do outro PARA, solicite às equipes que escrevam "devemos mudar da crença tal para tal". Apliquem, que funciona mesmo!

2. A IMPORTÂNCIA DO POR QUÊ?

Imaginem a experiência de viver anos em campo de concentração nazista durante a Segunda Guerra Mundial. Podemos dizer que era viver o inferno na Terra. Estes foram anos difíceis para o médico judeu austríaco Victor Frankl. Em setembro de 1942, Victor, sua mulher grávida e família, são deportados para diferentes campos de concentração.

Libertado somente ao fim da guerra, Frankl toma conhecimento de que sua mulher morreu de esgotamento simultaneamente à liberação do campo de Bergen-Belsen. Perdeu, além dela, seus pais e irmão no Holocausto nazista.

Esta indelével experiência pessoal será marcante em sua obra terapêutica e em seus escritos, tendo sido capaz de manter, em tal situação desumanizadora, a capacidade de manter a liberdade do espírito. Frankl em seu famoso livro *A busca do significado da vida pelo homem* afirma que o ser humano é o único animal na face da Terra que busca um significado para sua vida, um por quê. A conclusão de Frankl é que nós, seres humanos, somente encontraremos a razão de existência da nossa vida se tivermos algo importante para realizar no nosso futuro, pode ser alcançar o sucesso profissional, criar uma grande empresa ou educar os filhos, mas ter este algo importante a realizar é o que fará a nossa vida ter sentido. Quando o ser humano não tem uma razão para viver, fica difícil continuar os dias.

Então, se queremos que as pessoas mudem seu comportamento tem que ser por meio do sentido, o que Frankl chamou de Logoterapia. O que faz sentido na nossa vida? Fazer com que nossa equipe encontre este por que é de fundamental importância para que cada membro dê o melhor de si.

Outra importante contribuição para este tema foi dada por Mihaly Csikszentmihalyi, imortalizada no seu livro *Flow*. Para ele, Fluxo é um estado mental de operação em que a pessoa está totalmente imersa no que está fazendo, caracterizado por um sentimento de total envolvimento e sucesso no processo da atividade. Este é sonho de todos nós que somos lideres, termos nossa equipe em estado de *Flow*. De acordo com Csikszentmihalyi, os componentes de uma experiência de fluxo podem ser especificamente enumerados. Apesar de todos os componentes abaixo caracterizarem o estado de fluxo, não é necessária a presença de todas estas sensações para experienciar o estado de fluxo:

- Objetivos claros (expectativas e regras são discerníveis).
- Concentração e foco (um alto grau de concentração em um limitado campo de atenção).
- Perda do sentimento de autoconsciência.
- Sensação de tempo distorcida.
- *Feedback* direto e imediato (acertos e falhas no decurso da atividade são aparentes, podendo ser corrigidos se preciso).
- Equilíbrio entre o nível de habilidade e de desafio (a atividade nunca é demasiadamente simples ou complicada).
- A sensação de controle pessoal sobre a situação ou a atividade.
- A atividade é em si recompensadora, não exige esforço.
- Quando se encontram em estado de fluxo, as pessoas praticamente "se tornam parte da atividade" que estão praticando e a consciência é focada totalmente na atividade em si.

Ele conclui de que para atingir o estado de *Flow* é necessário criar significado. Para criá-lo devemos ordenar os conteúdos da nossa mente pela integração das ações para uma única experiência de *Flow*. Podemos nos referir a este processo como conseguir um propósito com objetivos claros que por si só energizam as pessoas em busca de alcançá-los por que faz sentido para elas. Na verdade, é de uma filosofia de vida que as pessoas mais precisam, nas organizações e fora delas.

Treinamentos Comportamentais

3. A FORÇA DO HÁBITO

Qual a importância dos hábitos na vida de uma pessoa? Aristóteles afirmava "Somos o que repetidamente fazemos. A excelência, portanto, não é um ato, mas um hábito". É possível mudar um hábito? É possível alguém deixar de fumar depois de 30 anos com este hábito? Meu pai quando tinha 50 anos fumava uma carteira de cigarro por dia e dizia que uma carteira podia custar o quanto custasse que ele nunca deixaria este hábito, que pode também ser chamado de vício. Poucos meses depois, ele começou a sentir dores nas pernas. A ida ao médico revelou que tinha problemas de circulação por conta da nicotina nas veias. Assustado, perguntou ao médico quantos anos de vida ele teria. O médico prontamente respondeu que se ele continuasse fumando teria de 3 a 5 anos de vida, se parasse teria mais de 20 anos. Resultado! Papai pegou a carteira de cigarro e colocou no lixo ali mesmo, o que permitiu que ele vivesse até os 86 anos de idade. Mas, o que é um hábito?

Definiremos hábito como a interseção entre o conhecimento, habilidade e o desejo (a vontade). O conhecimento é o que fazer e o por quê fazer, habilidade é o como fazer, e o desejo é a motivação, o querer fazer. Uma coisa que devemos deixar claro é que ninguém pode persuadir outra pessoa a mudar. Cada um de nós toma conta da porta da mudança, que só pode ser aberta pelo lado de dentro. Não podemos abrir a porta de outra pessoa, seja por meio de argumentos ou de pressão emocional. O papai deixou de fumar por que quis e não por conta da persuasão do médico. Se isso é verdade, o que os líderes ou treinadores comportamentais podem fazer? O grande guru Stephen Covey fez um amplo estudo sobre os hábitos humanos e nas suas obras *Os 7 hábitos das pessoas altamente eficazes* e o *8o. Hábito* elencou os hábitos que depois de conscientizados e adquiridos pelas pessoas são responsáveis por verdadeiras mudanças nas suas vidas. O autor divide os 7 hábitos abordados na obra em três partes: 1.Vitória Particular; 2.Vitória Pública; 3.Renovação

Os hábitos propostos por Covey para conseguirmos ser pessoas altamente eficazes são: 1. Seja Proativo; 2. Comece com o objetivo em mente; 3. Primeiro o mais importante; 4. Pense ganha-ganha; 5. Procure primeiro compreender do que ser compreendido; 6. Crie sinergia; 7. Afine o instrumento e o 8o. Hábito é achar a sua voz interior e inspirar aos outros a achar a deles". Adotá-los no nosso dia a dia faz toda a diferença. Para modificar o hábito, ele faz a metáfora de um foguete subindo em busca do espaço que sofre uma grande força, e gera uma grande resistência para que ele alcance seu obje-

Eduardo Gomes de Matos

tivo, essa força é a gravidade. Para modificar um hábito, sofremos também uma resistência muito grande, mas se tivermos o terceiro componente do hábito, a vontade, podemos vencer essa resistência. Uma das frases de Covey que mais gosto é: "Todo ser humano tem quatro dons – autoconhecimento, consciência, vontade independente e imaginação criativa. Esses dons nos concedem a liberdade humana final: o poder de escolher, de responder, de mudar".

Proporcionar conhecimento e oportunidade para que a nossa equipe possa adotar esses hábitos resulta em melhorias consideráveis no desempenho e nas suas vidas.

4. PEDAGOGIA DA PRESENÇA

Em 2004 tive contato com o pensamento de um grande empresário brasileiro que afirmo para todos aqueles que conheço que se tivesse tido a oportunidade, 20 anos antes com certeza teria contribuído para que a minha vida como empresário fosse mais próspera. O empresário a que estou me referindo é o senhor Norberto Odebrecht. Ler as suas obras é viajar na sua filosofia de vida e trabalho e isso nos leva a crer que podemos construir um mundo melhor.

Um dos métodos utilizados por ele para promover o melhor que cada um pode ser está na Pedagogia da Presença. E o que é presença? É o ser humano em face de si mesmo e dos outros. Nada pode substituir a força transformadora da presença em nossas vidas, pois somos seres incompletos e para nós a presença é uma necessidade essencial. Como ele afirma, a presença não é uma ideia é uma força. Algo concreto, que age, faz diferença, transforma, muda o significado e valor do que existe.

E como implantar este método na nossa empresa? Abertura, reciprocidade e compromisso são os componentes fundamentais da presença. Sem eles não há encontro autêntico, ou seja, encontro que seja impactante na vida das pessoas. Então podemos afirmar que a Pedagogia da Presença é a dedicação de tempo, presença, experiência e exemplo por parte do líder (educador) ao (liderado) educando. Segundo Odebrecht, ela possibilita a construção de três pontes: a ponte da abertura, a ponte do compromisso e a ponte da responsabilidade e, com isso, teremos pessoas mais francas, conscientes, comprometidas e responsáveis por seus atos e comportamentos, elevando o seu nível de maturidade pessoal.

Sabemos que um líder tem seguidores-aliados voluntários; que os líderes usam a influência além da autoridade formal; que liderança ocorre sob a forma de um evento e que a liderança é um campo de interação. Portanto, o líder deve utilizar os pontos de contato, ou

Treinamentos Comportamentais

seja, as várias interações que têm com outras pessoas no seu dia de trabalho como uma oportunidade para sensibilizar: influenciar, orientar, esclarecer, inspirar, criar um sentido (um por que) e obter alinhamento com os objetivos organizacionais. Esses contatos possuem, segundo Conant e Norgaard, TRÊS variáveis: o assunto, a outra pessoa e o líder. Para cada ponto de contato temos três possibilidades. Este contato pode energizar a outra pessoa, pode ser neutro ou pode sugar a energia do outro. O líder tem a responsabilidade sobre estes pontos de contato para que os mesmos sejam momentos de interação positivos, que enriqueçam todos os envolvidos.

Acreditamos que a utilização desses métodos proporcionará a você líder criar condições na sua equipe para que ela possa modificar comportamentos e alavancar o poder da paixão, emoção, respeito e amor para construir um mundo melhor.

19

Um caminho para a potencialização da liderança e das equipes

Treinamentos Comportamentais, quando fundamentados na vivência, alcançam – além da dimensão mental, as dimensões corporais, emocionais e de alma do Ser Humano, revelando potenciais em suas competências pessoais e profissionais, além da expressão de capacidades até então desconhecidas ou somente sonhadas

Elisa Próspero

Elisa Próspero

Sócia-Diretora do Instituto Próspero – T&D+ Coaching. Psicóloga, Consultora, *Coach* Executivo e Docente na FAAP e UNIP. Pós-graduada em RH e Administração - FGV, com especializações em Educação Biocêntrica e Psicologia Social – PUC, formação em programas comportamentais e abordagens corporais, psicodramáticas e psicoterapêuticas. Estudiosa de filosofia oriental e voluntária em programas de relaxamento e meditação na Fundação Lama Gangchen para a Cultura de Paz. *Master* na coordenação, criação e realização de eventos, palestras e programas de desenvolvimento organizacional – com foco em Liderança, Gestão e Equipes, integrando seus conhecimentos e experiências alcançados em mais de vinte anos de práticas junto a empresas bem-sucedidas, abrangendo mais de 35.000 profissionais. Credenciada no Frameworks Coaching Process, pela Innerlinks, EUA. Coautora nos livros *Ser+ com Coaching*, *Ser+ com Criatividade e Inovação* e *Manual Completo de Coaching e Capital Intelectual*, pela Editora Ser Mais.

Contatos
www.institutoprospero.com.br
eprospero@terra.com.br
(11) 96414-5460 / 99622-7157

Elisa Próspero

*"Existem momentos na vida da gente, em que as palavras perdem
o sentido ou parecem inúteis e, por mais que a gente pense numa
forma de emprega-las, elas parecem não servir.
Então a gente não diz, apenas sente."*
S. Freud

Mais do que num passado recente, de virada de século, vivenciamos hoje as expectativas de integrar trabalho e paixão por viver no aqui e agora, inspirados principalmente pela geração dos jovens *milleniuns*. E vislumbramos a força da vida e a revolução nos campos educacionais e organizacionais, que já se expressam em nossos relacionamentos e no cotidiano da vida familiar, social e profissional.

Quem se lembra das possibilidades que a experiência acadêmica tradicional mobilizava até pouco tempo atrás? Estavam relacionadas à rigidez do campo mental em detrimento do campo emocional. Seu enfoque era meramente racional, lógico e utilizava-se de metodologias onde o professor determinava não só conteúdo, mas formas de conduta e disseminação.

Ao contrário das possibilidades da metodologia andragógica – voltada para a educação de adultos, que propicia e compartilha conteúdo e vivência do processo de ensino-aprendizagem de forma democrática e participativa.

Treinamentos Comportamentais e suas Influências

*"A Força de um homem não está na coragem de atacar, mas na
capacidade de resistir aos ataques." Morihei Ueshiba,
Criador do Aikido*

Nos treinamentos comportamentais, o que entra em jogo é a força do ser humano, que pensa e sente, integra razão e emoção, facilita, reconhece e celebra a oportunidade de crescimento compartilhado, através de novas descobertas em sua vida e nas relações com o outro e o universo.

São diversas as linhas que se desdobraram das ciências humanas como a Psicologia, a Antropologia, a Pedagogia e a Filosofia, que vêm contribuindo para o incremento de uma nova educação, cuja essência está na Preservação da Vida e no estabelecimento de uma Cultura de Paz, onde o ser humano contribui com maior consciência de si e qualidade nos seus relacionamentos e no meio em que vive. Estas linhas, atualmente, também abordam os movimentos artísticos e integram cinema, teatro, dança, jogos, música, pintura, literatura e poesia.

Treinamentos Comportamentais

Dentre elas, temos a Gestalt-Terapia – criada por Fritz Perls, psicoterapeuta e psiquiatra alemão (1893-1970), que privilegia a vivência da dinâmica do aqui-agora e os conceitos do organismo como totalidade, a unidade organismo/meio, contribuindo com a reflexão e prática para o crescimento e desenvolvimento mais integrado e sistêmico do ser humano.

Com Carl Rogers, psicólogo americano (1902-1987), obtivemos a fundamentação da atitude do terapeuta em ser autêntico, empático e apreciar as capacidades e experiências do indivíduo durante o processo terapêutico, permitindo não somente ao cliente a chance de transformação e crescimento, mas também ao próprio terapeuta ser influenciado pelo processo em amadurecer pessoal e profissionalmente, segundo Irven D. Yalom – médico e psicoterapeuta americano, nascido em 1931. Carl Rogers lançou o campo da pesquisa em psicoterapia, que levou a evidências importantes que confirmam a eficácia da empatia, habilidade relevante hoje em dia nas competências relacionais e de liderança.

Na Biodanza, modelo de desenvolvimento humano criado por Rolando Toro – antropólogo chileno (1924-2010), cuja base é a vivência, através do movimento, da música e da arte do encontro, fundamenta-se a educação biocêntrica, cujo modelo é centrado na Vida e corrobora a essência humana que é voltada para a expressão de sua autorrealização e evolução.

Paulo Freire – educador e filósofo brasileiro (1921-1997), no livro "Educação e Mudança", quando diz que "O homem deve ser o sujeito de sua própria educação. Não pode ser objeto dela.", propõe a possibilidade de co-criação nos processos de aprendizagem, uma vez que ele é responsável pelas suas atitudes e escolhas.

Assim como Fela Moscovici, psicóloga e fundadora da SBDG-Sociedade Brasileira de Dinâmica de Grupo, em "Desenvolvimento Interpessoal", propõe o laboratório de sensibilidade, no formato andragógico, onde o facilitador é responsável por conduzir grupos de crescimento com foco em suas competências pessoais e profissionais, facilitando através da vivência, a interação entre as pessoas, o repensar de comportamentos e atitudes, a descoberta do que é de fato importante e a esperança de transformar as ações no cotidiano da vida familiar, social, profissional e corporativa.

Na Terapia Organizacional - Método Chiorlin, cuja metodologia trabalha com todos os níveis que compõem o Ser Humano - mental, emocional, físico e intuitivo, sua abordagem tem como meta a tomada de consciência do que precisa ser transformado e, a partir dessa clareza, trabalhar as mudanças de atitude e comportamento que viabilizem resultados nos níveis pessoal, grupal e empresarial.

Na Filosofia Tibetana, Lama Gangchen Rinpoche, nascido no Tibet Ocidental em 1941, propõe a Educação Não Formal, através de Fundações para a Cultura de Paz em vários países do mundo e sua proposta vem contribuindo com a reflexão sobre como a Educação Não-Formal promove relações no desenvolvimento de seres humanos mais equilibrados, física e emocionalmente, capazes de lidar com todos os aspectos da sua vida de forma mais pacífica, harmônica e feliz. No Brasil, Lama Michel, nascido em São Paulo em 1981, tem estado presente em vários momentos ao longo dos últimos anos, e divulgado, através da Fundação Lama Gangchen para a Cultura de Paz, a Educação Não-Formal como uma educação para a Vida.

Através das Danças Circulares, Bernhard Wosien (1908-1986), coreógrafo e pedagogo alemão, já com mais de 60 anos buscava uma prática corporal mais orgânica para expressar seus sentimentos. Ele percebeu que havia encontrado o que procurava, pois dançando em Roda, vivenciou a alegria, a amizade e o amor, tanto para consigo mesmo como para com os outros, e sentiu que as Danças Circulares possibilitavam uma comunhão sem palavras e mais amorosa entre as pessoas. As Danças Circulares promovem uma rápida integração de grupos, reflexões sobre o trabalho em equipe, compreensão sobre conflitos, o despertar da criatividade, a integração dos hemisférios cerebrais, a ativação corporal, meditação dinâmica e conexão com seu Eu superior.

Então, temos a integração de várias influências e possibilidades em educação de adultos, que garantem a abordagem comportamental nos programas de desenvolvimento humano nas organizações, sendo consolidadas ao longo do último século.

Responsabilidades do Papel como Facilitador

> *"As pessoas não existem para nos admirar,*
> *mas para compartilhar conosco a beleza da existência."*
> *Mário Quintana*

Por que os grandes líderes da nossa história humana se tornaram fundamentais nos processos que marcaram época, através de grandes mudanças e tomadas de decisão?

Dos tempos de Buda e Jesus Cristo até Gandhi, Kennedy ou Mandela, Francisco de Assis, Madre Teresa ou Irmã Dulce, muitos outros de que gostamos, ouvimos, assistimos ou relemos em biografias, vemos na história viva as possibilidades de exposição e risco, inconformismo e audácia, perdas e ganhos, vitórias e legados que foram dei-

Treinamentos Comportamentais

xados muito mais pela construção de uma nova consciência e moral do que pela simples busca do poder em si. Estas são as histórias que apreciamos contar e que engrandecem a nossa alma.

Na responsabilidade do papel de Facilitador em Treinamentos Comportamentais, temos o compromisso pela Educação Não Formal e Continuada de Lideres Educadores nas corporações atuais, através de metodologias e consolidação de conceitos que reverberam por todos os sistemas organizacionais. Vão de modelos autoritários a democráticos, de estilos de gestão a políticas de pessoal, de planos de ação a cartilhas de ética. Somem-se a este conjunto de responsabilidades, as potencialidades e limitações do papel em treinamentos e programas de desenvolvimento, como por exemplo, os desafios ainda não superados e as lições ainda por aprender dos profissionais da área.

Temos, não só o compromisso durante a condução na transformação de culturas corporativas, como na gestão de mudanças implementadas, quando nos responsabilizamos como agentes e parceiros de negócios, e caminhamos lado a lado com os líderes do empreendimento.

Compreender a cultura organizacional, os valores que sustentam sua evolução, bem como as características que permeiam sua liderança e seus processos de comunicação, em conjunto com o respeito e apreciação de sua história, fazem do nós, além de Facilitadores, um pouco educadores e terapeutas, quando muitas transformações e curas de dores existenciais se fazem presentes, sejam através de *insights*, encontros ou maior clareza na sustentação de novos processos e resolução de conflitos e tomadas de decisão.

A formação do Facilitador e o conjunto de competências técnicas e relacionais, que apresenta, o torna responsável pelos resultados alcançados em sintonia com a organização, que confiou em si, seus executivos em primeira gestão ou já em sua senioridade, para a construção do futuro ou a consolidação do sucesso no momento presente.

Por outro lado, a educação e o desenvolvimento dos Líderes passam por ampliar seus conhecimentos, habilidades e atitudes em gestão de pessoas, abrangendo desde planejamento e estratégia, comunicação e negociação, relações interpessoais e flexibilidade, autoconhecimento e equilíbrio emocional, empreendedorismo e criatividade, percepção e visão sistêmica, trabalho em equipe e a própria capacidade de liderança. Além dos conhecimentos que envolvem toda a esfera do segmento, marca, produtos e serviços, processos e cadeias de cliente-fornecedor.

Assim, temos a integração e a sinergia ampliadas em todas as esferas organizacionais, quando o corpo de líderes se compromete com propósitos comuns e valores que alicercem corretamente esta sintonia e caminho na construção do futuro.

Elisa Próspero

O Desenvolvimento da Equipe

"Não basta apenas olhar, é preciso saber olhar com os olhos, ver com a alma e apreciar com o coração."

Em primeira mão e em responsabilidade crescente para o Líder Corporativo da atualidade, temos a expectativa sob seu comando das equipes para a Alta-Performance, onde um ambiente de aprendizagem continuada deve ser co-criado, através de objetivos comuns e metas desdobradas, a fim de contribuir para a retenção de talentos e novas formas de um modelo ideal na construção das organizações do futuro.

Para tanto, a Janela de Johari (fusão dos nomes de Joe Luft e Harry Ingram, que descreveram pela primeira vez o modelo de quatro quadrantes), um modelo de aprendizado sobre autorrevelação e *feedback*, muito divulgado e compartilhado para líderes e membros de grupo, ainda se faz importante para o desenvolvimento de pessoas nas equipes de trabalho.

	Conhecido por mim	Desconhecido por mim
Conhecida por outros	1. Público	2. Cego
Desconhecido por outros	3. Secreto	4. Inconsciente

1. Quadrante 1 – Conhecido por mim e pelos outros – é o *self* público

2. Quadrante 2 – Desconhecido por mim e conhecido pelos outros – é o *self* cego

3. Quadrante 3 - Conhecido por mim e desconhecido pelos outros – é o *self* secreto

4. Quadrante 4 - Desconhecido por mim e pelos outros – é o *self* inconsciente

Os quadrantes variam em tamanho entre os indivíduos: algumas células são grandes em alguns indivíduos e reduzidas em outros.

Nos programas de desenvolvimento, buscamos favorecer a mudança das janelas. A tentativa é de ajudar a janela pública a crescer à custa das demais e o *self* secreto a se contrair, à medida que as pessoas passem a vivenciar confiança e maior exposição, através do compartilhamento sobre si mesmos. O que se espera é a diminuição do tamanho do *self* inconsciente, a partir do momento em que as pessoas explorem e ampliem seu autoconhecimento e passem a familiarizar-se com as camadas mais profundas de si mesmos.

Treinamentos Comportamentais

No entanto, é a janela 2, o *self* cego, que buscamos desenvolver como o alvo nos programas de potencialização de equipe. Nos programas comportamentais, a possibilidade que temos é a de favorecer que as pessoas possam se ver como os outros a veem. E isto ocorre através da mediação do *feedback*, quando se tem a oportunidade de tornar o *self* cego significativamente menor

Na interação durante os trabalhos de equipe, o *feedback* passa a ser uma ferramenta importante sobre como as pessoas se percebem, quando corretamente conduzidos. E as pessoas passam a ter maior consistência e facilidade em dar e receber *feedbacks*, conhecendo melhor sobre como são vistos e percebidos pelos outros.

Deve-se considerar que o *feedback* é uma ferramenta delicada e poderosa de crescimento pessoal e é muito útil quando:

• Origina-se nas observações do aqui-agora.

• Segue-se mais próximo possível do evento gerador.

• Concentra-se nas observações e sentimentos específicos gerados em quem ouve, e não nas suposições ou interpretações sobre a motivação de quem fala.

• Pode ser conferido com outros colegas para obter uma validação.

É pelo *feedback* que as pessoas aprendem sobre seu próprio comportamento e aprendem a apreciar o seu impacto nos demais membros de uma equipe.

E assim, temos um caminho de consolidação para a sustentabilidade da Liderança e das Equipes na realidade corporativa da atualidade, através das alternativas propostas pelos programas comportamentais.

"Seja Luz – carregue dentro de si apenas o bem.
O amor, a bondade e a paz são sempre boas companhias."
Charles Chaplin

Para ler:
"Alfabetização Ecológica", Fritjof Capra e outros
"Saber Cuidar", Paulo Freire

Para assistir:
"Escritores da Liberdade", com Hilary Swank
"Sociedade dos Poetas Mortos", com Robin Willians

20

Treinamento, aprendizagem e qualidade de vida no trabalho

No contexto da Idade Contemporânea, podemos identificar, em princípio, dois aspectos: a equipe de trabalho e o ambiente de trabalho que engloba as empresas ou diferentes organizações. Evidentemente, esses dois aspectos nem sempre se integram harmônica e adequadamente, havendo, não poucas vezes, necessidades de mudanças de comportamento nos dois polos mencionados

Elisângela Paes Leme

Elisângela Paes Leme

Psicóloga. Doutoranda em Psicologia Clínica PUC-SP, mestrado em Culturas Escolares e Linguagens, com experiência em: orientação profissional, déficit de atenção; hiperatividade; desenvolvimento da linguagem; depressão; fobia; doenças psicossomáticas; dependência química e relacionamento familiar e empresarial. Atua na clínica, em ambiente escolar e empresarial. No Ensino Superior exerceu a docência nas disciplinas de Psicologia Organizacional e do Trabalho, Social e Comunitária, Psicoterapia de Crianças e de Adolescentes, Ética, Didática, Introdução à Psicologia e Estágio Clínico Supervisionado. É autora do livro *Leitura e Escrita no Contexto Escolar Contemporâneo*, que aborda a sociedade moderna, a família e a criança no contexto da aprendizagem e do relacionamento interpessoal.

Contatos
www.elisangelapaesleme.com.br
elisangelapaesleme@hotmail.com
(11) 3412-4059 / 97048-6697

Elisângela Paes Leme

O ambiente corporativo passa por diversas transformações provenientes da mudança da sociedade nos aspectos da cultura, da política, da economia e da tecnologia. A parceria entre a empresa e a equipe de trabalho tem sido o foco das organizações. A aprendizagem ocupa um lugar privilegiado, visto que as empresas procuram pessoas interessadas no conhecimento, na iniciativa e na proatividade. A tecnologia e as máquinas facilitam o trabalho repetitivo e o profissional atual necessita de novas habilidades. O trabalho, que antes era mais burocrático e repetitivo, ganha uma nova faceta. Ele precisa ser estratégico. Para desenvolver habilidades estratégicas, a pessoa precisa ser criativa. Desse modo, os aspectos emocionas, cognitivos e sociais entram em evidência. A empresa precisa promover qualidade de vida no trabalho.

As empresas contemporâneas investem em treinamentos e procuram pessoas capacitadas para ocuparem os cargos estratégicos. Treinamento é uma preparação prática para qualquer aprendizado. Treinar, no dicionário Aurélio, significa "tornar apto para determinada tarefa ou atividade". Neste contexto, parece que todas as pessoas têm a capacidade de aprender e mudar. Exatamente! Porém, é preciso ter desejo e não só vontade de mudar. Vontade poderia ser definido como "interesse em atingir um objetivo que pode não estar fundamentado em motivações internas". O dicionário Aurélio define vontade como " faculdade de representar mentalmente um ato que pode ser ou não praticado em obediência a um impulso ou a motivos ditados pela razão." O desejo é profundo, faz parte do modo de ser, das habilidades naturais da pessoa. Retornando ao dicionário, desejo é "vontade exacerbada, aspiração, desejo ardente". Quando o desejo é identificado e tendo um bom investimento em treinamento, a aprendizagem contribuirá para o crescimento pessoal e profissional. Já a vontade pode não fazer parte do modo de ser da pessoa e gerar conflitos entre vontade e desejo. A vontade passa, mas o desejo não, ele permanece e gera conflitos quando não elaborado.

Nessa perspectiva, considera-se o autoconhecimento fundamental para a mudança de comportamento. Em relação à escolha profissional, a psicologia dispõe de vários instrumentos que facilitam o autoconhecimento para a profissão e para a vida afetiva.

A orientação profissional tem como objetivo auxiliar a pessoa nos três processos que envolvem a escolha da profissão: autoconhecimento, conhecimento do mercado de trabalho e gestão de carreira (administração da carreira). Lucchiari (1992, p. 12) descreve que: " Escolher é decidir, entre uma série de opções, a que parece a melhor naquele momento. Cada escolha feita faz parte de um projeto de vida

Treinamentos Comportamentais

que vai se realizando. Nossa vida se define pelo futuro que queremos alcançar." A autora acrescenta as três fases como: conhecimento de si mesmo,conhecimento das profissões e escolha propriamente dita.

A escolha profissional é a base para o sucesso profissional. A partir deste autoconhecimento, a gestão de carreira torna-se prioridade. É necessário, pois, pesquisar, conhecer e capacitar-se para conquistar o objetivo. Outro fator importante é conhecer a história das organizações de trabalho, a cultura como um todo e o perfil da organização da qual a pessoa deseja ser colaboradora.

O contexto histórico das organizações de trabalho mostra as diversas "eras das organizações de trabalho" e, por consequência, os diferentes perfis de profissionais. A palavra "trabalho" provém do latim vulgar *tripalium*, um instrumento de tortura de três paus utilizado no império romano. Martins (2001, p.5) acrescenta: " No livro de Gênesis, o trabalho é imposto como uma punição à desobediência humana". Ou seja, no início o sentido da palavra trabalho é de exaustão, insatisfação, escravidão. As organizações de trabalho entram em vigor a partir da Revolução Industrial, momento este em que as pessoas deixam o trabalho da fazenda junto com sua família e migram para os grandes centros. Chiavenatto (2004) define as diferentes eras das organizações: Era da Industrialização Clássica (1900-1950), Era da Industrialização Neoclássica (1950-1990) e Era da Informação (Após 1990) .

Na Era da Industrialização, as pessoas eram vistas como fornecedoras de mão de obra. Na Era Industrial Neoclássica, as pessoas eram vistas como recursos da organização. Atualmente, as pessoas são vistas como fornecedoras de conhecimento e competências. Ou seja, podemos observar os tipos de profissionais no contexto histórico, como aponta Morgan (1996) ao definir algumas metáforas em relação à história das organizações de trabalho: o profissional que funciona na organização "máquina", sendo repetitivo e sem criatividade. Posteriormente, organização "organismo", cada órgão da organização faz parte do corpo da organização e, atualmente, organizações "cérebro", exigindo dos trabalhadores conhecimento, interesse em estudos, além de um comportamento proativo, inovador, flexível etc.

A exigência das organizações de trabalho em relação ao conhecimento é significativamente maior do que em décadas anteriores. O colaborador precisa ser um recurso importante na organização, mas ele também precisa ser visto como uma pessoa para que a sua criatividade e os seus desejos sejam contribuições motivacionais para o trabalho.

Na dinâmica organizacional, o colaborador como recurso precisa ser treinado para ficar cada vez mais capacitado. Para facilitar a compreensão, uma dicotomia entre a pessoa como recurso e a pes-

Elisângela Paes Leme

soa como pessoa poderia ser útil, porém na prática não é possível esta separação. O termo "recurso" não está sendo mais utilizado por alguns profissionais, pelo fato de que o termo "gestão de pessoas" proporciona uma nova visão de parceria entre os colaboradores e a equipe de trabalho. O importante não é discutir o termo mais adequado, mas sinalizar que o colaborador precisa ser um agente fornecedor de estratégias para sustentar a empresa no mercado. Algumas empresas oferecem cursos de capacitação para os seus colaboradores, outras buscam no mercado pessoas qualificadas. A tendência maior é buscar pessoas qualificadas no mercado de trabalho e treinar o novo colaborador nos aspectos específicos da empresa, principalmente em relação às estratégias e à cultura.

O departamento da empresa responsável pelo processo de desenvolver este colaborador vai treinar a pessoa para desenvolver a aprendizagem e gerenciar o conhecimento. Para isto, precisa ter noções básicas de didática. Na prática clínica, temos recebido vários clientes com demandas conflituosas geradas nesta etapa de treinamento. Pessoas não qualificadas para treinar, sem conhecimento básico de didática atuando nas empresas. Estas pessoas, por vezes, frustradas por sua incapacidade de ensinar, acabam ofendendo o novo colaborador que está na posição de aprendiz e precisa do outro para ser acolhido e compartilhar conhecimento. Para ensinar ou treinar algumas estratégias são necessárias: fazer um levantamento das necessidades da empresa, elaborar um projeto de treinamento, conhecer os métodos de aprendizagem para, a partir do conhecimento que o novo colaborador já tem, agregar novos conhecimentos. Além dos aspectos didáticos sinalizados outras questões também podem surgir como, por exemplo, a pessoa responsável pelo treinamento não ter nenhum interesse na aprendizagem e capacitação deste novo profissional por diversos motivos pessoais/afetivos.

Nas organizações atuais, o conhecimento tornou-se prioridade, é básico. Produzir este conhecimento e torná-lo útil é uma grande responsabilidade dos empresários. O novo profissional precisa compreender e fazer parte da missão e visão da empresa:

A missão funciona como propósito orientador para as atividades de uma organização e para aglutinar os esforços dos seus membros. Enquanto a missão define o credo da organização, a visão define o que a organização pretende ser no futuro. A visão funciona como projeto do que a organização gostaria de ser, ou seja, define os objetivos organizacionais mais relevantes. (CHIANENATTO, 2010, p. 93).

Para o autor, as organizações estão compreendendo a necessidade de migrar para um novo modelo de abordagem em treinamento.

Treinamentos Comportamentais

A cultura organizacional está criando um espaço que proporciona a aprendizagem. O investimento em treinamento gera lucro porque enriquece o patrimônio humano nas organizações (CHIANENATTO, 2010). Ser estudioso é uma qualidade essencial para o profissional contemporâneo. Conhecer e identificar-se com a missão e da visão da organização faz parte do processo de internalizar a identidade institucional. Investir em treinamento e na qualidade de vida do profissional é uma estratégia eficaz para a organização de trabalho. Assim como as organizações foram transformadas ao longo do tempo, o conceito de trabalho também. As pessoas procuram empresas que contribuam para a sua realização pessoal e profissional. Assim:

O trabalho é uma prática transformadora da realidade e que viabiliza a sobrevivência e a realização do ser humano. Por meio do ato e do produto de seu trabalho, o ser humano percebe sua vida como um projeto, reconhece sua condição ontológica, materializa e expressa sua dependência e poder sobre a natureza, produzindo os recursos materiais, culturais e institucionais que constituem seu ambiente e desenvolve seu padrão de qualidade de vida. (MALVEZZI, 2004, P. 13)

A seguir, será tratado o desenvolvimento da pessoa na empresa, em outras palavras, a dinâmica numa organização de trabalho. Inicialmente, foram abordados a escolha da profissão e o perfil do profissional atual. A seguir, foram levantadas as questões básicas para um bom treinamento e a importância desta fase para o futuro deste novo colaborador na empresa para que a sua vida seja um projeto interligado com a organização.

Em Educação, considera-se a formação continuada como o processo que envolve a aprendizagem contínua do professor e da equipe escolar. Nas empresas, este processo é nomeado desenvolvimento de pessoas. Nas organizações, encontramos pessoas e cada pessoa carrega, na sua estrutura de personalidade, os seus sentimentos e sua cultura. Para Silva e Zanelli (2004), o conceito de cultura explicita o fato de que diferentes grupos de pessoas "têm formas diferentes de aprender os eventos da realidade e reagir a ela". Os autores acrescentam:

Na psicologia, em especial, a cultura pode ser concebida como fonte de expressão do inconsciente humano, como forma de cognição que caracteriza diferentes comunidades, como símbolos que são compartilhados ou, ainda, como valores básicos profundamente arraigados que influenciam e explicam os comportamentos e as formas de agir dos indivíduos e dos grupos. (SILVA; ZANELLI, 2004, p. 411)

Anteriormente, foi proposta uma dicotomia entre recurso e pessoa, agora estas duas características do colaborador podem ser conectadas. Nesta perspectiva, o colaborador precisa ter o equilíbrio entre os seus sentimentos e a sua tarefa de ser útil para a empresa.

Elisângela Paes Leme

O profissional possui uma identidade própria que precisa interagir com a identidade institucional. Os desejos pessoais inconscientes e a demanda empresarial integram-se, produzindo um bom trabalho ou gerando conflitos. A expressão inconsciente é uma manifestação oculta, não consciente da pessoa. Na psicoterapia, o cliente aprende a reconhecer a sua linguagem inconsciente, o que está oculto e que gera conflito no cotidiano familiar e no trabalho. O que está oculto não pode ser resolvido. A tarefa principal na clínica é contribuir para que a pessoa transforme o inconsciente em consciente. Sendo assim, a pessoa poderá elaborar os seus desejos e decidir a melhor estratégia para mudar o seu comportamento e atingir os seus objetivos.

Os fatores que dificultam a mudança de comportamento na vida pessoal ou profissional, referem-se a não compreensão da linguagem inconsciente, a falta de um bom treinamento e de uma aprendizagem continua eficaz. Algumas empresas contemporâneas entendem a necessidade da parceria entre os seus colaboradores. Oferecem atividades esportivas, lazer, creche, cursos de aperfeiçoamento, psicoterapia etc. Dessa maneira, promovem saúde e qualidade de vida para a equipe que, motivada, torna-se mais produtiva.

REFERÊNCIAS

CHIAVENATO, I. *Recursos Humanos: O capital humano das organizações.* 8ª Ed. São Paulo: Atlas, 2004.

_____. *Gestão de pessoas.* 3ª Ed. Rio de Janeiro: Elsevier, 2010.

FERREIRA, A.B.H. *Miniaurélio. O minidicionário da língua portuguesa.* 6ª Ed. Curitiba: Positiva, 2004.

LUCCHIARI, D.H.P.S. *Pensando e Vivendo a Orientação Profissional.* São Paulo: Summus, 1993.

MALVEZZI.S. Prefácio. IN: ZANELI, J.C; ANDRADE J.E; BASTOS A.V.B. (org). *Psicologia, organizações e trabalho no Brasil.* Porto Alegre. Artmed, 2004.

MARTINS, H.T. *Gestão de carreiras na era do conhecimento: abordagem conceitual e resultados de pesquisa.* Rio de Janeiro: Qualitymark Ed, 2001.

MORGAN, G. *Imagens da organização.* São Paulo, Atlas, 1996.

ZANELLI, J. C; SILVA N. *Cultura organizacional.* IN: ZANELI, J.C; ANDRADE J.E; BASTOS A.V.B. (org). *Psicologia, organizações e trabalho no Brasil.* Porto Alegre: Artmed, 2004.

Treinamentos Comportamentais

21

Quem comanda quem?

Você controla a comida, ou será que ela controla você?
Excessos alimentares acontecem por que não comemos apenas para
matar a fome e nos nutrir, temos que levar em consideração fatores
culturais, sociais, emocionais e afetivos, o que contribui em grande
parte no momento da escolha pelo alimento. Como saber se tem
fome ou vontade de comer? O autoconhecimento é essencial em
momentos de dúvidas, o ato de comer descompensado muitas vezes
é gerado a partir de emoções e sensações, boas ou ruins, e as mais
comuns são depressão, tristeza e ansiedade. O que falta para você
assumir o controle das suas decisões?

Emilaine Souza

Emilaine Souza

Especialista em *Nutricoaching*. *Life Coach* com certificação internacional pela Certificate Coach Federation e ECIT. Mentora e Coordenadora do programa *DietCoach*, *coaching* de saúde e bem-estar bilíngue, pessoal e empresarial. Atua como *Health Coach*, realiza palestras e *workshops*. Bolsista de Iniciação Científica em saúde pública e epidemiologia na Fiocruz/RJ. Graduada em Nutrição Humana. Participa de ações de promoção da saúde e educação nutricional, realiza assessoria e treinamentos em controle de qualidade em unidades de alimentação e nutrição no Rio de Janeiro.

Contatos

www.diet-coach-1.com
emilaineds@gmail.com

Emilaine Souza

Você controla a comida, ou ela será que ela controla você? Quem nunca devorou alguns brigadeiros a mais nas festinhas infantis?

Excessos alimentares acontecem porque não comemos apenas para matar a fome ou nos nutrir, e sim também por muitas outras razões que envolvem o que está por trás das nossas escolhas, pois nos diz quem realmente somos, como pensamos, sentimos, lembramos, valorizamos e nos relacionamos.

Comer é um ato social que vai além das necessidades básicas da alimentação, que assume um papel central quando se trata de interações sociais, como um jantar em família, almoço de negócios, jantar romântico com o parceiro, reunião com os amigos, bolo de aniversário, e frequentemente as refeições são usadas para partilharmos a vida e celebrarmos momentos especiais.

Estudos mostram que, embora os conhecimentos sobre alimentação saudável pela maioria das pessoas seja razoavelmente satisfatório, estas preferem consumir alimentos que lhes tragam mais sabor e prazer, mesmo sabendo que nem sempre são os mais saudáveis. Atualmente 400 milhões de adultos vivem com excesso de peso, dentre eles uma parcela significativa apresenta obesidade, associada a importante comprometimento da saúde, doenças degenerativas e limitações físicas.

Escolher uma alimentação saudável não depende apenas do acesso a uma informação nutricional adequada. A escolha pelo alimento tem a ver com as preferências desenvolvidas ao longo da vida, com o prazer associado, as lembranças conectadas, atitudes aprendidas na família, aspectos psicológicos e sociais que merecem atenção especial do seu nutricionista ao elaborar uma orientação nutricional para você. É preciso buscar em conjunto uma completa compreensão do processo de escolhas que envolvem a sua individualidade, conhecendo suas atitudes, crenças e outros fatores que influenciam a decisão na hora de se alimentar. Desta forma as medidas de educação nutricional e de mudança do comportamento se tornam mais efetivas e com melhor adesão.

Você acredita mesmo que uma pessoa se torna obesa porque gosta tanto assim de lasanha? Certamente não, o ser humano tende a compensar experiências negativas e indesejáveis de alguma forma, e as fontes imediatas de prazer são as mais utilizadas e resistentes. O alimento é um ótimo exemplo, se utilizado de forma destrutiva tem associação aos mesmos malefícios de outras drogas lícitas ou ilícitas, como o álcool, cigarro, cocaína e etc.

Obesos e pessoas com sobrepeso que dizem que comer é um vício não sabem como estão certos. Segundo um estudo feito nos Estados Unidos, a compulsão alimentar e o vício em drogas são es-

Treinamentos Comportamentais

timulados pelas mesmas áreas no cérebro. A vontade descontrolada de comer e emoções negativas estão verdadeiramente associadas.

O comportamento alimentar engloba o que, quanto, como, quando, onde e com quem se come. Vários estudos publicados mostram a importância do autoconhecimento na tomada de decisões e escolhas no momento da refeição. A todo momento do nosso dia estamos decidindo o destino da nossa saúde e da nossa estética, escolhendo que forma queremos ser, se queremos nos alimentar de forma saudável, ou exagerar e adquirir quilos extras, ou manter uma rotina de atividades físicas; os nossos hábitos diários e nossas ações perante cada momento de escolha refletem o que somos e que importância damos à manutenção da nossa saúde e do nosso bem-estar físico.

Quase todo comportamento é aprendido observando-se outras pessoas e modelando-o de acordo com o delas. Então é possível alterar ou reaprender um comportamento indesejável também por meio da observação, assim como a incorporação de um novo aprendizado ou da conscientização.

Você já sentiu aquela vontade de comer mais alguma coisinha após uma refeição completa? Acredita-se que após ter acabado de se alimentar de maneira adequada você não sinta mais fome, certo?

É importante lembrar que a informação que o cérebro recebe de que o estômago está saciado demora alguns minutos, por este motivo é de extrema importância comer devagar e pausadamente, para que o organismo se equilibre e as conexões sejam feitas de maneira satisfatória. Porém se mesmo assim a sua vontade de mais alguma coisinha persistir, é muito provável que exista um fundo emocional importante envolvido, uma vontade extra de prazer para suprir algo na mente ou no emocional, e não no estômago, de fato.

Faça um teste com você mesmo quando se deparar com esta situação. Antes de qualquer atitude por impulso, pare, observe-se, pergunte-se: "o que estou buscando ao recorrer a este alimento?" Você vai se surpreender com a sua resposta interior.

Como saber se está realmente com fome? Ou é só vontade de comer?

Identifique da seguinte forma: se está há mais de 3 horas sem se alimentar, provavelmente é fome de verdade; Fora isso, é pura vontade. Simples assim!

Os sentimentos mais comuns apontados por pessoas que desenvolvem esse tipo de comportamento são: a ansiedade, a tristeza e a depressão.

Identificar o momento do comportamento, compreender e controlar tais sentimentos faz com que o indivíduo enxergue com mais clareza quem está com fome: o organismo ou a mente.

Emilaine Souza

Doces e batatas fritas não alimentam emoção e nem mesmo resolvem problemas. Elas até podem trazem algum prazer imediato, mas as consequências são ainda mais devastadoras, pois elevam o nível de culpa e insatisfação, o que induz o individuo a continuar buscando este ciclo vicioso à procura de conforto, satisfação e prazer no alimento.

Se continuar fazendo o que sempre fez, vai continuar obtendo os resultados que sempre obteve.

É importante buscar atividades que tragam prazer e bem-estar. Elas são individuais e cada um deve encontrá-las dentro de si. Alguns bons exemplos são: encontrar os amigos para uma conversa descontraída; ver um filme; sair, ouvir música; caminhar; andar de bicicleta etc. Isso sim alimenta o seu emocional e a sua alma.

A busca pela qualidade de vida e bem-estar é proveniente de uma rotina diária e constante, necessitando persistência e motivação para alcançar o ideal desejado. Daí a importância de traçar metas e mini metas realistas, para que cada ação seja única, cada momento uma escolha consciente e a cada dia a sensação de dever cumprido seja renovada para seguir adiante rumo ao seu objetivo.

A saúde é dependente de uma manutenção diária do comportamento visando hábitos saudáveis. Com certeza você conhece pessoas que só mudam maus hábitos quando são pegos de surpresa por doenças graves, não é mesmo?

O modo "comer consciente" está relacionado a prestar atenção aos sinais internos de fome, plenitude e saciedade. Envolve a diminuição do ritmo das refeições, valorizando a mastigação e o ato de saborear os alimentos, isto inclui alimentar-se distante de distrações como televisão e computador; escolher os alimentos que sejam prazerosos e nutritivos, utilizando todos os sentidos ao comer; ter conhecimento e refletir sobre os efeitos causados por uma alimentação inconsciente, além de alimentar-se essencialmente por razões físicas ao invés de emocionais, exemplo, motivada por angústia, tédio ou tristeza.

Pessoas que seguem estes princípios têm seu peso adequado e maior sensação de bem-estar, sem demonstrar preocupação excessiva com um tipo físico ideal.

Alguns estudos mostram que pessoas que utilizam ferramentas de conscientização do comer foram levadas a uma redução muito satisfatória da compulsão, diminuição do peso e do número de episódios de comer dirigido pela emoção.

Estudos também mostram que ao remover a noção de alimentos "ruins" ou "vilões", as pessoas livram-se da culpa, a qual gera episódios de restrição por períodos prolongados, e posteriormente a compulsão alimentar, o que se torna um ciclo vicioso.

Treinamentos Comportamentais

A importância está na conscientização do consumo moderado de alimentos menos saudáveis e bom senso na compensação em refeições seguintes ao excesso cometido, com alimentos mais leves. Consulte o seu nutricionista para realizar um planejamento completo e adequado de acordo com as suas necessidades individuais.

Aventurar-se em dietas da moda pode trazer grandes prejuízos ao seu organismo.

Outro modo caracteriza-se pelo "comer sem pensar", que consiste na alimentação em meio à distração que o ambiente proporciona.

Esta distração é induzida pelos grandes tamanhos de porções vendidas nos restaurantes, bem como pela pressa em comer ou pelo hábito de comer em frente à televisão.

É importante capacitar-se para que você mesmo perceba a influência do ambiente sobre sua alimentação, a fim de alterá-la de forma positiva, isto para que o comer deixe de ser automático e guiado totalmente pela influência do ambiente e das emoções, e se torne uma decisão voluntária para uma alimentação saudável e prazerosa.

Uma alimentação bem variada e balanceada, a prática regular de exercícios físicos, o controle do estresse, a adoção de um comportamento preventivo, são componentes da categoria de qualidade de vida, que podem ser adquiridos para uma vida mais feliz, produtiva e saudável.

A *motivação* pode ser conceituada como a ferramenta que faz uma pessoa agir.

A palavra é frequentemente utilizada para descrever processos que instigam um comportamento, fornecem direção e propósito, permitem a persistência, conduzem às escolhas ou preferências construtivas.

A definição do objetivo deve estar conectada fielmente às crenças e ao propósito de vida de cada um, para que a estratégia seja traçada com um propósito motivante, real e duradouro. Procure o seu *Coach* para que o auxilie na elaboração do seu plano de estratégias e metas para este fim.

Este processo de decisão consciente tem o objetivo de tornar mais eficazes as medidas de educação para a saúde, e melhorar hábitos e comportamentos do ser humano.

O que o impede de mudar um hábito? O que você pode começar a fazer para mudar agora mesmo?

Lembre-se: somos todos capazes, e você também pode!

22

A arte de motivar

Como promover mudanças efetivas em seus treinamentos comportamentais? Será que existe alguma fórmula mágica? Neste breve artigo trago algumas reflexões sobre o processo de motivação, como evitar a "conversa para boi dormir", além de sugestões para "vender seu peixe", dentro e fora de sala

Fernando Lopes

Fernando Lopes

Professional Coach e Analista Comportamental pelo IBC – *Instituto Brasileiro de Coaching*, certificado pelo IAC – *Internacional Association of Coaching*, BCI – *Behavioral Coaching Institute*, GCC – *Global Coaching Community* e ECA – *European Coaching Association*. Turismólogo, especialista em Gestão da Capacidade Humana nas Organizações pela FCAP/UPE. Experiência na área de Desenvolvimento Humano e Organizacional, com ênfase em Captação de Talentos, Treinamento & Desenvolvimento e Planejamento Estratégico, em empresas de grande porte e multinacionais. Consultor Organizacional e Facilitador nas áreas de Empregabilidade, Gestão do Tempo e Liderança. Minha missão é atuar como agente de transformação, compartilhando conhecimento em todos os níveis de relacionamento, inspirando outras pessoas a alcançarem resultados extraordinários.

Contatos

www.duquetreinamentos.com
fernando@duquetreinamentos.com
(81) 3082-9554 / 8637-9189

Fernando Lopes

Sempre fui um admirador de treinamentos e palestras motivacionais. Ficava (e ainda fico) maravilhado com as histórias contadas, as ideias inspiradoras, os vídeos apresentados e todos os outros recursos utilizados. Perguntava a mim mesmo como era possível uma pessoa ter o "dom" de motivar outras num espaço de tempo tão curto, sem conhecer bagagem, dificuldades e desafios de cada um. Mas percebia também que, na maioria das vezes, todo esse entusiasmo era passageiro. Uma boa parte desses treinamentos e palestras não provocam mudanças efetivas na maioria dos participantes. Como turismólogo, comparo esses eventos ao chamado "Turismo de massa", onde na aglomeração de pessoas a individualidade não é levada em consideração, impactando no modelo de aprendizagem.

No início da minha carreira sempre demonstrei interesse na área de desenvolvimento humano, multiplicando treinamentos técnicos, mas foi em 2009 que passei a trabalhar diretamente nesta área. Sempre tive receio de ministrar conteúdos comportamentais, principalmente àqueles que envolvessem diretamente a motivação. Para me sentir apto e seguro nestes treinamentos, estudei o tema, buscando sempre ferramentas que promovessem mudanças efetivas no comportamento humano.

Cultivando o milho

Para um facilitador o primeiro passo para "motivar" pessoas é entender o *que é e de onde vem* a motivação.

Para explicar o conceito de motivação, comparo esse processo com o cultivo do milho. Poderia ser qualquer outro alimento, mas gosto do milho porque seu nome, de origem indígena caribenha, significa "sustento da vida", o que muito tem a ver com motivação. Voltemos ao milho... ele por acaso cresce sozinho? Lógico que sim! Porém, dependendo das condições criadas pelo agricultor ele pode (ou não) crescer mais rápido. Ou seja, o que todo mundo fala sobre motivação nós já sabemos, ninguém motiva ninguém porque se trata de um processo individual e interno. Entretanto, podemos, como facilitadores, criar condições favoráveis ou desfavoráveis para que o outro se motive. Basta utilizarmos os recursos necessários para a audiência e não para você!

Conversa para boi dormir

Atualmente, muitas palestras de sucesso têm como seu principal conteúdo (produto) a história de vida do próprio condutor. Algumas são realmente fantásticas, verdadeiros exemplos que nos inspiram. Já outras similares são cansativas e penosas. Você olha mais para o relógio do que para o palestrante. Isso porque alguns deles exageram na porção "Eu sou o cara!" e acabam se perdendo.

Certa vez, compareci a um evento onde vários palestrantes compe-

Treinamentos Comportamentais

tiam com suas histórias de vida, sobre qual delas era a mais "emocionante". Resultado: separadamente, as apresentações teriam sido um sucesso.

Humildade deve ser algo preservado pelo facilitador. Através dela conquista-se carisma, respeito e atenção. De acordo com o dicionário: refere-se à qualidade daqueles que não tentam se projetar sobre as outras pessoas, nem mostrar ser superior a elas. Ou seja, ela é a única qualidade que você não pode colocar no resumo de suas qualificações. Os outros é que vão dizer se você é humilde ou não.

Outro ponto importante é não dar exemplos fantasiosos sobre sua vida. Certa vez ouvi um palestrante falar sobre família e a importância dela como base fundamental de qualquer indivíduo. O problema é que muitas pessoas presentes sabiam que sua família não era seu melhor exemplo.

Não tente construir uma imagem de quem você não é. As máscaras cansam na pele e um dia desgrudam. Muitos anos atrás escutei uma frase de um ente querido que não esqueci até hoje: "Quando você estiver se apresentando num palco, as pessoas vão perceber se está sendo verdadeiro ou não".

Vendendo seu peixe

Algo extremamente importante para qualquer profissional da área de desenvolvimento humano é investir, como ninguém, na construção do seu Marketing Pessoal. Esse conceito na verdade está ultrapassado e pode ser substituído pelo conceito de Presença.

Você (como "produto") oferece o quê para o mercado? Quais são seus principais diferenciais? Talvez você até saiba, mas o que você talvez não saiba é que diferente de um produto tangível, que um comerciante pode tirar da prateleira no dia que não quiser mais vendê-lo, você, como produto, não terá esse privilégio. Em outras palavras, você pode não querer se vender em determinado momento, mas as pessoas que estão à sua volta podem lhe "comprar" do mesmo jeito. Então, o que fazer? Como investir em Presença?

Comunicação – Reforço a importância do facilitador saber ler e escrever bem, pois isso contribuirá diretamente com a sua fluência verbal e conteúdo. Quanto mais você ler sobre assuntos variados, mais abrangente será seu conteúdo e mais cartas na manga terá na hora de improvisar. Ler diariamente apenas frases do Facebook não aumentará significativamente seu repertório.

Aparência – A regra básica é se vestir de um grau de formalidade acima daqueles para os quais apresentará um conteúdo. Arrume-se de forma tão cuidadosa como se tivesse uma entrevista para um novo emprego, afinal você pode ser contratado por vários deles.

Autoridade – A quantidade de pessoas pode determinar seu nível de autoridade na apresentação. Você deve deixar os participantes à vontade, mas se tiver medo de exercer poder no momento que for necessário, terá baixa autoridade. Já em excesso, terá baixa coesão na assimilação do conteúdo. Lembre-se: você está ali para "facilitar" o aprendizado sobre determinado conteúdo, mas não deixe de exercer a liderança, pois você naquele momento, é uma referência a ser seguida.

Comportamento – Você pode sentir medo, é normal, mas demonstrá-lo deixa as pessoas à sua volta nervosas. Não há problema em demonstrar emoção, mas você precisa estar sempre no controle. Mantê-las num nível mais equilibrado é um aspecto essencial de presença.

Humildade – Olha ela por aqui novamente. Realmente a forma como você enxerga suas limitações fazem de você uma pessoa humilde ou não. Demonstrar fraqueza não quer dizer que seja uma pessoa fraca. Demonstrar que você é um super-homem, e consegue ultrapassar qualquer obstáculo, pode passar uma impressão negativa.

Paixão – A paixão contagia. Já a falta dela...

Otimismo – Como você encara sua vida? Pessoas otimistas encaram a adversidade com discernimento, mas se depararem com um problema, se recusam a sucumbir aos pensamentos negativos. Podem não ter sucesso sempre, mas mantêm uma percepção positiva da vida.

Além desses aspectos de presença, é primordial atualizar-se com cursos e palestras de outros colegas da mesma ou de outras áreas, além de ler muito sobre assuntos variados. Mas quando realizar esse *benchmarking*, faça com critérios! No final de tudo seja sempre você mesmo. Ninguém quer assistir a cópia de uma palestra ou palestrante, ainda mais nos dias do "ctrl C + ctrl V". Adote as boas práticas, mas sempre coloque seu toque final. Muitas vezes nos deparamos com uma ideia genial, mas simplesmente não combina com nosso estilo.

Outro ponto importante é como você administra seu tempo. Todos nós precisamos de um escape. E você deve encaixá-lo na sua agenda. A qualidade da vida que você leva depende disso.

Promovendo mudanças efetivas

Para se obter um bom resultado em uma apresentação é necessário realizar um diagnóstico, para em seguida planejar e agir. Não existe fórmula mágica! Aplicar o mesmo conteúdo, com os mesmos recursos, para público e eventos distintos pode ser um grande risco para que o facilitador não provoque mudanças efetivas. Portanto, tudo se inicia com um levantamento de necessidades, realizado através de um diagnóstico.

Já tive a oportunidade de utilizar vários formulários, alguns comple-

Treinamentos Comportamentais

xos, de levantamento de necessidades, mas podemos simplificar essa etapa utilizando uma ferramenta comum da gestão da qualidade, o 5W2H:

- *What* | O quê?
- *Why* | Por quê?
- *Where* | Onde?
- *Who* | Quem?
- *When* | Quando?
- *How* | Como?
- *How much* | Quanto custa?

Após levantar todos esses pontos, chega a hora de colocar a mão na massa e selecionar o repertório de ferramentas para o dia da apresentação. Com os recursos escolhidos, você deve fazer as seguintes perguntas: como pretendo manter a atenção da audiência o tempo todo? Quais os benefícios dessa temática para a minha audiência?

Vejo muitos instrutores utilizando poucas ferramentas, ou apenas uma, o Microsoft *PowerPoint®*. Em muitos casos, já vi os slides falarem mais que o próprio facilitador. O PowerPoint é uma excelente ferramenta de auxílio, mas não é a única. Segundo a neurociência (ciência que estuda como funcionam o cérebro e a mente), nós temos ciclos de 90 minutos a 120 minutos (ciclos ultradianos), em que o cérebro perde a capacidade de atenção/concentração e se dispersa. Alguns profissionais da área de T&D, falam por suas próprias experiências que estes ciclos podem ser bem mais curtos, chegando até 15 minutos de duração. Eis algumas dicas:

- Insira breves atividades (dinâmicas de ativadores e vitalizadores), de preferência adequadas (metaforicamente) ao conteúdo que está sendo passado;
- Mude, tanto que possível, a mídia(quadro branco, projetor multimídia, vídeo, música, *flip chart,* leitura, entre outros). Lembre-se de que pessoas diferentes possuem estilos de aprendizagem distintos (visual, auditivo, cinestésico e digital).
- Movimente-se pela sala. O corpo fala e você não está encenando o papel de um toco de árvore;
- Alterne o volume, ritmo e timbre de voz enquanto estiver expondo o conteúdo. Dessa forma, você não cansará a plateia e ela lhe agradecerá no final.

Voltando ao PowerPoint, a regra ao elaborar um material é uma só: **menos é mais!** Nada de fazer dele seu guia de apresentação, colocando com letras garrafais tudo quanto puder. Você deve ensaiar bastante e verá que com os ensaios, não dependerá exclusivamente dele, além de ter uma diversificação maior de ferramentas aplicadas.

Ao planejar um treinamento/apresentação, você também deve levar em consideração os últimos realizados, fazendo um levantamento do que deu certo e do que deve ser melhorado. Para os treinamentos comportamentais, recomendo apenas duas avaliações: De *reação* e de *comportamento*.

Reação - Como os participantes sentiram-se sobre a formação ou experiência.
- Principais pontos a serem avaliados: Conteúdo; Relevância e Aplicabilidade; Recursos utilizados; Facilitador; e Ambiente
- Como fazer: Você pode distribuir um pequeno formulário para os participantes preencherem no final da apresentação

Comportamento - A experiência promoveu mudanças efetivas e significativas nos participantes? Sim, não e por quê?
- Principais pontos a serem avaliados: Comportamentos que foram ensinados e incentivados; Nível de desejo de mudança; Preparação e recursos necessários para a mudança; Sugestões para tornar o treinamento mais útil.
- • Como fazer: Você pode passar uma lista para que os participantes anotem seus contatos, incluindo o e-mail. Após aproximadamente um mês da apresentação, você pode encaminhar um formulário, perguntando quais mudanças de comportamento o participante pode observar. A maioria dos facilitadores também recolhe os e-mails para encaminhar suas próprias *newsletters*, fidelizando ainda mais clientes.

Momento da verdade

Bom, chegou a hora! Para chegar até aqui você seguiu todos os passos com firmeza e dedicação. Entendeu o que de fato é motivação. Buscou preservar seus princípios e valores, incluindo a humildade. Investiu na sua presença. Buscou referências positivas e colocou seu toque especial. Levantou as necessidades de cada apresentação. Planejou e reuniu todos os recursos necessários. Ensaiou e separou algumas cartas na manga.

Agora é entrar em campo e mandar ver. Lembre-se da importância da improvisação, para isso basta ter segurança e fazer o que faz de melhor. As pessoas podem ou não se motivar com sua apresentação. Mas você já estará tão motivado e seguro que esse entusiasmo será percebido e com certeza fará todo diferencial.

Treinamentos Comportamentais

23

Educação financeira: números ou comportamento?

Você sabe se comportar adequadamente perante o dinheiro? Como estabelecer esse comportamento e como isso vai ajudá-lo a conquistar seus objetivos de vida? Esse artigo visa demonstrar de maneira prática e objetiva o que você deve fazer e que atitudes tomar para conseguir alcançar seus objetivos. E seus colaboradores, ainda trabalham com a cabeça cheia de problemas financeiro-familiares? Dê um basta nisso agora mesmo transmitindo as estratégias citadas neste artigo

Francis Brode Hesse

Francis Brode Hesse

Economista e Administrador de Empresas, formado pela Universidade Mackenzie, com especialização em Marketing pela ESPM, Private Bank pelo Euromoney Institute of Finance e Planejamento Financeiro Pessoal pelo MBA de Personal Finance da FIPECAFI, além de mais de 100 certificações de especialização e atualização em diversas áreas. Ministra palestras, conferências e *workshops* há mais de 10 anos na área de Educação em Finanças Pessoais e Planejamento Financeiro Pessoal e Familiar, em empresas de diversos setores, tais como AMIL, CABOT Brasil, Aliance Group, SIDECON/AMCHAM-SP, Expo Money, FCG, Profins Business School, Congresso Mundial de Marketing & Vendas/ Brasil, SESI, ESPM, SKF. Consultor em Finanças Pessoais e Planejador Financeiro com mais de 30 anos de experiência no mercado financeiro nacional e internacional. Criador e professor do curso de formação de consultores em Planejamento Financeiro Pessoal e Familiar junto ao Sindicato dos Economistas. Articulista e colunista de sites na internet. Já foi entrevistado e teve matérias e opiniões divulgadas por diversos órgãos de imprensa tais como: Valor Econômico, Gazeta Mercantil, O Globo, JB, Folha de SP, O Estado de SP, Exame, Isto É, Você SA, Isto É Dinheiro, Vencer.

Contatos
www.fhesse.com.br francis@fhesse.com.br
www.linkedin.com/in/palestrantefrancishesse
facebook.com/palestrantefrancis.hesse
(11) 3057-3077

Francis Brode Hesse

Há mais de 10 anos enfatizo em minhas palestras que a Educação em Finanças Pessoais está muito mais ligada ao comportamento humano do que só a administrar números.

Minha formação inicial foi em Ciências Econômicas, depois passei por várias outras, como Administração de Empresas e pós em Marketing. Porém onde me encontrei mesmo foi quando cursei o 1º MBA do Brasil em Planejamento Financeiro Pessoal (Personal Financial Planning), criado através de uma parceria entre a FIPECAFI (Fundação Instituto de Pesquisas Contábeis, Atuariais e Financeiras), FEA (Faculdade de Economia e Administração da Universidade de São Paulo) e IBCPF (Instituto Brasileiro de Certificação de Profissionais Financeiros).

Quando citamos a palavra *economia* as pessoas logo a associam a números, a macroeconomia, principalmente a contas de governos e economia global, e se esquecem de que economia é uma ciência humana, e não exata.

Nessa minha jornada profissional, tanto como consultor em finanças pessoais, como planejador financeiro, trabalhei e continuo trabalhando diretamente com pessoas e suas necessidades e anseios.

Adquiri muita experiência trabalhando nas áreas comercias de alguns bancos, desde pessoa física, grandes empresas, até Private Bank, e posso dizer, com certeza, nesses anos todos trabalhando com finanças principalmente as de pessoas físicas, que a falta de controle financeiro, e até mesmo os descontroles, ocorrem, na maioria das vezes, devido a desvios comportamentais. Mas vamos direto ao mais importante.

O que eu devo fazer para ser feliz e prosperar financeiramente?

Primeiramente, se você não está satisfeito com a sua situação financeira atual, algo tem que mudar, e provavelmente a mais importante mudança será com respeito aos seus comportamentos e da sua família perante o dinheiro.

Caso você queira mudar sua vida financeira e encontrar o caminho para a prosperidade, você vai ter que ter disciplina, sonhos e objetivos para cumprir. Você está pronto para este desafio? Então vamos lá.

1º Mudança: mude a maneira de enxergar seu salário ou renda. Tenha em mente a renda líquida real e não a bruta.

A)Saiba como calcular sua renda líquida.

Qual é o valor que você tem em mente do seu salário ou renda?

Aquele sobre o qual se alguém perguntar você vai responder de pronto, eu ganho R$... por mês.

Quando você vai realizar alguma compra você costuma pensar nesse valor?

Treinamentos Comportamentais

Na maioria das vezes as pessoas têm em mente o valor do salário ou rendimento **bruto** que recebem.

Esse é um grande erro, pois acabamos gastando sobre este valor bruto e não sobre o que realmente entra na nossa conta, ou seja, o líquido.

Pensar em salário ou renda bruta só é viável para aqueles que ganham uma quantia elevada e querem ou precisam realizar um planejamento tributário, e em algumas vezes na troca de emprego.

Vamos supor que sua renda bruta seja de 2.000,00. Por exemplo, sua renda líquida será de:

Renda bruta:		R$	2.000,00
IRPF: (7,5% x R$ 2.000,00) - R$ 128,31	=	R$ -	21,69
INSS: 9% x R$ 2.000,00	=	R$ -	180,00
Renda Líquida	=	R$	1.798,31

Pronto, agora você já sabe que não pode mais ter em mente a sua renda bruta, principalmente quando for realizar alguma compra.

B) Saiba como calcular a sua renda líquida real.

E sua renda líquida real, você sabe de pronto quanto é?

Vamos calculá-la.

Reveja todas as compras realizadas a prazo, parcelamento no cartão de credito ou cheques pré-datado. Some todas elas mês a mês.

Por exemplo: Estamos no mês de fevereiro e eu tenho um parcelamento no cartão de R$ 50,00 reais para os próximos 4 meses e 3 cheques pré-datados no valor de R$ 45,00, a soma vai ficar assim:

	Março	*Abril*	*Maio*	*Junho*
Parcelamento no cartão:	50,00	50,00	50,00	50,00
Cheques pré-datados:	45,00	45,00	45,00	0
Total de parcelados por mês:	95,00	95,00	95,00	50,00

Nesse exemplo eu tenho que descontar do meu salário ou renda líquida a receber os valores de R$ 95,00 no mês de março, R$ 95,00 no mês de abril, R$ 95,00 no mês de maio e R$ 50,00 no mês de junho.

E o resultado deste novo valor é que será o meu salário ou renda líquida real. No exemplo:

Para o mês de março teremos a renda líquida de:	R$	1.798,31
Compromissos mensais assumidos:	R$ -	95,00
Renda líquida real:	R$	1.703,31

Francis Brode Hesse

É sobre esse novo salário ou renda líquida real que você terá de pensar todas as vezes que for realizar algum gasto, compras, viagens ou mesmo alguma manutenção na sua casa. Tenha em mente sempre este valor líquido real.

2º Mudança: gaste menos do que você ganha.

Você acha que ganha pouco ou sua renda não é suficiente?

Muitas pessoas pensam: "se hoje minhas contas fecham no negativo, é porque eu ganho pouco". Essa visão é errada. Não adianta pensar que se eu passar a ganhar mais do que gasto minha vida está resolvida. Se você continuar a pensar e agir desta forma, você pode até passar a ganhar mais, mas sempre vai continuar a gastar mais do que ganha.

Você tem que mudar de pensamento e comportamento. Tenha uma nova atitude e um novo pensamento e sua vida financeira irá melhorar muito.

Quebre esse paradigma de que você ganha pouco, e por essa razão as suas contas nunca fecham. Pode até ser verdade, mas de nada adianta ficar se lamentando e não mudar de comportamento.

Não existe milagre, nós não podemos gastar mais do que ganhamos. Que isso fique bem claro.

A) Faça um levantamento das suas despesas.

Você sabe realmente quanto você gasta por mês?

Relacione (você e os demais familiares que participam no orçamento da casa) todos os gastos que são efetuados. Até os menores. Liste tudo, mas tudo mesmo, até o cafezinho que você tomou na esquina ou a gorjeta que você deu. Para ajudá-lo nessa tarefa, adote uma cadernetinha que você possa levar para todos os lugares para anotar todos os gastos. Não utilize folhas soltas, que são fáceis de perder. Faça isto por pelo menos um mês (o ideal é anotar por três meses e tirar à média). Só assim você terá uma noção de quanto realmente você está gastando.

Seja honesto com você mesmo. De nada adianta se enganar, as coisas só vão piorar.

Digamos que você somou todos os seus gastos mensais e chegou a um resultado de R$ 1.800,00.

Após realizar esse levantamento, você terá uma boa noção de quanto realmente você gasta por mês.

B) Faça as contas e veja o resultado.

Agora que você já tem todos os dados levantados, é só colocar no papel os números encontrados para obter o resultado. Por exemplo:

Treinamentos Comportamentais

Renda líquida real:	R$ 1.703,31
Gastos mensais:	<u>R$ - 1.800,00</u>
Sobra do mês:	R$ - 96,69

Esse exemplo foi propositadamente elaborado com resultado negativo, pois reflete muito a realidade de muitas famílias brasileiras.

Se esse for o seu caso, mude agora mesmo de comportamento. Caso contrário você estará destinado a ser sempre um devedor.

Tenha sempre em mente que:

Tenho sempre que gastar menos de que ganho, independente do valor que eu recebo.

Este tem que ser seu novo pensamento e comportamento.

3º Mudança: estabeleça seus objetivos.

Cada um de nós tem seus sonhos, que desejamos ver realizados. Isso é muito bom e pode ser um aliado fantástico da nossa disciplina financeira.

E você sabe quais são os seus sonhos e/ou de sua família?
Sabe quanto eles custam?
Em que data pretende realizá-los?

Todas as pessoas bem-sucedidas utilizam o sonho, esse poderoso aliado, para chegarem aonde querem.

Mas para tornar nosso sonho realidade, temos que saber quantos ele custa e quando se pretende realizá-lo. Isso quer dizer planejá-lo, colocá-lo no papel e torná-lo objetivo.

Então vamos lá:

1º **Defina seus sonhos;**
2º **Quantifique-o, estabeleça quanto(um valor real) eles vão custar;**
3º **Divide-os em metas, de valor e tempo;**

Por exemplo:

Ter o objetivo de comprar uma casa.

1º Defina quanto custa essa casa, e se ela está de acordo com o seu orçamento;
2º Defina em que data você pretende adquirir esse imóvel;
3º Determine quanto você vai precisar poupar mensalmente (meta) para comprar esse imóvel.

Pronto agora você já sabe o caminho para fazer com que os seus sonhos virem realidade.

Francis Brode Hesse

4ª Mudança: poupe antes de gastar.

Como você trata o dinheiro que você ganha mensalmente?

Você é daqueles que chegam ao final do mês e dizem que, este mês não consegui poupar nada, porque não me sobrou dinheiro?

Para mudar esta situação você tem que mudar de comportamento. Mas como?

Antigo: *Vejo o que preciso gastar... o que sobrar eu posso guardar.*
Novo: *Vejo o que preciso poupar... o que sobrar eu posso gastar.*
Este é o grande segredo.

Você, nos tópicos 1º, 2º, 3º, aprendeu a calcular sua renda líquida, sua renda líquida real, seus gastos e fazer a conta de resultados.

Mas para você conseguir realmente alcançar seus objetivos, através das metas estipuladas, você terá que mudar um pouco a maneira de fazer sua conta de resultados.

Os recursos que você terá que poupar para atingir seus objetivos têm que sair antes das suas despesas.

Vamos ver em um exemplo como fica esta nova conta:

Planilha de receitas e despesas		Antigo	Novo
Renda bruta	=	R$ 2.000,00	R$ 2.000,00
IRPF: (7,5% x R$ 2.000,00) - R$ 128,31	=	- R$ 21,69	R$ 21,69
INSS: 9% x R$ 2.000,00	–	- R$ 180,00	R$ 180,00
Renda líquida	=	R$ 1.798,31	R$ 1.798,31
Renda líquida	=	R$ 1.798,31	R$ 1.798,31
Compromissos mensais assumidos	=	- R$ 95,00	- R$ 95,00
Renda líquida real	=	R$ 1.703,31	R$ 1.703,31
Renda líquida real		R$ 1.703,31	R$ 1.703,31
Poupança Mensal para atingir os objetivos	=	R$ 00,00	- R$ 200,00
Total disponível para gastar	=	R$ 00,00	R$ 1.503,31
Total de gastos mensais	=	- R$1.800,00	
Sobra do mês	=	- R$ 96,69	R$ 00,00

Treinamentos Comportamentais

Ao montar seu orçamento doméstico desta forma você evita sabotar os recursos a serem poupados para atingir seus objetivos.

Dessa maneira, primeiro você determina o quanto você precisa poupar, e o que sobrar você tem disponível para as despesas mensais.

Isto significa dizer que você inverteu o jogo e estabeleceu prioridade para seus objetivos e não para seus gastos.

Se você tiver que aumentar seus gastos, tenha certeza que este aumento vai sair de uma parcela do seu objetivo.

Este é o segredo mais importante das pessoas que conseguem alcançar seus sonhos.

Benefícios para você, seus familiares e seus colaboradores

Uma das maiores preocupações das famílias é com o equilíbrio financeiro. A falta de uma orientação econômica provoca desequilíbrio, permitindo que as pessoas deixem de trabalhar 100% focadas por estarem preocupadas com suas questões de dinheiro.

Uma vida financeira tranquila com os objetivos estabelecidos trará a você, sua família e seus colaboradores uma tranquilidade para poderem usufruir muito melhor da vida e aumentar a produtividade.

Para concluir

É claro que isto não é tudo. Tenho ensinado muitas outras estratégias que podem e devem ser adotadas para conseguir mudar seu comportamento e ajudá-lo a atingir a plena tranquilidade financeira. Mas estas mudanças comportamentais citadas acima já são um bom começo.

Administrar uma casa sem um orçamento é como administrar uma empresa sem um plano, sem objetivos e sem direção. A definição das metas é um passo fundamental no planejamento familiar. Você só conseguirá ter uma vida financeira organizada se tiver objetivos muito claros e aplicar a estratégia de poupar antes de gastar.

Então agora não espere mais. Coloque estes conceitos em prática e veja seus sonhos e objetivos começarem a se realizar.

24

Criatividade, treinamento e resultado: uma tríade potencial para a excelência

Se eu pudesse adivinhar o que é necessário para despertar o seu potencial criativo e levá-lo a resultados excelentes, o que estaria escrito no texto? O conjunto de pensamentos que se iniciou em sua mente já é um começo para o despertar da sua criatividade. Alguns buscam a música, outros a leitura ou a diversão; eu recomendo: faça tudo isso e exercícios físicos. A sua mente também está sendo transportada pelo seu físico, e estar em um veículo seguro é fundamental para os resultados em sua vida

Giulliano Esperança

Giulliano Esperança

Bacharel em Educação Física (Unesp-Rio Claro). Especialista em Fisiologia do Exercício (Escola Paulista de Medicina). Especialista em Marketing (Madia Marketing School). MBA em *Coaching, Master Coach, Professional Coach, Leader Coach* e *Professional Executive Coach* (*Sociedade Latino Americana de Coaching*). MBA em *Professional & Personal Coaching* (*Sociedade Brasileira de Coaching*). Fundador do sistema "*Wellness Manager*" em treinamento personalizado. Diretor executivo do *Instituto do Bem Estar Giulliano Esperança*. Membro da *Sociedade Latino Americana de Coaching*. Membro do *Conselho Consultivo da Sociedade Brasileira de Personal Trainer*. Pai, marido, empresário, *personal, coach,* mentor e palestrante. "*Venho cumprindo a minha missão de motivar pessoas a transformar intenção em ação, e ação em resultados, por meio de treinamento personalizado e hábitos saudáveis*".

Contatos
www.giullianoesperanca.com.br
facebook.com/guilliano.esperanca
@GiullianoE
personal@giullianoesperanca.com.br
(19) 8246-5252 / (19) 3023-7711

Giulliano Esperança

Alcançar excelentes resultados é algo que todos desejam, seja na vida pessoal, na vida profissional ou nos relacionamentos, e só existe uma palavra capaz de atender a tudo isso: a **escolha**. Essa palavra compõe os hábitos e automaticamente as ações. A escolha de hoje determina o seu ponto de partida para o amanhã.

Sendo a escolha um ponto de partida, imediatamente você deve se questionar: "A minha escolha de hoje levará a um destino de resultados excelentes?"

Quando falo de escolhas, falo sobre a direção que nossas ações estão tomando. Se a sua escolha está gerando um retorno negativo, isto será ainda mais prejudicial se estiver acompanhado de um sentimento negativo.

Pensar negativamente é ruim, observa-se que até é uma forma de termos cautela e ponderação nas escolhas que fazemos. Mas conheço pessoas que assumiram a identidade do pessimismo e vejo uma corrosão na atitude e postura, infelizmente colhem derrotas diárias.

Para resultados excelentes, as escolhas devem estar alinhadas com o que é positivo. Ações positivas, acompanhadas de pensamentos positivos, terão uma chance enorme de ter como efeito, o positivo.

Sei que é um pouco duro o que vou falar, mas a verdade é que ninguém quer ficar na presença de pessoas negativas. Trabalho há 18 anos com treinamento de pessoas e é perceptível que as pessoas que só reclamam e lamentam de problemas geralmente são solitárias. Na realidade eu estou falando de causa e efeito.

Pensar positivo = Escolha positiva = Efeito positivo = Resultado positivo

Pensar negativo = Escolha Negativa = Efeito Negativo – Resultado Negativo

A escolha nada mais é que um espelho, e neste momento, uma ótima pergunta a se fazer é: "Se você estivesse se olhando agora, o que você vê é algo positivo?"

Seja o piloto da sua vida

É você quem controla a sua escolha, e ela será transmitida aos seus amigos, colegas de trabalho, clientes e familiares. O que está acontecendo ao seu redor é fruto do que você está semeando a essas pessoas. As pessoas do seu convívio serão o espelho do que você está transmitindo a elas; é a sua escolha em relação à vida que determina a escolha da outra pessoa.

É preciso ser muito mais que um passageiro pela vida; estar no comando e ser o piloto faz de você um vencedor. Quando a sua escolha for pelo melhor, perceberá logo que outras pessoas estarão se inspirando com isso. Essa sinergia é um motor importante pois é nes-

Treinamentos Comportamentais

se momento que a soma de um mais um passa a ser maior que dois.

Como vemos, a sua escolha é intransferível, só você pode optar pelo que faz. Você está aqui lendo este capítulo e precisa mudar algo, mas a mudança só ocorrerá se a sua escolha mudar. Percebe-se que este é o meu foco: **a sua escolha**.

Imagine-se sentado em frente a uma mesa: olhe a faca, o pão integral, o peito de peru e o queijo branco. O lanche não se tornará um lanche se você não optar por uma alimentação saudável. Isso se aplica também à vida, é preciso saber o que se quer, é isso contribui para o poder de decisão. A indecisão, a ansiedade e o estresse, são altamente alimentados pela falta de escolha. Quem paga o preço é a sua saúde.

A escolha diz para onde você tem que ir e onde quer chegar. Muitos falam que precisamos ter atitude, proatividade e eu concordo com isso, e concordo mais ainda que é escolher onde quer chegar tem que ser o primeiro passo.

Na realidade, a escolha deve ser algo que amplia os conhecimentos, nunca podemos parar de aprender, afinal, o conhecimento se origina das informações conscientemente aplicadas. Ter consciência sobre a sua escolha é uma oportunidade de observar o que pode acontecer de melhor em sua vida. Vidas caóticas, estressadas e mal geridas em relação ao tempo perdem inúmeras oportunidades de obter resultados excelentes.

Acredito na importância de estar consciente e atento, pois as grande oportunidades estão sempre disfarçadas, ocultas e sem placas de indicação mostrando: "aqui está uma grande oportunidade".

Aprender, aprender e aprender

Como afirmou Confúcio: "A humildade é a única base sólida de todas as virtudes."

Se tem um valor que pode fazer a diferença para libertar a criatividade e aumentar os resultados, é a humildade. A escolha desse valor para as ações de uma vida garante longevidade nos relacionamentos. Aprendemos muito quando nos permitimos ouvir verdadeiramente a opinião das pessoas, pois é nesse momento que estamos abertos para a informação exterior, um ato de humildade, valor operante para vencer.

Quando me deparo com histórias de fracasso, sou ainda mais fã da humildade, porque ela é o primeiro passo para o aprendizado. Infelizmente muitos não se permitem submeter-se a este valor. A falta de humildade seria uma condição de proteção, um sabotador, o uso excessivo do pensar que sabe, ou o uso excessivo do medo. Duas condições limitantes para o crescimento pessoal.

No parágrafo acima destaquei a falta de humildade como sendo um fator de limitante, pois manter tudo como está é até uma forma

Giulliano Esperança

de sentir-se seguro, porém reflete a insegurança de tentar algo diferente, mantendo-se em uma zona de conforto, como eu afirmei, o medo de tentar algo novo.

Sei que pode até ser confortável não assumir riscos, porém resultados acima da expectativa e preparo para que os efeitos sejam positivos exigem assumir esses riscos.

A zona de conforto é perigosa por conta do ostracismo que observamos, ela gera uma falsa sensação de controle e isso não é saudável.

Quantas vezes nos deparamos com projetos apenas iniciados e nunca concretizados? Isso gera um sentimento de culpa infalível e ruim. Seja na vida pessoal ou profissional, as oportunidades aparecerão acompanhadas de barreiras, obstáculos e desafios. A questão será resolvida na escolha: ficar na zona de conforto ou enfrentar e ir além.

Alguns leitores provavelmente tiveram o seguinte pensamento: "Só faço o que me deixa seguro". Certo. Se tem algo que é nato no Homo sapiens é o reflexo de proteção, e quando observamos a sua história e evolução, o prazer em ser reconhecido durante conquistas também está muito presente no comportamento da sociedade. Para isso acontecer não podemos estar aqui e continuar vivendo sem mudança, evolução, aprendizado e desafios. Não dá para viver 365 dias do ano comendo as mesmas coisas, vendo as mesmas pessoas, assistindo o mesmo episódio do filme, usando a mesma roupa.

O prazer sentido no reconhecimento é gerado pelas endorfinas, um processo importantíssimo para repetir ações positivas. Essas endorfinas são as mesmas produzidas pelos momentos de diversão. O entretenimento é rico em estímulos, isso garante os momentos de espetáculo e prazer. O aprendizado é também um fonte de prazer e também precisa de estímulos, assim como nós precisamos do sorriso, do choro, da alegria, da tristeza, da perseverança e até da preguiça, pois é o equilíbrio que mantém o Universo em harmonia. Imagine se tirarmos a Lua da sua órbita, o que aconteceria? Não sobreviveríamos para contar esta história.

O reconhecimento por ter um resultado excelente, traz a satisfação. Lutar por isso é muito importante, pois transitamos entre a alegria e a tristeza durante a vida. É preciso treinar a felicidade. Como eu falei no início do texto, precisamos espelhar o reconhecimento, ver que pequenos detalhes estão ao seu redor muitas vezes executados por outras pessoas e devemos parabenizá-las pelo pequeno gesto pois são eles os indicadores do crescimento.

Imagine-se atingindo suas metas de leitura, de relacionamento, de saúde, de aprendizado, do seu grande sonho, duvido que não se sentiria o reconhecimento.

Treinamentos Comportamentais

A satisfação é uma escolha, um espelho do aperfeiçoamento e do preparo. Veja que há muitos aspectos que envolvem a excelência, é um caminho e não um destino. O reconhecimento será uma fonte de prazer, ligada à sua escolha de fazer o que é certo com as suas ações e com o seu relacionamento interpessoal.

Um teste simples e modificador

Fiz uma experiência corajosa e perguntei para 12 pessoas que convivem e trabalham comigo o seguinte:

"Verdadeiramente, qual é a primeira palavra que vem à sua mente quando pensa em mim?"

Eis o resultado:

Exigente
Esquecido
Perseverante
Pragmático
Esperança
Chorão
Detalhista
Determinação
Competência
Coaching
Profissionalismo
Íntegro

Experimente realizar esta experiência. É uma maneira muito madura para ouvir se as suas escolhas estão gerando sentimentos positivos ao seu redor. Uma regra muito importante a se obedecer é não pedir nenhuma justificativa, apenas agradeça a opinião de quem o ajudou.

Existe uma diferença entre achar que você é, e o que realmente se passa pela mente das pessoas que convivem com você, sobre o que elas enxergam em você.

Quando penso em autotreinamento, imagino algo desafiador, e entre os valores, adjetivos, palavras e percepções que recebi das pessoas a meu respeito, a que mais me chamou a atenção foi "esquecido". Fiquei feliz e orgulhoso, pois receber este *feedback*, é, na verdade, uma consultoria gratuita que estou recebendo. Imediatamente, meus pensamentos começaram a se estruturar e iniciei uma sequência de perguntas para mim mesmo:

O que eu preciso fazer para melhorar?
O que eu deixei de fazer e levou a este adjetivo?

Giulliano Esperança

Qual é a área da minha vida à qual preciso dedicar mais tempo?
Como posso pedir a colaboração dessa pessoa para melhorar nesse ponto?

Os demais, e inclusive o "chorão", foram diretamente um reconhecimento e contribuíram para que eu continue a minha caminhada, lembrando que o que fez a diferença foi a minha escolha, a escolha de como eu quero ter melhores resultados a partir do desafio de ouvir verdadeiramente.

Verdadeiramente, é assim que se vive

Recebi uma ligação telefônica surpreendente: uma mãe me procurou e me perguntou: "Você aceita trabalhar com obeso mórbido?". E respondi: "Eu aceito vidas, eu aceito pessoas, desculpe não gosto de rótulos, gosto de pessoas."

A mãe, falou: "Me falam que você é um cara diferenciado, e com poucas palavras você me deu esperança, quero que o meu filho converse com você e, quem sabe, juntos, conseguiremos que ele não faça a redução de estômago."

Falo para todos os potenciais clientes que me procuram: estou aqui para trabalhar em equipe, tenho informações técnicas e conhecimento sobre exercício físico, comportamento e nutrição que serão traduzidos para a leitura que cada um precisa consumir. Pois ao manual de alta performance e de resultados excelentes apenas a própria pessoa tem acesso. É ela que tem a chave para o seu manual de sucesso, só ela tem a senha para entrar no portal da motivação. Eu sou o apoio para esta jornada e desde já agradeço a oportunidade por ter acesso a esse conhecimento único e individual.

A mãe deste rapaz ainda perguntou quanto era a consulta e eu falei que era apenas o precioso tempo da vida deles, ela ainda completou: "Por isso que você está aonde chegou, vi que você mudou de prédio e que a sua empresa cresceu."

Aonde eu posso chegar valorizando as pequenas coisas?

"*Às vezes, quando considero as tremendas consequências advindas das pequenas coisas... sou tentado a pensar... não existem pequenas coisas*" (Bruce Fairchild Barton, escritor e político norte-americano, 1886-1967)

Em 2002 eu tinha a maior academia da cidade, em 2005, por incompatibilidade com o meu ex-sócio, saí da empresa, quebrado e endividado. Após um ano de muita dificuldade, abri um espaço de *personal* com 35 m². Após 3 meses ampliei para 70 m². Em 2007, abri uma academia, junto com uma sala de 110 m² de *personal*. Em 2008 meu trabalho de *personal* estava tão forte que transformei tudo num

Treinamentos Comportamentais

projeto para uma clínica. Em 2013 inaugurei um instituto com 500 m², oferecendo *personal trainer, coaching*, nutrição, medicina esportiva, acupuntura, fisioterapia, estética, *personal stylist* e cirurgião plástico.

As minhas escolhas, feitas em junho de 2006, quando abri a sala de 35m², era de ser grande mas, sinceramente, eu não sabia como. Mas eu sabia que as minhas escolhas tinham que ser grandes, que entre viajar e gastar dinheiro com coisas que não me levariam para lugar nenhum, eu tinha que investir na minha formação e acreditar no poder que um bom relacionamento possui. Tinha também que dedicar meu tempo ao trabalho e que as pequenas coisas é que iam fazer a diferença.

Tive que olhar tanto ao meu redor quanto para o meu interior, e entender que as dificuldades iriam aparecer, e que isso seria uma oportunidade para aprender a construir a solução.

A minha escolha final é ser grato por todos que fizeram e ainda fazem a diferença na minha vida: minha esposa guerreira, meu sábio mentor, meu filho querido, meus jovens enteados, aos meus clientes que tanto me ensinam diariamente e a todos que fazem parte desta empresa e juntos remamos em direção a algo ainda maior.

Para você leitor, a minha escolha é que cada letra seja uma semente para a sua história, que Deus e o Universo espelhe a grandeza, a riqueza, a sabedoria e a excelência em sua vida.

25

Treinamento Comportamental de Alto Impacto
Por dentro do Arena Fighter Training

"Jogue-me aos lobos e eu voltarei liderando a matilha".
É com esse pensamento que o Arena Fighter Training foi criado.
Despertar nas pessoas o que elas têm de melhor

Joval Lacerda

Joval Lacerda

Head Trainer formado pelo IFT (Instituto de Formação de Treinadores), MBA em Gestão Empresarial pela FGV/RJ. Formado em Administração de Empresas pela UESC/BA. Em 15 anos de atuação falou para mais de 100 mil pessoas nas áreas de liderança, motivação de equipes, mudança, metas e relacionamento interpessoal em diversos estados do Brasil. Idealizador do *Arena Fighter Training* e da Academia de Líderes, que com uma linguagem de alto impacto e com uma atuação diferenciada vem conquistando o seu espaço no mercado.

Contatos
www.jovallacerda.com.br.
joval@aguiadasvendas.com.br
(75)3483-7268 / 9205-7000

Joval Lacerda

No mundo da velocidade em que vivemos e com a chamada "dança das cadeiras", ou seja, troca de empresas ocorrendo cada vez com mais frequência, as organizações com o intuito de reter suas "águias", promovem esses talentos mesmo sem o devido preparo.

Por conta disso, o momento em que vivemos tem exigido cada vez mais a prática dos chamados treinamentos comportamentais.

O que vou compartilhar neste capítulo é exatamente os bastidores de um dos formatos de treinamento mais revolucionários da atualidade.

Neste modelo de treinamento ensina-se transmitindo informações, mas o verdadeiro aprendizado vem através da experimentação. Neste modelo, o maior desafio do treinador é enaltecer a cooperação num cenário onde a competição torna-se latente.

A promoção precoce exige lapidação, uma vez que, muitos destes promovidos não dispõem ainda da maturidade necessária para uma atuação mais assertiva. O treinamento comportamental, quando bem elaborado, antecipa situações que provavelmente ocorrerem ou ocorrerão no dia a dia empresarial.

Para um bom avaliador, os comportamentos gerados no ambiente de treinamento refletem exatamente como o participante se comporta na sua prática de vida. O treinamento comportamental evidencia e revela quem é quem dentre os participantes.

A pressão forja o potencial candidato a líder.

Dê pressão e as máscaras cairão com maior intensidade. Se durante o treinamento ele não participa, não será diferente da realidade em sua convivência com os demais colegas de trabalho. Dê pressão e os que têm perfil para liderar entrarão em ação. Dê pressão e os que não valem a pena, pedirão para sair.

Mas, vamos ao que interessa! O desenho desse capítulo se resume em sete tópicos importantíssimos para o sucesso de um treinamento marcante, impactante e que proporcione resultados significativos para os seus participantes ou para a empresa contratante. São eles:

1) *Briefing* e avaliação com mapeamento de necessidades da empresa
2) Planejamento do evento
3) Execução perfeita
4) C.A.V.
5) *Link* com o dia a dia (compromisso de mudança)
6) Avaliação do treinamento
7) Depoimentos de uma experiência transformadora

Vamos lá!

Treinamentos Comportamentais

1) Briefing – Mapeamento de Necessidades da empresa e dos participantes

Aqui é onde tudo começa. A identificação dos objetivos que justificam a realização do treinamento. Sou muito cuidadoso e seletivo nesta etapa. Prefiro conversar olho no olho com o contratante, principalmente para confirmar se o que ele diz, condiz com a realidade. Amplio a minha etapa de entrevistas aos participantes também. Aí sim, compilo todas as informações para a partir daí desenhar o projeto do treinamento em questão.

Como a minha decisão sempre foi de atuar numa linha mais elaborada, evito usar o termo "dinâmica", não que tenha nada contra, mas prefiro atuar com atividades que aflorem a adrenalina, endorfina, dopamina... Quando falamos de treinamento comportamental de alto impacto, o risco está presente em cada atividade. E é este risco que deixa as pessoas mais atentas e vigilantes.

Quando desafiado, o ser humano é capaz de coisas extraordinárias. Em minha atuação como treinador, e por ter passado pelo exército, incorporo o estilo militar; provocativo, direto, desafiador...

Com isso, é muito comum perceber nos olhos de alguns participantes, o medo, a dúvida, a indecisão, a incerteza. Afirmações do tipo: "Isso eu não faço!" " Isso eu não consigo"! São as frases mais pronunciadas! É muito comum as lágrimas surgirem antes mesmo de iniciada a atividade. Estes participantes são os que têm as maiores e melhores experiências de transformação durante os treinamentos.

Dica importante – Procure identificar a essência da real necessidade do grupo e faça o *link* direto com os objetivos do contratante. Numa só pergunta resumo descubro tudo o que preciso para desenvolver o meu projeto; Qual é o sentimento que quer que fique no grupo após a experiência no treinamento? A resposta para esta pergunta elucida a verdadeira necessidade a ser tratada. De posse destas informações, é hora de passar para a próxima etapa – o planejamento!

2) Planejamento do Evento – O sucesso do evento começa a acontecer

O treinamento quando bem elaborado antecipa situações que provavelmente ocorrerão no dia a dia. Para um bom avaliador, os comportamentos gerados durante o treinamento refletem exatamente como o indivíduo se comporta na prática.

As perguntas básicas que deverá responder são as seguintes:

Joval Lacerda

• Quais os objetivos do evento – Geralmente identificados no *briefing*. Os objetivos além de orientar todo o planejamento do evento, orientam na identificação dos indicadores de resultados.

• Que atividades serão desenvolvidas para que os objetivos propostos sejam alcançados? Se o alvo é desenvolvimento de liderança, as atividades a serem desenvolvidas podem ser focadas em tomada de decisão, *feedback*, comunicação, relacionamento interpessoal, dentre outros; se o alvo é desenvolver a equipe, vale a aplicação de atividades coletivas que demonstrem a importância de todos os setores da empresa, participação de cada um dos integrantes. Uma das atividades que desenvolvo no AFT é a atividade denominada anéis aéreos, onde todos os participantes são desafiados a transportar três bolas através de anéis metálicos interligados por cordões até um alvo preestabelecido. Com a pressão do tempo, o sucesso da atividade só acontece com o surgimento de uma liderança.

• Onde acontecerá o treinamento – Esta resposta deverá ser respondida somente após o desenho das atividades, por um detalhe muito simples; se as atividades selecionadas dependem de espaço aberto, não convém adaptar para uma sala fechada, visto que certamente não obterá o mesmo resultado. Um ponto a ser observado é o seguinte fato: para economizar, geralmente o contratante sugere que o treinamento aconteça no próprio auditório da empresa o que nem sempre é bom. O local escolhido possui cadeiras soltas? Tem espaço suficiente para a aplicação das atividades? Possui ou comporta os equipamentos necessários para o sucesso do treinamento?

• Dica importante – Conheça e mapeie os diversos locais possíveis para que você mesmo sugira ao seu cliente a melhor opção de escolha de local para que os resultados sejam potencializados.

• Quando acontecerá – Durante a semana? No sábado? No domingo? A data é num feriadão? O alinhamento do melhor local associado à melhor data proporcionará as melhores chances de sucesso do seu evento. No caso do *Arena Fighter Training*, os melhores dias de aplicação são nos finais de semana (sábado e domingo), visto que a disponibilidade dos participantes de meus eventos que como informado anteriormente o meu foco é de aplicação *"in company"*, não oferece nenhuma outra opção de data senão nos finais de semana.

• Quem vai aplicar as atividades? Neste ponto reside o sucesso do seu evento. Quem vai aplicar? Quem detém o conhecimento da metodologia que proporcionará ao seu público a oportunidade de transformação necessária? O treinamento comportamental difere do técnico numa questão interessante. O técnico pode ser aplicado por um teórico que nunca teve a devida experiência prática no assunto

Treinamentos Comportamentais

em questão. Já o treinamento comportamental pode até ser aplicado por um estudante, mas o que torna a aplicação efetiva, é exatamente o processamento desta aplicação. E quanto mais se aplica, mais a sua percepção fica aguçada. Maior será a sua capacidade de perceber, analisar e dar contribuições importantes a cada participante que passa por cada experiência.

• Quem vai avaliar ou registrar o comportamento dos participantes? É importante que tanto o contratante quanto o treinador definam quem serão os observadores. Se for da equipe de treinadores, ele(a) saberá os pontos que devem ser pontuados. Se for da parte do cliente, faz-se necessário que sejam orientados na aplicação com auxílio de planilhas de apoio com o nome dos participantes e comportamentos a serem avaliados.

• Como será montada a programação?

Um dos maiores pecados que organizações cometem é programar um evento num *resort* paradisíaco e montar uma programação completa, toda em sala de aula e sem nenhuma possibilidade de utilização deste espaço de lazer. Ou preencher o tempo com brincadeiras que não têm nenhuma relação com o treinamento. Ou até, promover um show na sexta à noite com bebida alcoólica liberada com palestra ou atividades no sábado às 8h. A programação do treinamento deve ser montada pelo treinador e com as regras bem claras. No meu caso, por exemplo, não permito bebida alcoólica em nenhuma hipótese durante o período do treinamento.

3) Execução perfeita

a. A perfeita execução depende da perfeita preparação. Daí a importância do *feeling* do treinador. A experiência neste momento faz a diferença para quem quer resultados efetivos.

b. Aboli o termo "dinâmica" dos meus treinamentos, exatamente pela má aplicação de alguns profissionais que com esta prática acabaram vulgarizando o termo. Por falta de conteúdo sobre o tema, alguns profissionais acabam por utilizar as chamadas dinâmicas para ganhar tempo, sem a devida preocupação de fazer o *link* com os objetivos do treinamento. Ouvi uma certa vez de um participante a seguinte pergunta: "Sem dinâmica é mais caro?" O que ele quis expressar foi exatamente o que acabei de dizer: o cliente quer otimizar o seu tempo empregado no treinamento com aprendizado.

Não quero dizer que o uso das dinâmicas é negativo. Só decidi sair do todo para uma busca pela diferenciação.

Utilizo temos como desafios, atividades e experiências, uma vez que cada ação é muito bem estudada e desenhada exclusivamente para aquele cliente. Desenvolvi recentemente uma atividade para um que atua com distribuição de alimentos e que estava com dificuldades de pontualidade, trabalho em equipe e liderança. A atividade cujo nome era linha de produção evidenciou de forma muito forte os problemas que os participantes enfrentam diariamente. Com isso, ficou fácil traçar um plano de ação corretivo.

4) C.A.V. (Ciclo de aprendizagem vivencial)

A metodologia do *Arena Fighter Training* contempla o CAV - Ciclo de Aprendizagem Vivencial para a capacitação dos(as) treinandos(as). Esta metodologia do aprender fazendo se caracteriza por trabalhar com simulações, desafios e atividades que permitem ao participante vivenciar e processar uma experiência prática para se dar conta de suas qualidades (forças e fraquezas). O C.A.V. amplia as chances de resultado dos participantes exatamente porque segue a sequência:
• Vivência – Experiência na atividade
• Relato – Quais os sentimentos vivenciados na experiência
• Processamento – Relação entre o comportamento observado na atividade e o comportamento ideal necessário na prática diária.
• Generalização – Reforço dos conceitos para sair do atual para o desejado.
• Aplicação – *Link* com a vida do indivíduo.
Com o C.A.V. os participantes são motivados a questionar seus antigos paradigmas, analisar seus pontos fortes e fracos e adotar ações que os levem a superar desafios da vida.
Ao se esforçar para superar cada desafio, depois de ultrapassá-lo, o participante terá se tornado mais forte, mais experiente, com grau mais elevado de inteligência emocional, e, portanto, mais apto a viver com uma nova perspectiva de vida.

5) Link com o dia a dia (compromisso de mudança)

Sempre ao final de cada atividade solicite que cada participante descreva qual será o seu compromisso dali por diante. O que ele(a) pretende mudar. Que transformação efetiva será implementada para que um novo indivíduo possa surgir.

6) Avaliação do treinamento

Treinamentos Comportamentais

Para que o seu treinamento seja efetivo em sua proposta são necessárias quatro condições como descrito no livro *Como Avaliar Programas de Equipes*. São elas:
- A pessoa precisa querer mudar
- Precisa saber o que fazer e como fazer
- Precisa trabalhar no ambiente adequado
- E faz-se necessária a recompensa pela mudança.

O que precisa ser medido são fatores ligados ao resultado da mudança no comportamento dos participantes após o treinamento tais como:

Melhoria de relacionamento interno, externo, aumento de produção, redução de acidentes, redução de custos, lucros maiores, dentre outros.

Nessa etapa apresento um novo conceito aos participantes que é a "Ter saudade do futuro". Ter saudade do futuro é quando você está vivendo um momento tão maravilhoso em sua vida que você já deseja que ele se repita novamente. Neste momento, surgem os depoimentos.

7) Depoimentos de uma experiência transformadora

Essa etapa consolida a certeza de que a nossa atuação como treinador faz toda a diferença. O fato de aplicar a avaliação aos participantes para que eles possam dar o seu parecer sobre a experiência vivida, garante aos organizadores e treinadores a chance de melhorar, crescer, evoluir.

Melhor do que você falando sobre os benefícios do seu treinamento, é o seu cliente externando o que ele sentiu e percebeu. O depoimento é a comprovação de que valeu à pena.

Desejo muito sucesso em sua jornada como treinador ou como contratante. Espero que este capítulo tenha esclarecido alguns pontos importantes para a boa aplicação de treinamentos comportamentais para sua equipe ou para os seus clientes e finalizo com um dos meus pensamentos: A verdadeira força vem da nossa capacidade de continuar lutando, mesmo quando o fracasso insiste em se fazer presente em nossas vidas.

26

Treinamento comportamental

Como o Treinamento Comportamental pode ajudar no processo de inovação na mudança de atitude das pessoas nas organizações

Juedir Viana Teixeira

Juedir Viana Teixeira

Graduado em Administração de Empresas, Ciências Contábeis e Econômicas. Pós-graduado em Marketing e Metodologia de Ensino Superior, com diversos cursos de especialização nas áreas de Gestão, Negócio e Qualidade Total. Atuou durante 24 anos como executivo da Petrobras Distribuidora. Coautor dos livros *Excelência no Atendimento ao Cliente* e *Consultoria Empresarial* pela Editora Ser Mais. Como professor, atua há mais de 30 anos em diversas faculdades particulares do Rio de Janeiro, dentre as quais a FGV. É empresário, lojista, professor e consultor em Gestão de Varejo. Sócio e diretor executivo da JTB Consultoria em Gestão e Educação Corporativa. Diretor acadêmico do Instituto do Varejo – IVAR e coordenador geral do MBA em Gestão de Varejo e Serviços e Curso Superior em Gestão de Varejo da Universidade Cândido Mendes em parceria com a JTB, com turmas abertas e *In Company* em diversas empresas varejistas.

Contatos

www.juedirconsultor.com.br
juedir@juedirconsultor.com.br

Juedir Viana Teixeira

Uma das principais ferramentas de gestão é, sem dúvida, a inovação, que de uma forma simples, podemos definir como uma maneira diferente para fazer a mesma coisa. Uma das primeiras citações de inovação foi mencionada por Albert Einstein: *"Não há nada que seja maior evidência de insanidade do que fazer a mesma coisa dia após dia da mesma forma e esperar resultados diferentes"*. Como o processo de gestão tem na sua essência aumentar receitas e diminuir despesas, para obter melhores resultados, somente é possível através da melhoria de processos: sempre que se altera um processo organizacional mexe-se com as pessoas, e as pessoas, na sua grande maioria, são resistentes à mudança, e por isso é tão difícil introduzir mudanças organizacionais. No meu trabalho como consultor na área de gestão, onde faço o diagnóstico da empresa, identifico as oportunidades de melhorias, defino as estratégias necessárias e ajudo a implantar as estratégias propostas, muitas vezes com mudanças da cultura da organização. O maior desafio é o treinamento das pessoas envolvidas, para mudar a maneira de fazer e, principalmente, mudar a atitude em relação à forma nova de se comportar.

No processo de mudança ou ajuste da cultura de organização o Treinamento Comportamental é de fundamental importância, mas o *que é treinamento comportamental?* O treinamento comportamental surgiu nos Estados Unidos na década de 1940, e para esta metodologia os pensamentos e emoções influenciam diretamente o comportamento das pessoas, ou seja, tudo aquilo em que acreditamos reflete-se em nossos atos, direta ou indiretamente.

O referido estudo foi levado para o ambiente corporativo e ficou evidenciado que o desempenho da organização está relacionado ao comportamento geral de seus colaboradores. Com base nessas evidências foram criados treinamentos específicos, que têm como objetivo superar as limitações de cada indivíduo, através da eliminação das barreiras que impedem a mudança de atitude.

Mas por que é importante a mudança de atitude? A competência do profissional deste século é composta pelo **Conhecimento** – a parte teórica sobre a atividade de trabalho; a **Habilidade** – a capacidade de colocar o conhecimento na prática do dia a dia; e a **Atitude** – o querer fazer, e pode ser demonstrado na figura a seguir:

Treinamentos Comportamentais

No processo de treinamento, passar o conhecimento é fácil, ensinar a fazer também não oferece grande dificuldade. Mas o grande desafio está em mudar a atitude da equipe para *o se quer fazer*. No atual mundo dos negócios as pessoas são admitidas pelos seus conhecimentos e pelas suas habilidades e são demitidas pelas suas atitudes. Num processo seletivo, medir conhecimento e habilidade não tem segredo, mas medir atitude é muito complexo. Para que a equipe passe a *querer fazer*, o treinamento comportamental é de suma importância.

Usar a metodologia adequada é fundamental em qualquer tipo de treinamento e em todos os nossos treinamentos corporativos que ministramos, com sucesso, adotamos as quatro aprendizagens consideradas essenciais para os profissionais do século XXI, segundo a Unesco:

- **Aprender a Conhecer** – conciliar uma cultura geral, ampla o suficiente, com a necessidade de aprofundamento em uma área específica de atuação, construindo as bases para se aprender ao longo de toda a vida;
- **Aprender a Fazer** – desenvolver a capacidade de enfrentar situações inusitadas que requerem, na maioria das vezes, o trabalho coletivo em pequenas equipes ou em unidades organizacionais maiores; assumir iniciativa e responsabilidade em face das situações profissionais;
- **Aprender a Conviver** – perceber a crescente interdependência dos seres humanos, buscando conhecer o outro, sua história, tradição e cultura e aceitando a diversidade humana. A realização de projetos comuns, a gestão inteligente e pacífica dos conflitos envolvem a análise compartilhada de riscos e a ação conjunta em face dos desafios do futuro;
- **Aprender a Ser** – desenvolver a autonomia e a capacidade de julgar, bem como fortalecer a responsabilidade pelo autodesenvolvimento pessoal, profissional e social.

Os princípios a seguir também são fundamentais no processo de treinamento, na busca constante pela mudança de atitude das pessoas envolvidas no treinamento:

- **Participante: sujeito da educação** – o treinando é reconhecido como agente da educação; daí ser denominado "participante". É ressaltada a dimensão da cidadania, ou seja, a ação efetiva de cada indivíduo para interferir no destino da comunidade na qual está inserido;
- **Problematização da realidade** – os temas estudados devem

Juedir Viana Teixeira

se referir a questões relevantes para os participantes e devem ser apresentados de maneira não-dogmática. Nos treinamentos internos, os problemas concretos do dia a dia são levantados e analisados pelos funcionários, possibilitando o desenvolvimento da capacidade crítica, a partir de uma visão multilateral da realidade;

- **Método socializador e dialógico** – o trabalho educacional é cooperativo, dirigido à elaboração conjunta de um saber que resulta da síntese entre teoria e prática. Além das técnicas de treinamentos individuais devem ser usadas técnicas socializadoras, fundamentadas no diálogo e no trabalho em equipe;

- **Democratização do saber** – a vida no trabalho e na sociedade é parte da produção coletiva do saber; assim, o conhecimento e a oportunidade de aprender são compartilhados num espaço de igualdade;

- **Educação contínua** – a aprendizagem devem ser fundamentada na visão da educação como processo permanente e no propósito de autodesenvolvimento, favorecendo a humanização dos homens e mulheres que participam da ação educativa. A educação no trabalho é dinâmica e contínua, e leva em consideração a atividade (tarefa), as pessoas (funcionários) e o contexto (ambiente);

- **Visão global e integrada da dinâmica da empresa** – as ações treinamento direcionadas aos funcionários consideram a empresa em sua totalidade (unidades, funcionários, clientes, fornecedores e parceiros) e em suas relações com o ambiente externo. A troca de experiências entre os funcionários concretiza a ideia da dependência entre as partes e o todo.

Ensinar adultos exige não só conhecimento de conteúdo, mas também a descoberta de novas maneiras para transmissão dele. A andragogia, cujo significado é "ensino para adultos", é fundamental no treinamento comportamental, pois estabelece uma postura diferente da exigida pela pedagogia tradicional e coloca o professor como "facilitador" e demanda uma horizontalidade nos papeis em sala de aula.

As pessoas só mudam as suas atitudes com informação e conhecimento e quando entendem que a mudança favorece a todos os envolvidos no processo. Portanto, a transparência, um dos valores mais exigidos pela sociedade atual e, por isso, adotado pela organizações neste início de século, é fundamental para que as pessoas possam acreditar no que está sendo dito. Ouvir as pessoas, antes de qualquer treinamento, para identificar quais são os maiores desafios (dificulda-

Treinamentos Comportamentais

des) enfrentados no seu dia a dia de trabalho e, com base nos desafios identificados, montar o conteúdo programático é de suma importância para o sucesso de qualquer tipo de treinamento, ou seja, deve partir da realidade do treinando, para chegar ao objetivo proposto. Hoje vivemos num mundo que precisamos *conhecer para entender e entender para atender*. Se não entendemos os desafios dos treinandos, como podemos atender às suas necessidades de treinamento?

Se fizermos uma profunda reflexão vamos chegar à conclusão de que todo treinamento é comportamental, porque se não ocorrer mudança de comportamento, nenhum conhecimento adquirido será colocado em prática, ou seja, é necessário haver mudança de atitude: vontade de fazer. Mudança de atitude depende da motivação e motivação envolve sentimentos e emoções. Está comprovado que ninguém muda somente pela razão, e sim pela emoção.

O Big Show da NRF (National Retail Federation) é o maior evento de varejo do mundo, realizado sempre no mês de janeiro de cada ano na cidade de Nova Iorque, EUA, há exatos 102 anos. Dele participam as maiores empresas varejistas do mundo, e nele são divulgadas pesquisas e novas ferramentas de gestão. Participei da edição de 2013, em que foi apresentada uma pesquisa que comprovou: não se mudam as pessoas apontando os seus pontos fracos, mas sim os seus pontos fortes. Não se mudam as pessoas com tabela de Excel. A mudança de atitude não se dá pelo lado racional, mas pelo emocional.

Apenas 25% das pessoas desenvolvem os seus trabalhos sem precisar de líderes para motivar. Para 75% é necessário ter um líder motivando, e a motivação se dá pela emoção e não pela razão.

Sempre que sou procurado por uma empresa para ministrar treinamento, começo dizendo que a escada se varre de cima para baixo: quer melhorar o desempenho da sua equipe? Comece treinando os líderes. Se começar pela diretoria, melhor ainda. Os líderes são os grandes responsáveis pelo treinamento e pela retenção das suas equipes.

Nos cursos corporativos, de graduação e pós graduação (MBA) em gestão de varejo, que a minha empresa JTB Consultoria em Gestão e Educação Corporativa ministra em parceria com a Universidade Cândido Mendes – UCAM, dos quais sou coordenador geral, aponta-se que quando o líder participa juntamente com a sua equipe o resultado é sempre melhor. Nos cursos *In Company*, que ministramos para diversas empresas, tanto na graduação quanto no MBA, sempre que a diretoria participa o resultado obtido é sempre superior aos cursos realizados sem a participação dos diretores.

No passado recente o grande patrimônio das empresas era as suas instalações e a maiores empresas do mundo eram as fabricantes de automóveis, em função das suas instalações fabris. Um dos diferenciais das empresas era ter sede própria, o que se estampava, com grande orgulho, nos principais elementos de comunicação, inclusive nas fachadas. Atualmente a grande patrimônio das empresas é intangível: equipe – pessoas e informações – tecnologia da informação. Quais as empresas mais valorizadas do mundo atual?

O que as essas empresas têm em comum, que as tornam as mais

valorizadas do mundo? *Pessoas capacitadas e muita informação.*

As pessoas fazem tanta diferença no mundo dos negócios atual que todo líder deve ser também um gerente de Recursos Humanos, responsável pelo treinamento e pela liderança da sua equipe.

Com relação às pessoas, as empresas enfrentam dois grandes desafios: a capacitação e a retenção dos talentos humanos, e o líder tem um papel fundamental tanto na capacitação quando na retenção.

Portanto, a capacitação dos gestores líderes é de fundamental importância para o sucesso das organizações neste mundo dos negócios globalizado e extremamente competitivo em que vivemos.

Para atrair bons candidatos e reter bons talentos a empresa deve ser percebida como uma das melhores para se trabalhar dentro do seu segmento. A melhor empresa para se trabalhar é um boa empresa para comprar, para vender e para se relacionar de forma geral. Por essa razão, nos meus trabalhos de consultoria em gestão, sempre sugiro e encorajo as empresas a implantar os critérios usados pela Revista Exame e a Fundação Instituto de Administração (FIA), a escola de negócio ligada à Universidade de São Paulo (USP), para eleição anual das melhores empresas para se trabalhar, que teve como vencedora, em 2013, a empresa Google, com 90,7 pontos dos 100 possíveis.

Você sabe como são avaliadas as empresas que participam do processo? Se não conhece, vamos entender!

As empresas inscritas são avaliadas em quatro categorias, sendo uma delas, Políticas e Práticas, dividida em quatro subcategorias. Cada categoria vale 20% e cada subcategoria, 10%. São elas:

1. Estratégia e Gestão – Diz respeito aos mecanismos que a empresa utiliza para disseminar sua estratégia e fazer com que todos a conheçam e trabalhem de forma alinhada ao negócio, o que poderá ser feito com o planejamento estratégico da empresa, com definição da sua visão, missão, valores e mapa estratégico, com a definição das suas ações estratégicas para os próximos anos e a divulgação com todos os colaboradores da empresa.

Treinamentos Comportamentais

2. Liderança – Avalia como a empresa vem lidando com seu time de gestores. Analisa os treinamentos para liderança, a preocupação com a sucessão e as competências que a companhia busca para a formação de novos líderes.

3. Cidadania Empresarial – Verifica a responsabilidade da empresa em relação ao ambiente em que está inserida, assim como em relação a seu público interno e externo.

4. Políticas e Práticas:

- *Carreira* – Identifica quais ferramentas a empresa oferece aos funcionários para que eles cresçam profissionalmente;

- *Desenvolvimento* – Revela o quanto a empresa investe na capacitação do pessoal e reconhece a importância da educação para a qualidade e continuidade do negócio e para o desenvolvimento profissional;

- *Remuneração e Benefícios* – Expressa a valorização atribuída aos empregados. Os benefícios refletem a preocupação da empresa com o bem-estar do pessoal.

- *Saúde* – Mais do que um bom plano de saúde, essa subcategoria busca avaliar a preocupação da organização com a prevenção de doenças e acidentes de trabalho, assim como o cuidado que tem com a qualidade de vida de seus colaboradores.

A nota final da avaliação é composta de três índices:

- **A percepção do funcionário** – Resulta no IQAT (Índice de Qualidade do Ambiente de Trabalho): **70%**
- **As práticas da empresa** – Representadas pelo IQGP (Índice de Qualidade na Gestão de Pessoas): **20%** (sendo 10% referentes ao questionário respondido pela empresa e os outros 10% a avaliação das evidências enviadas pelas organizações);
- **A nota dada pelo jornalista após a visita: 10%**

E você já pensou em preparar a sua empresa para concorrer ao referido prêmio?

A melhor empresa para se trabalhar é com certeza a melhor empresa para se comprar e para se fornecer produtos e serviços.

A melhoria da imagem da sua empresa junto ao seu público de interesse valoriza a sua marca e retém os seus talentos internos e, retendo os seus talentos internos, sem dúvida, vai reter os seus clientes externos, mantendo a lealdade destes – tudo que uma empresa deseja conquistar.

27

A mudança como caminho

"Nesse momento, você está em uma encruzilhada. Esta é a oportunidade de tomar a decisão mais importante de sua vida. Esqueça o passado. Quem você é agora? Quem você realmente decide ser? Não pense em quem você foi. Quem você é agora? Quem você decide se tornar? Tome essa decisão conscientemente. Cuidadosamente. Poderosamente." **(Anthony Robbins)**

Kátia Borges

Kátia Borges

Psicóloga com MBA em *Coaching* Executivo pela Faculdade Paulista de Pesquisa e Ensino Superior (FAPPES). É *Master Coaching* pela *Sociedade Brasileira de Coaching*. Formada em Hipnose Ericksoniana pelo *Instituto Milton Erickson* e em "*Practioner* - Programação Neurolinguistica". Possui 35 anos de experiência no meio empresarial e educacional, sendo os últimos 10 anos como executiva da Junior Achievement de Minas Gerais. Consultora em Desenvolvimento de Pessoas, empresas e equipes, possui sólida experiência como *Coach* de jovens, executivos e empresários. Sócia-Diretora da Ekob e Consultoria Ltda.

Contatos

katiaborgesconsultoria.blogspot.com.br
katiaborges2010@gmail.com
(31) 9909-5190

Kátia Borges

Há milhões de razões pelas quais você poderia mudar, mas na maioria das vezes você não muda por que não faz ideia de por onde começar, ou nem percebe que precisa. Para começar a mudar, precisa haver, em primeiro lugar, uma **necessidade**. Você a percebe ou alguém está impondo isto a você? No caso das empresas, a necessidade de mudança geralmente é contínua e é imposta pelo mercado, pelos clientes, pelos competidores e até pelas tecnologias, pois elas mudam tão rápido que se torna quase impossível seu acompanhamento.

O século XXI já chegou impondo normas de mudanças constantes dentro das organizações, o que requer dos líderes níveis exigentes de criação para que estejam preparados a incentivar seus funcionários a buscar excelência para um novo amanhã. Mas antes de tentar visualizar o amanhã "correto" é importante responder à questão: *será que estamos no caminho certo?*

Somos mais propensos a realizar uma mudança sustentável, mediante a estruturação de um processo no qual somos conduzidos a fazer algumas descobertas, e a primeira delas é a pessoa e o líder que realmente desejamos ser.

Pesquisas nas áreas de neurociência, endocrinologia e psicologia indicam que emoções positivas, como a esperança, estimulam o Sistema Nervoso Parassimpático, que permite ao organismo responder a situações de calma por meio de ações como a desaceleração dos batimentos cardíacos e a diminuição da pressão arterial e da adrenalina – ou seja, estimula a pessoa a funcionar de modo otimizado. É neste estado que o corpo e a mente atingem sua melhor forma em termos cognitivos, criam novos tecidos neurais que permitem o aprendizado, fortalecem o sistema imunológico e capacitam o indivíduo a manter-se mais aberto a novas ideias, sentimentos e também a outras pessoas.

Situação contrária ocorre ao se estimular emoções negativas, que acionam o Sistema Nervoso Simpático – que por sua vez, estimula ações que permitem ao organismo responder a situações de perigo e de estresse, como a aceleração dos batimentos cardíacos e o aumento da pressão arterial e da adrenalina. Esse estado, ao ser prolongado, resulta na redução das funções cognitivas e da percepção, no enfraquecimento do sistema imunológico e no aumento da suscetibilidade a doenças – a pessoa sente-se nervosa, ansiosa, preocupada e irritada, entre outras emoções negativas.

No que você é bom? Quais são as suas características, qualidades, competências ou talentos? No que você acredita?

O desafio é descobrir as próprias forças e fragilidades para em-

Treinamentos Comportamentais

preender as mudanças necessárias, bem como reconhecer as forças positivas que precisam ser mantidas e que podem ser construídas sobre o desenvolvimento do seu Eu Ideal (a pessoa e líder que realmente deseja ser).

Inovar ou permanecer no mesmo lugar?

Para treinar um elefante a permanecer no lugar, treinadores de circo amarram uma de suas pernas a uma estaca fixa no chão quando ele ainda é um bebê. Ele tenta se livrar da corda por várias vezes, até desistir, por que passa a acreditar que é impossível fugir, e então passa a não se esforçar mais. Mais tarde, quando se torna um adulto, os treinadores precisarão apenas amarrar uma de suas pernas a um banquinho e ele não tentará fugir.

Como mudar esta forma de agir diante dos obstáculos da vida? Como podemos despertar nosso potencial criativo, em busca de resultados mais promissores? É possível mudar nosso comportamento antes que ele se transforme em uma crença limitante e tomar uma atitude de mudança proativa e mais assertiva?

Podemos começar a treinar a mudança a partir, por exemplo, de um reforço positivo para gerar um comportamento diferente. Que tal iniciar gerenciando os comportamentos antecedentes, como as ações impulsivas? Faça uma lista e busque substituir cada comando negativo por um positivo. Memorize a sua lista e pratique várias vezes ao dia, até que elas se tornem naturais e espontâneas para você.

A próxima etapa para esta mudança deve seguir o gerenciamento dos seus comportamentos. Inspire-se em pessoas que exibam o comportamento que você quer utilizar. Observe a si mesmo e aos outros. Como outras pessoas se comportam e você acredita que dá certo? Que resultados você quer obter? O que você já observou que funciona com outras pessoas? Se você fosse uma pessoa famosa, o que você faria? Se você soubesse a solução, qual seria? Qual seria a primeira opção? Quais seriam as próximas?

Vá até um local que tenha um espelho e dê uma boa olhada no seu rosto. Como está a sua expressão? Está alegre ou carrancuda? Parece indiferente? Você pode não prestar atenção no que você está expressando, mas os outros prestam e são influenciados pelo seu comportamento. Ter controle sobre o que você expressa é muito importante para consolidar a mudança de seu comportamento. Quanto mais você treinar, mais fácil e natural o seu comportamento será. Que tal sorrir mais?

O passo seguinte será gerenciar as consequências de seus novos comportamentos.

Escolha os elementos que você quer mudar, planejar, ter, aprender. O que é necessário desenvolver para atingir o seu Eu Ideal? O que você precisa mudar, adquirir, aprender, se tornar, acreditar?

Mais do que apenas ter um plano de como mudar, é preciso haver um compromisso emocional para se deslocar de sua situação atual para alcançar a situação desejada. E, para se envolver com determinação nas atividades que vão gerar a mudança, faz–se necessário estar cada vez mais consciente dos motivadores positivos (esperança, alegria, entusiasmo, conforto etc.), como dos motivadores negativos (medo, incerteza, insatisfação etc.). E também estar congruente, estar determinado a ter sucesso e acreditar naquilo que está fazendo. Isto significa se comprometer a fazer a mudança para não sabotar a si mesmo.

Que oportunidades você tem para testar e praticar estes novos comportamentos ou estratégias de pensar, sentir e agir, até que se tornem um hábito ou um comportamento assimilado? Que experiências você pode ter para obter a mudança e os resultados desejados? O que você precisa parar, iniciar ou continuar fazendo para obter os resultados desejados?

As mudanças de padrões de comportamento e pensamento levam a movimentos na direção do futuro. Quais recursos você já possui e podem ajudá-lo nesta mudança? Com que tipo de relacionamento de apoio você pode contar? Quem pode ajudar você?

Os relacionamentos são importantes para todas as etapas de descoberta: outras pessoas podem nos inspirar sobre o que nossos ideais poderiam ser, fornecer *feedback* honesto e oportuno para nos ajudar a ver com mais precisão. Se você está passando por um processo de *coaching*, seu *coach* pode ajudá-lo em vários aspectos: fazer avaliações, apresentar *feedbacks*, buscar *feedback* entre seus pares, funcionários e superiores, fornecer motivação emocional e apoio no planejamento para a mudança e também ajudá-lo a experimentar novas formas de ser e de pensar.

"Se uma pessoa pode fazer alguma coisa, então é possível modelar isso e ensiná-lo a outros" (Joseph O'Connor, Princípio Básico da PNL, 2013).

Uma sugestão pode ser: observar pessoas que possuem o comportamento que você quer desenvolver e procurar conviver com elas. Quais as estratégias que essas pessoas utilizam? Copiar o comportamento que alguém utiliza para ter sucesso, desde que seja um comportamento ético e saudável, só poderá fazer-lhe bem.

Técnicas de coaching utilizadas para Treinamento Comportamental

1) *Roleplay* – Técnicas de representação podem ser usadas com muita eficiência em treinamentos comportamentais, pois permitem que o indivíduo descubra dentro de si potenciais latentes que ele não acredi-

Treinamentos Comportamentais

ta que possui. Uma pessoa que possui dificuldades de falar em público pode representar o papel de uma pessoa confiante ao subir ao palco; ela pode inclusive redigir um roteiro com algumas falas e atitudes que deve ter nesse papel e se surpreender após representar o papel várias vezes, ao perceber que, de fato, consegue sentir-se à vontade e confiante ao representar o papel que criou, trazendo a encenação para a vida real.

A vantagem desta técnica é que estimula o foco em atitudes práticas e concretas e, uma vez estabelecida a meta de desenvolver um novo comportamento, vai estimular a pessoa a elaborar um plano de ações detalhado e a colocá-lo em prática. Sugestão de Aprendizagem: assista ao filme *O Discurso do Rei*.

2) Aumentando a autoeficácia – Como exemplo podemos citar um executivo X que possui um alto grau de autoeficácia no que se refere às suas atividades profissionais, mas possui um baixo grau de autoeficácia quanto aos seus desafios como pai e marido. Para otimizar seu funcionamento e torná-lo mais satisfeito quanto ao seu nível de autoeficácia, o *coach* pode utilizar técnicas que atuem sobre 4 principais fatores que o influenciam:

- *Domínio das experiências* – o modo como o executivo interpreta o resultado de suas ações como pai e marido.
- *Experiências indiretas* – observar como outras pessoas (no caso pais e maridos) atuam.
- *Persuasão social – feedback* e encorajamento.
- *Estados emocionais* – emoções e sensações que o executivo experimenta quando contempla ou realiza determinada ação. No exemplo, sentir-se entusiasmado diante do desafio como profissional aumenta a sua autoeficácia, enquanto que sentir-se muito ausente da vida de seus filhos a reduz.

3) Visualização ou ensaio mental – As imagens mentais podem melhorar o desempenho no momento em que os comportamentos ou atividades mentalmente ensaiados são de fato praticados, de acordo com estudos feitos na área de educação. As pesquisas também indicam que a tomada de decisões e a formulação de estratégias, por exemplo, são algumas das habilidades complexas de ordem superior que a imagem mental pode levar a um bom desempenho. Como um exemplo, podemos citar uma situação em que você está no cinema assistindo a um filme de ação em 3D e de repente o ator vira para a tela, aponta a arma e atira. Você dá um pulo da cadeira e até se desvia da bala com um movimento brusco. Seu coração dispara e sua fisiologia também muda. Seu cérebro racional sabe que aquilo é um filme, que o que você viu foram efeitos especiais, mas você reagiu

Kátia Borges

dessa forma por quê? Porque possuímos em nosso cérebro um sistema chamado "límbico", que responde aos estímulos, independente de serem verdadeiros ou imaginários. Ao responder aos estímulos, o sistema límbico mobiliza o sistema endócrino glandular (arsenal químico do organismo) e provoca em nosso organismo uma série de respostas fisiológicas, entre elas as emoções. Tomando conhecimento desse funcionamento, podemos utilizar as imagens mentais para mobilizar nosso potencial e estimular nosso sistema endócrino glandular para fazer uso de nossas emoções para nos ajudar a focar nosso comportamento em direção às nossas metas e objetivos.

O caminho está traçado. A trajetória será boa ou não. Você é quem escolhe!

Aproveite este momento e comece escolhendo o melhor para você! E descubra que o melhor do caminho é a trajetória. Seja feliz!

REFERÊNCIAS

O'CONNOR, Joseph. *Manual de Programação Neurolinguística*. Rio de Janeiro: Qualitymark Editora, 2013.

DA MATTA, Villela; FLORA, Victoria. *Manual de Psicologia Positiva*. Sociedade Brasileira de Coaching.

Treinamentos Comportamentais

28

REBIRTH – A terapia através da respiração

Vários treinamentos utilizam a técnica de *Rebirth*, que pelo seu poder terapêutico deve ser aplicada por um profissional de renascimento, que saberá extrair dessa técnica toda sua potencialidade de renovação física e mental. Bem aplicada, esta técnica por si só traz profundas transformações comportamentais. Ninguém jamais se esquece de uma sessão de renascimento bem conduzida

Luiz Roberto de Paiva Carvalho

Luiz Roberto de Paiva Carvalho

Renascedor (*Rebirther*). *Head Trainer. Master Coach* e *Coach* Integral. Pós-Master *Practitioner* em PNL. Hipnólogo. Presidente do Instituto Zeus de Excelência Humana. Administrador de Empresas. MBA em Gestão de Pessoas. Docente do Ensino Superior. Treinador comportamental da Desentupidora Júpiter. Terapeuta CRT 47.131. E.U. em Psicologia e Saúde Mental. E. em Neurociências. Coautor do livro *Coaching - Grandes Mestres*.

Contatos

www.institutozeus.com.br
luiz@institutozeus.com.br
(11) 99135-5011

Luiz Roberto de Paiva Carvalho

A palavra Renascimento (*Rebirth*) causa certo desconforto para muitos que a escutam pela primeira vez. Desde a impossibilidade de se voltar ao útero materno até a associação com alguma religiosidade que não é o caso, a palavra Renascimento nos remete a vários significados além do real, que é o entendimento e a amenização dos nossos primeiros traumas através de uma técnica de respiração assistida – técnica tão fantástica e transformadora que é reconhecida como terapia e utilizada em diversos treinamentos vivenciais pela sua capacidade de quebrar antigos padrões, reconectar com o poder pessoal, melhorar a autoestima e provocar mais determinação e segurança.

Os principais desenvolvedores da técnica de Rebirth foram Wilhelm Reich, Stanislav Grof, Leonard Orr e Frederick Leboyer. Para um resultado satisfatório, o ideal é que a pessoa que aplica a técnica de renascimento tenha feito um curso de formação. No IBRARE – Instituto Brasileiro de Renascimento, esta formação dura 8 dias e o treinamento é ministrado duas vezes por ano. Seu treinador, Nilson Bolgheroni, é considerado um dos maiores e mais experientes especialistas em renascimento do Brasil, com mais de 15.000 sessões de renascimento aplicadas.

O Renascimento é considerado uma forma de terapia, uma forma de se tornar mais consciente do que está acontecendo em sua vida, um modo que as escolhas que você faz tornem-se mais conscientes, menos ditadas por velhas crenças e eventos traumáticos, e muito mais em sintonia com a realidade presente. No Renascimento você entrará em contato com a ideia de que o pensamento é criativo; seja o que quer que exista agora de forma tangível, existiu anteriormente como um pensamento; e os pensamentos que você nutriu até agora vêm criando experiências de vida que você tem nesse momento e que, escolhendo pensamentos diferentes, você poderá criar outras formas de experiências de vida mais satisfatórias.

Além de ser uma forma de terapia, o Renascimento é uma forma de criar cada vez mais aquilo que você quer na sua vida.

Tornar-se mais alerta do seu pensar e voltar-se para uma direção mais construtiva, é um princípio fundamental do Renascimento. A fim de dar mais impulso à nova direção de pensamento e ultrapassar velhos limites, uma técnica específica de respiração é utilizada. A combinação dessas duas coisas (novos padrões de pensamentos e respiração) constitui a essência do Renascimento.

O Renascimento pode melhorar a qualidade de vida de muitas maneiras e cada pessoa terá sua própria experiência. A prática mostra que frequentemente a habilidade de relaxar profundamente aumenta e o stress é reduzido; a vitalidade e a energia se expandem, efeitos psicossomáticos são reduzidos, a confiança em si mesmo e

Treinamentos Comportamentais

nos outros aumenta e os relacionamentos melhoram.

Durante uma sessão podem surgir emoções fortes, memórias há muito esquecidas e/ou sensações corporais. Quando isso acontecer, é importante manter-se atento à respiração e continuar respirando. Um toque suave ou aconchego pode ajudar quem está respirando a se sentir suficientemente seguro para continuar a respirar através do que estiver surgindo.

Ocasionalmente uma pessoa poderá experimentar emoções, sensações físicas ou mesmo memórias relacionadas ao seu nascimento biológico ou como foi recebida na sua chegada. Essa é uma experiência muito curativa.

A respiração é um fenômeno rítmico. Ela se compõe de duas fases, a inspiração e a expiração. A respiração serve como ótimo exemplo para a lei da polaridade: os dois polos, inspiração e expiração, formam um ritmo por sua troca contínua. Podemos dizer que cada polo vive da existência do polo contrário, pois se destruirmos uma fase, a outra também desaparece. A respiração consiste em ritmo, e ritmo é o alicerce de tudo o que vive. Ela abrange a polaridade da recepção e da entrega, do dar e do receber. Com isso, chegamos ao simbolismo mais importante da respiração.

A respiração impede que nos isolemos, que tornemos as fronteiras do nosso eu inteiramente impenetráveis. Embora, como seres humanos, gostemos de nos encapsular em nosso ego, a respiração nos obriga a manter nosso vínculo com o não-eu. Convém tornar-nos cientes de que o inimigo respira o mesmo ar que nós respiramos e expiramos. O animal e a planta também. É a respiração que nos liga continuamente a tudo o que existe. Não importa o quanto o ser humano tente se isolar, a respiração o vinculará a tudo e a todos. O ar que respiramos nos une num todo, quer queiramos ou não. A respiração, portanto, tem algo a ver com contato, com relacionamento.

Começamos a vida com nossa primeira respiração; terminamos a vida num último suspiro. No entanto, ao respirar pela primeira vez damos o primeiro passo para o mundo exterior, livrando-nos de nossa união simbólica com a mãe: tornamo-nos independentes, autossuficientes, livres. Toda dificuldade respiratória, muitas vezes é sinal de medo, medo de dar o primeiro passo rumo à liberdade e à independência. Nesses casos, a liberdade produz o efeito de "nos tirar o fôlego", ou seja, provocar o medo do desconhecido. O mesmo elo entre liberdade e respiração pode ser visto nas pessoas que se livram de algum tipo de restrição, passando a um contexto de vida que lhes dá a sensação de liberdade, ou, na verdade, a liberdade de estar finalmente ao ar livre: a primeira coisa que fazem é inspirar profundamente, pois finalmente agora podem respirar livremente outra vez.

Para fornecer uma descrição clara de todos os aspectos da respiração, será útil ter certa compreensão das funções fisiológicas básicas envolvidas no processo respiratório. O oxigênio é a substância mais importante para o corpo. Ele é essencial a todas as células no corpo no sentido de produzir a energia necessária para a conservação da vida.

Segundo J. Gayarsa, em seu livro *Respiração, Angústia e Renascimento*, a técnica de Renascimento provoca uma hiperventilação cerebral que reduz sensivelmente a taxa de gás carbônico no sangue, produzindo uma vasoconstrição cerebral, e provocando maior consumo de oxigênio. Isso perturba o córtex cerebral, reduzindo nossas inibições adquiridas e liberando as partes mais primitivas do cérebro a continuar trabalhando sem serem reprimidas.

Outro efeito da hiperventilação é o aumento da excitabilidade nervosa devido à redução da taxa de cálcio no sangue e o aumento de sua alcalinidade. Tudo isso enfraquece as inibições condicionadas e intensifica as funções primitivas do cérebro.

Nossos traumas, de forma geral, têm origem na primeira infância, geralmente antes dos 5 anos, e são atenuados sensivelmente através da respiração circular – o *Rebirth*.

Pode ser considerado o melhor método para liberações emocionais e desbloqueios da personalidade. Com regularidade as pessoas apresentam sentimentos de auto aceitação incondicional, de gratidão e de perdão. Facilita consideravelmente a tomada de decisões.

Tipos de respiração

- **Profunda e rápida**: esse tipo de respiração produz uma ativação energética e evidencia bloqueios corporais. É utilizada no início de uma sessão e quando se experimenta sono, entorpecimento, apatia, divagação. Produz atenção intensa e global.

- **Profunda e lenta**: esse tipo de respiração produz uma percepção mais refinada do que emerge. É uma respiração de interação e deve ser usada:

  a) após uma liberação energética intensa;
  b) quando a pessoa está sobrecarregada de estímulos (recebendo mais do que consegue vivenciar);
  c) no final do processo. Produz uma atenção suave e específica.

- **Superficial e rápida**: esse tipo de respiração produz uma diminuição da intensidade dos estímulos. Deve ser usada em momentos de intenso desconforto físico. Produz uma atenção localizada.

- **Superficial e lenta**: esse tipo de respiração é utilizado para

Treinamentos Comportamentais

dormir ou desconectar-se. Não serve para o Renascimento.

No Renascimento, usamos uma técnica respiratória para dar acesso aos padrões de repressão a nível de corpo físico. O tipo de respiração usado é chamado de "Respiração Circular".

Respiração Circular refere-se a qualquer tipo de respiração que satisfaça todos os três critérios seguintes:

– *A inspiração e a expiração são conectadas de modo que não existam pausas na respiração;*

– *A expiração é relaxada e não é de modo algum controlada;*

– *Se a inspiração acontece através do nariz, a expiração também se dá pelo nariz ou, se a inspiração acontece através da boca, a expiração também se dá através da boca.*

Há muitos tipos de respiração circular, diferindo entre si pelos seguintes fatores: volume da inspiração, velocidade da inspiração, se o ar é aspirado e liberado através do nariz ou da boca e se o ar é absorvido pela porção superior, média ou inferior dos pulmões. Qualquer tipo de respiração circular resultará em ganho de consciência dos padrões reprimidos de energia, mas cada um desses fatores tem um resultado específico, e diferentes tipos de respiração circular são especialmente úteis em determinadas situações de Renascimento.

Existem três combinações principais de volume e velocidade, cada uma com sua aplicação específica:

- **Lenta e profunda** – a respiração circular lenta e profunda é a mais recomendada se você estiver começando a sua sessão de Renascimento ou se você tiver acabado de integrar um padrão de energia e estiver começando a passar para um próximo. O grande volume de ar torna mais consciente do padrão e a lentidão torna mais fácil focalizá-lo.

- **Rápida e superficial** – este tipo de respiração é a melhor quando um padrão está surgindo intensamente. A superficialidade torna mais fácil estar com o padrão e a velocidade acelera a integração. Ao usar esse tipo de respiração, é muito importante enfocar atentamente os detalhes do padrão.

- **Rápida e profunda** – é a melhor a ser utilizada quando um padrão estiver surgindo. Busque colocá-lo fora do seu corpo (sonolência, por exemplo). O grande volume de ar tende a conservá-lo em seu corpo e a velocidade acelera a integração.

Com relação à respiração pela boca, comparada com a respiração pelo nariz, a regra geral é: a que parecer melhor é a melhor. A única exceção a isso é que às vezes é desejável maximizar o fluxo de ar no corpo (durante a ativação de anestesia reprimida, por exemplo). Nesse caso, a respiração através da boca seria melhor, pois a boca possui uma maior abertura.

É necessário muito esforço para se manter algo reprimido. Muitas vezes, pequenos movimentos, tensão muscular, mudança de posição, inquietação etc., são as distrações necessárias para impedir a autoconscientização do material reprimido. Quando todo o corpo está relaxado, as áreas tensas vêm mais prontamente à percepção do consciente.

Em geral, recomendamos que a pessoa encontre uma posição confortável e que se mantenha relaxada nessa posição sem se mover, sem se coçar ou ficar irrequieta, durante toda a sessão. No Renascimento fora d'água, deitar-se sobre as costas, com as pernas descruzadas e as palmas das mãos lateralmente voltadas para cima, numa posição de completa vulnerabilidade, é normalmente o melhor. Obviamente o Renascimento não precisa ser feito deitado de costas. Quando as pessoas estiverem integrando grande medo ou tristeza, frequentemente é melhor que se curvem numa pequena bola fetal. Muitas vezes, uma posição específica singularmente ativará um padrão específico de energia. Os clientes mais experientes são frequentemente renascidos em água quente ou água fria e várias posições são boas e interessantes nessas sessões também.

Todas as sensações e emoções são cinestésicas (físicas) por natureza, e é assim que a maioria das pessoas as experimentam. Algumas pessoas, no entanto, não as experimentam fisicamente, devido a anos de repressão, mas o Renascimento torna mais fácil para qualquer pessoa sentir e desfrutar das suas sensações.

É uma boa ideia manter a consciência de todo o corpo durante o Renascimento. Como um processo natural, algumas coisas virão à consciência mais do que outras. A atenção deverá ser colocada exatamente no que quer que esteja surgindo na experiência a cada momento, para poder experimentar com detalhes. Em outras palavras, deve-se dar mais atenção àquilo que pedir mais atenção.

Diversos treinamentos comportamentais utilizam a técnica do *Rebirth*, sendo o mais conhecido deles o "*Leader Training*" aplicado por diversos institutos e com diversos nomes; além de treinamentos que são inteiramente centrados na técnica como o "Returning" e o "Womb", aplicados pelo IBRARE.

O Renascimento por ser aplicado como respiração livre – sem indução, ou com alguma forma de indução como no caso dos cursos "*Leader Training*", que induzem à volta ao útero materno no período gestacional durante a sessão de Renascimento.

Respirar é libertar-se dos traumas de nascimento; é celebrar a

Treinamentos Comportamentais

vida; é renascer! Portanto: "aconteça o que acontecer... continue respirando".

29

A fantástica aventura de transformar-se a si mesmo

O homem é capaz de viajar em busca de outros mundos, de descobrir novos lugares, desbravar mares, ir até à Lua. Porém é difícil adentrar o seu próprio eu, se deparar com um ambiente inóspito, e, sobretudo, fazer desse espaço o melhor lugar do mundo para ser feliz

"Ser completamente honesto consigo mesmo é o melhor esforço que um ser humano pode fazer."
Sigmund Freud

Márcio Marques

Márcio Marques

Coach com formação e certificação internacional pela *Global Coaching Community* e *European Coaching Association*. Possui Graduação em Gestão de Recursos Humanos. Graduando em Administração de Empresas. Cursando MBA em Administração Estratégica pela Estácio de Sá. É Professor universitário nos cursos de Administração e Recursos Humanos. Bancário. Experiência na área de vendas e atendimento ao cliente há mais de 10 anos. É sócio fundador do Instituto Maximus – Desenvolvimento Humano e Profissional, onde realiza palestras, cursos e treinamentos comportamentais.

Contatos

institutomaximus@gmail.com

facebook.com/InstitutoMaximus

facebook.com/marciomarquescoach

(88) 9602-1215

Márcio Marques

Vivemos em época de grandes mudanças, muitas transformações, isso é visível de várias maneiras. O avanço das ciências e das tecnologias, as modificações nos relacionamentos e nas estruturas familiares, as mudanças constantes nos processos organizacionais, tudo isso leva-nos a agir voltados às coisas externas, a preocuparmo-nos demasiadamente com as situações exteriores. Com o intuito de nos adequarmos a essas transformações, muitas vezes pagamos um preço muito alto, e esquecemos ou deixamos de cuidar daquilo que é o mais importante: o nosso interior, o nosso ser, a nossa essência. Ficamos como um barco à deriva em alto mar, a mercê das águas e ventos das emoções e sentimentos. Levados pelas ondas das rápidas mudanças ficamos sem norte, sem direção, sem rumo.

É preciso coragem para retomar a direção, seguir novos caminhos, tomar novo rumo. Sermos os protagonistas das próprias histórias, em vez de sermos apenas espectadores da vida. É preciso ser treinador de si, e para isso é necessária uma profunda viagem ao centro de nós mesmos.

Serão muitos os desafios: desânimo, desconfiança, insegurança, inquietação. Mas acredito verdadeiramente que a viagem será maravilhosa, fantástica e sensacional, sobretudo se na rota utilizarmos os seguintes passos:

1 – Pratique a autoliderança;

2 – Aprenda a ser livre; e

3 – Valorize as suas conquistas.

Boa viagem e bom proveito...

1 – Pratique a autoliderança

> *"Você não pode ensinar nada a um homem; você pode apenas ajudá-lo a encontrar as respostas dentro dele mesmo."*
> **Galileu Galilei**

Praticar a autoliderança é olhar para dentro de si, gerenciar seus pensamentos e administrar suas emoções. É ter autoridade e liderança sobre si mesmo.

Nos cursos e treinamentos comportamentais que realizo deixo claro aos participantes que este procedimento não é nada fácil, muitas vezes até dolorido, pois é necessário se desprender de alguns vícios e abandonar velhos hábitos. No entanto o resultado desse processo é algo surpreendente e maravilhoso, é você encontrar o melhor de si, é aprender a administrar seus pensamentos e emoções, é identificar e

Treinamentos Comportamentais

desenvolver suas habilidades, isto é, liderar sua própria vida. É deixar de ser escravo, para ser líder de si mesmo. Deixar de ser refém dos sentimentos de negativismo, de insegurança, de medo, de impaciência e de inferioridade, é abandonar definitivamente o posto de vítima para assumir com coragem e determinação a posição de protagonista da própria história.

Nunca ouvimos falar tanto de liderança como em nossos tempos, que é preciso praticar a liderança nas empresas, nas escolas, nos governos, nas famílias – e não qualquer tipo de liderança, mas aquela participativa, servidora, que reúne e integra. E isso é excelente.

E nós cada vez mais treinamos equipes, gerenciamos empresas, organizamos metas e resultados, mas não treinamos nossas emoções, não gerenciamos nossos conflitos internos, e, consequentemente, não organizamos nossas vidas. E vamos seguindo a vida na mesma velocidade do tempo, de maneira apressada, sem parar para um diálogo interno, para uma conversa interior, e reagimos com indiferença às nossas emoções e aos nossos sentimentos, ficando com a impressão de que a vida passa por nós e nós não passamos pela vida. Isso porque não sabemos como aproveitar aquilo que ela nos dá de melhor.

Este é um excelente momento para seguirmos de maneira diferente, enxergarmos os desafios da vida como oportunidades de crescimento e desenvolvimento como pessoa, encararmos nossas falhas com humildade e sabedoria para corrigi-las e modificá-las, percebermos nossos talentos e virtudes como importantes fatores de mudança do mundo – sobretudo do nosso mundo interior.

"Seja a mudança que você quer ver no mundo."
Mahatma Gandhi

"Saber não é o bastante, precisamos aplicar.
Querer não é o suficiente, precisamos fazer."
Bruce Lee

2 – Aprenda a ser livre

"Toda reforma interior e toda mudança para melhor dependem exclusivamente da aplicação do nosso próprio esforço."
Immanuel Kant

Caro (a) leitor (a), começo este segundo tópico convidando-o (a), a refletir sobre uma pergunta: *Você é livre?*

O que vem à sua cabeça quando ouve a palavra liberdade? O que significa para você ser livre? Talvez para muitas pessoas ser livre signifique ter um emprego, que lhe proporcione um salário e com ele adquirir o que desejar. Para outros ter liberdade talvez seja morar sozinho, e assim poder levar quem quiser para sua residência, desfrutar da companhia de seus convidados, sair e chegar sem ser incomodado. E tudo isso é digno e justo.

Todavia, para os que pensam dessa forma, saibam que o dinheiro não compra a felicidade, não paga a paz de espírito e de mente. A verdadeira liberdade é algo muito mais profundo, não se limita ao superficial. Ao contrário, está relacionada à sua capacidade de exercer em plenitude o seu poder interior, de fazer escolhas e arcar com as consequências, escolhas que possuam sentido para a própria vida, de tomar decisões coerentes, sem se deixar influenciar por opiniões de terceiros. Ser livre é não se tornar refém do que os outros acham ou do que os outros pensam a seu respeito, é ainda ter postura para discordar daquilo que a mídia divulga e daquilo que a moda impõe. É você exercer com serenidade o livre-arbítrio para escolher o melhor, para escolher ser melhor – não melhor que os outros para se envaidecer ou se vangloriar, mas ser melhor que você mesmo a cada dia, ser hoje melhor do que foi ontem, e ser amanhã melhor do que é hoje.

Isso é questão de decisão, é questão de escolha, isso é ser livre, é liberdade interior. Isso me faz lembrar uma estória, que partilho com vocês...

Lobos Internos

Um dia um velho avô foi procurado por seu neto, que estava com raiva de um amigo que o havia ofendido.

O sábio velhinho acalmou o neto e disse com carinho:

"Deixe-me contar-lhe uma história. Eu mesmo, algumas vezes, senti muito ódio daqueles que me ofenderam tanto sem arrependimento, todavia, o ódio corrói a nossa intimidade, mas não fere o nosso inimigo. É o mesmo que tomar veneno desejando que o inimigo morra. Lutei muitas vezes contra esses sentimentos."

O neto ouvia com atenção as considerações do avô. E ele continuou:

"É como se existissem dois lobos dentro de mim. Um deles é bom, não magoa ninguém. Vive em harmonia com todos e não se ofende. Ele só lutará quando for certo fazer isto, e da maneira correta. Mas, o outro lobo, ah! Esse é cheio de raiva. Mesmo as pequenas coisas desagradáveis o levam facilmente a um ataque de ira! Ele briga com todos, o tempo todo, sem qualquer motivo. É tão irracional que nunca consegue mudar coisa alguma! Algumas vezes é difícil de conviver com estes dois lobos dentro de mim, pois ambos tentam dominar meu espírito."

Treinamentos Comportamentais

O garoto olhou intensamente nos olhos de seu avô e perguntou:
"E qual deles vence, vovô?"
O avô sorriu e respondeu baixinho:
"Aquele que eu alimento mais frequentemente."

O que você tem alimentado em sua vida? O que tem te deixado feliz ou triste? Saiba que tudo é questão de escolha, e só pode escolher bem quem é verdadeiramente livre. Portanto, pratique a liberdade em sua vida, faça escolhas, decida-se pelo melhor, reclame menos, critique menos, abrace mais, ame mais, perdoe mais, cultive as amizades, seja feliz.

"Nunca é tarde demais para se tornar o que você poderia ter sido."
George Eliot

3 – Valorize suas conquistas

"Ninguém pode conquistar o mundo de fora se não aprender a
conquistar o mundo de dentro..."
Augusto Cury

Um ponto importantíssimo que devemos sempre lembrar é o de reconhecer as nossas conquistas. Não podemos ficar nos comparando com as outras pessoas, ficar encantado com as vitórias dos outros, em detrimento das nossas conquistas. Não estou dizendo que não podemos constatar e reconhecer as conquistas e méritos alheios, pelo contrário, não só podemos reconhecê-los, como também tê-los como exemplos a serem seguidos – aqueles que de fato merecem. O que digo e reafirmo é que não podemos nos sentir, jamais, inferiores aos outros por conta de suas experiências ou conquistas serem maiores ou diferentes das nossas.

Devemos reconhecer e valorizar sempre as nossas vitórias e conquistas, independente do que elas signifiquem para os outros: o que importa é o que essas experiências representam verdadeiramente para nós. Cada ser humano é um ser único, singular e especial, feito à imagem e semelhança do Criador. Por isso nunca existiu e nem vai existir alguém neste mundo igual a mim e nem a você.

Portanto, convido-o(a) a fazer uma reflexão a partir de algumas perguntas:

1. *Quem eu era? De onde eu vim? O que eu fazia anteriormente na vida?*

2. *Quem eu sou? Onde eu estou agora? Que coisas eu faço de diferente hoje em minha vida?*

Márcio Marques

3. *Quem eu serei? Aonde eu quero está? Que coisas pretendo fazer ou realizar na vida?*

Estas perguntas nos ajudam a direcionar o rumo de nossas vidas, e, sobretudo, a reconhecer os passos que já temos dado em direção ao que queremos, aos nossos objetivos pessoais e profissionais.

E não importa se você caminhou muito, se cresceu o bastante, o importante é você perceber e reconhecer suas mudanças, que você mudou, que você cresceu, que você indiscutivelmente não é mais o mesmo. Que você é diferente, é outra pessoa, é alguém muito melhor que antes. E essa, sem dúvida alguma, é a maior conquista que um ser humano pode ter: dar passos em seu processo evolutivo, como pessoa, como ser humano. É crescer, é evoluir, independente da velocidade ou do tempo. Só não demore muito e não fique parado vendo o tempo passar. Não tenha medo de crescer devagar, preocupe-se em não ficar parado.

E acredite toda realidade pode ser mudada, e que todo ser humano pode se transformar para melhor.

Pense nisso!

Um forte abraço!

REFERÊNCIA

CURY, Augusto. *Seja líder de si mesmo – O maior desafio do ser humano.* Rio de Janeiro: Sextante, 2004.

Treinamentos Comportamentais

30

O poder de superar temores e preocupações

Quem ou o que diria a você que é seu Inimigo Número Um na Vida?

Marco Barroso

Marco Barroso

Doutorando (PhD) em Administração e Mestrando em *Coaching* pela Florida Christian University (EUA). Possui Altos Estudos (Doutorado) em Planejamento Estratégico pela Escola Superior de Guerra. Possui Mestrado em Recursos Humanos e em Gestão do Conhecimento, ambos pela Universidad Europea Miguel de Cervantes (Espanha). É *Advanced Coach Senior e Certified Master Coach* pelo *Behavioral Coaching Institute* – BCI (EUA). Possui diversas Especializações em: Administração, Educação, Estratégia, Logística, Gestão de Pessoas e Marketing. É Treinador Comportamental, Psicopedagogo, Emotólogo, Palestrante, Professor de Pós-Graduação, Graduação e Ensino Técnico. É também Oficial do Exército (atualmente na Reserva). É ainda coautor nas seguintes obras da Editora Ser Mais: *Master Coaches, Coaching, Manual de Múltiplas Inteligências, Equipes de Alto Desempenho, Excelência no Atendimento ao Cliente* e *Saúde Emocional*.

Contatos
contato@marcobarroso.com.br
facebook.com/mister.treinamento

Marco Barroso

Algum indivíduo lhe fez uma "sujeira", aproveitou-se de você financeiramente, roubou a afeição de pessoa muito amada, prejudicou-lhe a saúde, dominou-lhe a vida, manteve-o em servidão pessoal ou econômica, traiu-lhe a confiança, obrigou-o a praticar atos contra sua vontade ou manchou-lhe o nome, levantando calúnias a seu respeito?

São acontecimentos bem desagradáveis! Sem dúvida, qualquer pessoa que lhe fizesse essas coisas poderia ser tachada de inimigo! Você, porém, tem um inimigo muito pior do que uma ou muitas pessoas que podem prejudicá-lo.

Esse inimigo é o MEDO!

Nenhuma criatura humana sobre a Terra deixou de conhecer a sensação do medo. Em muitas pessoas o medo já se tornou quase uma segunda natureza. Nos jovens, o medo serve a um útil propósito, uma vez que desenvolve a prudência. Mas a mente madura do adulto não foi feita para ser governada pelo medo. No entanto, de um modo ou de outro, temores conscientes ou inconscientes estão afligindo a maioria das pessoas.

A maioria de seus temores é remanescente da infância. Medo do escuro, medo de cair, medo do fogo, medo da dor, medo de conhecer as pessoas, e assim por diante, são muitas vezes lembranças de experiências passadas e remotas.

Se você se surpreendeu procurando evitar enfrentar uma situação como sabe que deveria, não é porque você seja fundamentalmente mais covarde do que outro. Você apenas tem menos domínio sobre suas emoções. Sob a influência do medo, você se imaginou sendo ferido, física ou mentalmente, e sua mente subconsciente, agindo sobre esta imagem, provocou o medo. E você teme que ele aconteça novamente!

– Sei que sou fraco, mas eu simplesmente não sei encarar isso – é o que você já ouviu as pessoas dizerem. Tais indivíduos geralmente exageraram determinadas condições em suas mentes ao ponto de que a simples ideia de uma situação é suficiente para derrubá-las.

Se você estiver no meio de um grupo de pessoas e acontecer alguma coisa inesperada, e até de natureza trágica, alguém do grupo instintivamente a enfrentará; outros procurarão fugir; outros ainda serão tomados de paralisia mental e física, ficam incapazes de pensar ou agir. Estas diferentes reações a um mesmo acontecimento demonstram que cada membro do grupo revelou maior ou menor domínio sobre suas emoções.

O medo indica uma falha de equilíbrio entre seu Eu exterior e o interior. O ajuste apropriado em face de uma experiência externa não foi conseguido pelo "verdadeiro você", do contrário, o seu medo

Treinamentos Comportamentais

deste acontecimento teria deixado de existir.

Você teme apenas aquilo que você não venceu dentro de você. Toda vez que outra experiência que tem venha acontecer, e você permitir que o seu medo antigo reaja sobre você, estará tornando esse medo mais forte e ficando cada vez menos capaz de enfrentar situações semelhantes futuramente.

Não há duas pessoas que tenham tido exatamente a mesma reação emocional a experiências passadas. É por isso que algumas pessoas são fortes onde outras são fracas, e fracas onde outras são fortes. Alguns temores que você já venceu talvez ainda estejam atormentando os entes queridos à sua volta. E uma coisa qualquer que não os afetaria nem um pouco pode aterrorizá-lo.

Você, constantemente, tem de lutar contra o medo

A cada dia de sua vida você é perenemente solicitado a encarar uma série de situações. Um dia pode ser doença na família, e sua mente logo imagina o pior. Você pode ter estado sem trabalho durante semanas ou meses e ficou desanimado, vendo diante de si apenas um desemprego prolongado, a perda da sua casa – é verdade, você pode até imaginar a perda de tudo o que você considera valioso. Você pode estar apaixonado e teme não saber conquistar o objeto de seu afeto.

Você pode ter quase morrido afogado uma vez e ficou com um medo terrível da água. Há centenas de situações idênticas a serem encaradas e tantas reações emocionais a elas como há pessoas, formando cada reação uma viva imagem mental que é fotografada sobre sua mente subconsciente e se torna não só parte de sua memória como parte de sua natureza emocional.

Se uma experiência fez desenvolver o medo dentro de você, este mesmo medo será provocado quando outra experiência semelhante surgir. E cada vez que deixar que este medo se aposse de você, dará mais força ao poder que o objeto temido exerce sobre você. Não é só isso; você intensifica o quadro mental que este medo provoca e torna muito mais certo de que sua mente subconsciente fará este quadro desagradável passar na sua vida exterior!

Os temores afetam sua saúde

Sem que você perceba, seus temores estão tendo constantemente efeito sobre seu sistema nervoso e perturbando a saúde do corpo!

O corpo humano comum está sujeito a emoções descontroladas. Você possui uma rede de nervos "altamente inflamável" que, quando atingida por uma "centelha" em forma de reação medrosa, pode "incendiar" a consciência instantaneamente. Esta "conflagração emocional" expele tal "cortina de fumaça" sobre a consciência da

Marco Barroso

pessoa – entontece de tal maneira a mente do indivíduo – que ela fica sufocada e desconcertada, incapaz de encontrar qualquer saída lógica da conjuntura do momento.

Paralisado pelo medo, com o seu sistema nervoso temporariamente "desligado", você fica como as linhas principais de um sistema telefônico, que, com um curto-circuito, não podem transmitir impulsos próprios. Em tais circunstâncias, sua mente acha difícil, senão impossível, restabelecer a ligação com nervos centrais latejantes, e assim recuperar o domínio do corpo.

Quando você refletir sobre as diversas vezes em que terá tido a sensação de medo ao deparar com determinados acontecimentos na vida, poderá começar a compreender a força multiplicada que estará matematicamente incorporando dentro de você – uma carga emocional destruidora que produz venenos tóxicos em seu corpo contribui para o colapso de seu sistema nervoso e reage perniciosamente sobre seus órgãos vitais.

Você não pode permitir-se, física, mental, emocional e espiritualmente, continuar a ser governado pelo medo!

As experiências da vida destinam-se essencialmente a fazê-lo olhar para você mesmo – a olhar para a realidade. Mas a sua tendência é protelar o desagradável fato de admitir a sua fraqueza, o mais que puder. Esta é a natureza humana. Mas quanto mais você adiar o momento de enfrentar a situação, mais difícil se torna libertar-se de seus temores, e maior o preço que pagará por deixá-los dominá-lo.

Naturalmente, os temores mais simples são os que mais o afetam – pequenos temores perturbadores que, reunidos, se elevam a uma série de reações emocionais aniquiladoras.

Aqui está uma lista dos temores mais comuns que afligem as pessoas. Leia-os e pergunte a você mesmo quantos deles o estão vitimando no momento. Se poucos destes temores têm influência sobre você, considere-se acima da média dos meros mortais.

Aqui estão eles:

- Medo de altura
- Medo de cair
- Medo de água
- Medo de determinados animais
- Medo de trovões e de relâmpagos
- Medo de fogo
- Medo de multidão
- Medo de doença
- Medo de contágio

Treinamentos Comportamentais

- Medo de dor
- Medo da velhice
- Medo de conhecer pessoas
- Medo do que os outros possam pensar
- Medo de conhecer pessoas
- Medo de ficar só
- Medo da pobreza
- Medo do "pior sempre acontece"
- Medo de lugares fechados
- Medo do que possa acontecer a entes queridos
- Medo da morte

Estes são apenas alguns dos temores que diariamente atacam muitos de nós. Quantos desses você achou que tem? Quantos desses você venceu? Se alguns destes temores o governam agora, é porque, consciente ou inconscientemente, você admite dentro de você mesmo a incapacidade de enfrentar uma situação determinada. Você aprendeu a dominar suas emoções em algumas circunstâncias, mas em outras não.

Elimine suas imagens de medo

Você deve lembrar-se sempre de que sobre este fato se deve insistir muito, cada imagem errônea carregada de intensa sensação de medo que penetra na sua consciência é como uma semente que cria raízes no espírito e, com o tempo, reproduz acontecimentos semelhantes em sua vida.

Para proteger-se contra o efeito crescente de reações emocionais errôneas, ou de seus temores acontecidos ou repetidos, você tem de adquirir a capacidade de dominar suas sensações.

Você ainda é, mais ou menos, vítima do medo e da aflição, caso se surpreenda exprimindo suas sensações e apreensões assim:

- *Estou tão preocupado, não posso pensar corretamente.*
- *Tenho medo de arriscar.*
- *Tenho a impressão de que nada que tente fazer dará certo.*
- *Perdi a fé em mim – e em Deus.*
- *Não posso entender o que me aconteceu.*
- *Sei que isso não se faz, mas não posso evitar ter ódio, rancor e medo.*

O primeiro passo a ser dado na remoção do medo de sua consciência é enfrentá-lo sem temor, diretamente. Ataque um medo de cada vez. Veja esse medo exatamente como é e como foi ridículo ter permitido que ele tivesse qualquer poder sobre você. Ao examiná-lo, sua mente consciente pode tentar dizer-lhe que é tolice esconder-se debaixo da cama ou num armário durante uma tempestade elétrica. Mas quando você vê o relâmpago e ouve o trovão, sua emoção medrosa é mais forte destrói seu raciocínio, e faz, por enquanto, você achar que esconder-se é uma coisa sensata.

Qualquer coisa pode parecer razoável e certa quando suas emoções estão controladas – e nada pode ser mais perigoso do que estas mesmas emoções quando dominam o espírito e o corpo. Sob a influência do medo é raramente possível dominar as emoções, porque sua reação emocional será forte demais.

Mas este domínio pode ser desenvolvido agora, enquanto você está repousado e descansado espiritualmente, capaz de analisar suas ações passadas e fazer com que sua razão lhe diga o quanto seus temores são inúteis e infundados.

A razão ajuda a destruir o medo

Quando se tiver persuadido intimamente de que seus temores são, na maior parte, tolos e não servem a nenhum propósito construtivo, você lhes terá desferido um golpe mental de que não poderão se refazer. Você é que tem alimentado seus temores, e é você que deve eliminá-los, se não quiser que com o tempo eles o destruam.

Você pode exercitar sua mente consciente de tal maneira que ela desafiará cada sensação de medo assim que você pressentir qualquer temor. Você pode construir imagens de pensamentos corajosos para isolar inteiramente seus temores.

E pode adquirir tal domínio próprio ao enfrentar uma situação perigosa que, em vez de ceder às suas sensações de medo, poderá ver-se conscientemente a salvo por meio da sua experiência. Sua mente subconsciente fará o resto, levando-o intuitivamente a dar o passo certo no momento certo.

Treinamentos Comportamentais

31

Música além do som!
Uma ferramenta inovadora
para treinamento e
desenvolvimento

Esse artigo trata das diversas ações em Educação Corporativa que utilizam a música como ferramenta em processos de Treinamento e Desenvolvimento. Além disso, você vai conhecer como algumas empresas agregaram valor aos seus negócios utilizando este recurso

Marco Cesar Acras

Marco Cesar Acras

Educador musical há mais de 20 anos, tendo lecionado em renomadas instituições de ensino de São Paulo. É pianista, professor de técnica vocal e *vocal coach* de cantores profissionais. Formado em Administração de empresas e Direito, é também *personal coach*, com certificação reconhecida pelo International Coaching Council, e possui especializações em Treinamento e Desenvolvimento de pessoas (MBA), Ciências do comportamento e Liderança. Como sócio-fundador da Ellocorp, empresa de treinamentos e eventos corporativos, atua como treinador, ministrando cursos, palestras e *workshops* para empresas e organizações.

Contatos
www.ellocorp.com.br
contato@ellocorp.com.br
(11) 98259-6024/ (11) 3323-0443

Marco Cesar Acras

O ser humano e sua relação com a música

Neste capítulo de abertura, além de descobrir conceitos do mundo da música que podem potencializar um processo de aprendizagem, você vai conhecer as ações que algumas empresas colocaram em prática para alavancar os resultados de seus negócios, entendendo pela expressão negócio aquele que atende a dimensão econômica, social e ambiental.

Parece existir uma linha tênue que divide os campos da arte e da ciência, sendo que a música ocupa um espaço bastante significativo neste território. Seu surgimento se confunde com a própria origem da humanidade.

Em descobertas arqueológicas, pesquisadores encontraram flautas que foram esculpidas em osso há mais de 53 mil anos, levando esses estudiosos a estimar o início da atividade musical há pelo menos 200 mil anos, ou seja, aproximadamente 100 mil antes da existência da atual espécie humana.

Daniel Levitin, em seu livro *"This is your Brain on Music: the science of a human obsession"*-(2007), sem tradução para o português, defende a função da música na vida das diferentes espécies de animais que se utilizam de alguma forma de arte, em especial o canto, para a escolha de seus parceiros. Tanto que os pássaros considerados os melhores cantores, capazes de realizar belíssimas manobras musicais, são normalmente os escolhidos pelas fêmeas para o acasalamento.[1]

Além dessa relação entre música e animais, e da sua constante presença na evolução histórica do homem, é importante observar que a música é um fenômeno temporal, pois ela acontece através da disposição organizada de sons e silêncio na linha do tempo, o que dá à sua expressão a sensação de ritmo e movimento.

Da mesma forma, todo o universo e os seres que habitam este planeta estão também em movimento, tanto que ainda no ventre materno o bebê passa a conhecer a primeira célula rítmica, aquela que dá movimento à sua própria vida: os batimentos cardíacos da mãe.

Sendo assim, podemos concluir por essas palavras iniciais que antes de chegarmos a este mundo, já estamos conectados com a música através de laços afetivos e evolutivos.

É exatamente com base nesse contexto e considerando a forte relação entre a música e os indivíduos, que o profissional de T&D (Treinamento e Desenvolvimento) deve sustentar suas ações, podendo utilizar-se desta fantástica ferramenta, de forma adequada, em cursos e treinamentos dos mais variados segmentos buscando valorizar o aprendizado das pessoas.

Treinamentos Comportamentais

Por que utilizar música em treinamentos e educação corporativa?

Praticamente em todo treinamento ou palestra que faço, costumo apresentar exemplos de algumas experiências do universo musical na intenção de facilitar o processo cognitivo, criando um cenário mais agradável e descontraído, a fim de torná-lo mais apropriado ao aprendizado.

Essas experiências funcionam como metáforas, que são histórias que pertencem a uma determinada realidade, mas permitem a compreensão de uma outra, desafiando a tradicional forma do pensar.

Normalmente em cursos abertos, em que é comum formar-se um grupo heterogêneo de pessoas com experiências diversas, sempre reservo os minutos iniciais do treinamento para conhecer melhor os participantes e saber de suas expectativas. O que fazem,o que estão buscando e onde trabalham. Aproveito também para descobrir se já estudaram algum instrumento musical e o que conhecem sobre música, uma vez que esta será uma das ferramentas utilizadas durante o treinamento.

Entre as perguntas que faço, a mais importante delas é a mais simples de todas, que fará você compreender a força desta ferramenta no processo do desenvolvimento humano.

- Quem aqui gosta de música? E ao perguntar, vejo praticamente todas as pessoas levantando as mãos.

Se você é um profissional da área de T&D, já entendeu o mecanismo que está por trás dessa pergunta, pois se é verdade que algumas pessoas são resistentes a determinados treinamentos, cursos ou palestras, temos também que considerar que de um modo geral aprendemos melhor e nos interessamos mais por aquilo que gostamos.

Se for possível identificar logo no início do processo, algo de interesse das pessoas, algo que elas se sintam bem fazendo ou falando a respeito, seja sobre esporte, teatro, jogos,filmes ou música,você então terá em suas mãos o código de acesso ao sistema interno de aprendizagem deste grupo.

Torna-se mais fácil baixar a resistência frente ao novo e apresentar o tema que é necessário para aquele treinamento específico, seja ele qual for, através de analogias, vivências ou dinâmicas. E com isso o aprendizado irá simplesmente fluir melhor.

Estudos revelam que a música atua diretamente nas funções cerebrais liberando quantidades significativas de Dopamina, que é um neurotransmissor associado ao sistema de recompensas do cérebro, gerando a sensação de prazer. A música também é capaz de envolver e mobilizar áreas relacionadas ao hipocampo, que é o centro da memória.

Marco Cesar Acras

Mas não é apenas por este motivo que essa ferramenta deve ser utilizada em processos de treinamentos. Entre as diversas atividades mentais que representam o conjunto de funções cognitivas do cérebro, tais como raciocínio, inteligência e criatividade, é a emoção que faz da música uma poderosa ferramenta de aprendizagem e desenvolvimento humano. Isso porque emoções transformam comportamentos, que refletem em atitudes e consequentemente geram os resultados esperados.

Como somos seres eminentemente emocionais,e vale aqui lembrar que a razão não é um estado desprovido de emoção, mas sim uma condição de absoluto controle emocional, é importante que o profissional de T&D compreenda que a atividade de educar e treinar pessoas deve levar em conta fatores que despertam um estado emocional favorável.

Nesse sentido, o que se busca ao trazer um elemento artístico ao ambiente de aprendizagem é um cenário adequado para a fixação da informação, além de representar um agente motivador capaz de levar as pessoas a entrarem em ação colocando em prática tudo o que foi aprendido durante o treinamento.

No processo de aprendizagem, a música funciona como parte de um sistema de âncoras, que corresponde aos estímulos externos capazes de nos remeter a um estado emocional específico.

Se eu lhe perguntar qual é a sua música preferida, tenho certeza que você tem a resposta na ponta da língua, não é verdade? E ao pensar nesta música, acredito que você possa me dizer alguma lembrança ou recordação que esta canção lhe traz. Algum momento que você viveu quando ouviu esta música pela primeira vez!

Então agora me diga: Qual é o sentimento que você tem ao ouvir esta música? Isso é o que chamamos de âncora.

O facilitador que for habilidoso o bastante para trabalhar com essas âncoras será capaz de proporcionar experiências únicas, transformando todo o processo num aprendizado inesquecível.

Soluções que utilizam música no mundo corporativo

Com o objetivo de demonstrar como esta ferramenta pode transformar comportamentos e gerar resultados positivos numa organização, selecionei algumas soluções práticas, sendo que algumas delas são aplicadas em educação corporativa, treinamentos, palestras, *workshops* e também no próprio ambiente de trabalho.

Em quaisquer das soluções apresentadas a seguir, é fundamental o acompanhamento de um profissional de T&D para que a equipe possa alcançar o resultado desejado, otimizando recursos e no menor espaço de tempo possível.

Treinamentos Comportamentais

JUST A MINUTE! Mantendo o foco da equipe

Recentemente tive o prazer de conhecer uma agência de publicidade em São Paulo que vai além dos padrões convencionais. Num ambiente de trabalho bastante aconchegante, criativo e inovador, sua equipe elabora campanhas publicitárias de grande sucesso.

Logo quando cheguei à recepção avistei um piano de cauda fazendo parte da decoração do ambiente. Já no espaço principal, onde todos se encontram para o trabalho, uma bateria, que pode ser tocada sempre que alguém consegue fechar uma nova conta. Toda a temática da empresa é voltada para a música, tanto que as equipes de cada departamento são batizadas com nomes de bandas famosas.

Não é apenas isso que diferencia esta empresa das demais. O que mais me chamou a atenção foi que a cada 59 minutos, uma música tranquila toca por apenas um minuto e todos os colaboradores, ou quase a totalidade deles, param neste momento. São sessenta segundos de pausa para um instante de reflexão. Esse é o movimento "*Just a minute*".

Fiquei curioso em conhecer um pouco deste movimento e saber quais os benefícios e os motivos que levaram esta empresa a adotá-lo.

Conversando com o pessoal responsável pela implantação do *Just a minute*, descobri algumas curiosidades e os respectivos resultados.

Pesquisas revelam que um indivíduo adulto produz aproximadamente 50.000 pensamentos por dia,[2] dos quais normalmente não há controle sobre a qualidade e a intensidade deles. Isso consome tempo e energia, além de comprometer o foco.

Essas pausas, portanto, funcionam como uma espécie de "desligamento mental" da estressante rotina do dia a dia, contribuindo para promover maior qualidade de vida aos colaboradores.

Além disso, essa prática cria um clima que favorece o processo criativo, melhora o clima organizacional, aumentando consequentemente a disposição e a produtividade de seus funcionários.

Música como ferramenta de Marketing Sensorial

Aromas, texturas, sensações, cores e música. Tudo que pode ser percebido por nossos sentidos e que reflete diretamente na forma como percebemos o mundo à nossa volta, pode ser utilizado como elemento de estratégia do Marketing Sensorial.

Pesquisadores ingleses realizaram uma experiência para verificar como a música pode influenciar o comportamento e o processo de tomada de decisão de consumidores.

Nessa experiência, foram expostos na prateleira de um supermercado quatro vinhos franceses e quatro vinhos alemães. Todos do mesmo preço e qualidade. No alto dessa prateleira foram instaladas pequenas caixas de som que tocavam músicas francesas e alemãs em dias alternados.

O resultado foi que nos dias em que só músicas francesas eram tocadas, as vendas dos vinhos franceses aumentavam, representando 77% do total dos vinhos comprados. E nos dias em que a música alemã era a trilha sonora escolhida, os vinhos alemães ficavam com 73% do total das vendas.[3]

Esse é um exemplo de como a música pode ser utilizada como elemento sensorial capaz de envolver pessoas, criando um ambiente favorável a fim de influenciar seus comportamentos.

Oficina Vocal

Esta é uma ferramenta que tem sido utilizada por diversas empresas para melhorar a integração entre os colaboradores (algumas até permitem a participação de clientes e pessoas da comunidade), também para aumentar a autoestima de seu pessoal, melhora do clima organizacional e também como forma de aliviar as tensões diárias através do canto.

Trata-se de uma ação bastante interessante para a empresa, sobretudo se considerarmos o baixo investimento necessário, o que torna o retorno bastante considerável. Basta uma sala com espaço livre para aproximadamente 30 ou 40 pessoas, com uma estrutura básica para esta dinâmica e um profissional habilitado e capacitado para conduzir este tipo de atividade.

Recentemente tive a oportunidade de realizar uma Oficina Vocal em uma empresa multinacional, como parte de sua estratégia para figurar no ranking das 100 melhores empresas para se trabalhar(*).

Esse trabalho teve uma programação de seis meses de duração e os resultados foram fantásticos. Em conjunto com as demais ações promovidas pela empresa o objetivo inicial foi alcançado.

Jogos Musicais

Os jogos trabalham de um modo geral com diversos elementos motivadores, entre eles o desejo de fazer a maior pontuação, o prazer de colecionar e a premiação instantânea.

O grande desafio no campo dos jogos educacionais é torná-los tão motivadores e envolventes quanto os jogos comerciais. Segundo João Mattar, em sua obra *Games em Educação*, o ponto de partida não deve ser o conteúdo, mas sim a forma como o aprendiz irá atuar.

Quando realizo algum treinamento em que o aprendizado será

(*)A Great Place to Work

Treinamentos Comportamentais

praticado através de jogos musicais, penso sempre na qualidade da vivência que o participante irá experimentar, mas sempre mantendo o foco no conteúdo que a empresa precisa transmitir.

Entre os temas que podem ser abordados através de jogos musicais estão: Gestão do tempo, Processo de tomada de decisão, Liderança, Criatividade e Sinergia.

Portanto, vê-se por todo o exposto que é possível aprender com a música mais do que sons e melodias. Trata-se de uma poderosa ferramenta para o processo cognitivo, podendo alavancar as ações de Treinamento e Desenvolvimento em empresas e organizações.

REFERÊNCIAS

[1] LEVITIN, Daniel J. *This is your Brain on Music: the science of a human obsession.* 1.ed. PenguinGroup, 2007.

[2] http://www.just-a-minute.org

[3] MLODINOW, Leonard. *Subliminar.* Tradução: Claudio Carina. 1ª edição brasileira. Editora Zahar, 2012.

MATTAR, João. *Games em Educação. Como os nativos digitais aprendem.* 1ª edição. Editora Pearson Prentice Hall, 2010.

SACKS, Oliver. *Alucinações Musicais: relatos sobre a música e o cérebro.* 2ª edição. Editora Companhia das Letras, 2007. Tradução Laura Teixeira Motta.

32

Alavancando o comportamento criativo e inovador natos do empreendedor

Podemos dizer que existe um relacionamento
entre SER criativo, inovador e empreendedor?
Ambos sao muito fortes e às vezes
achamos que é a mesma coisa.
Porém são totalmente diferentes

Marize Gasparine & Claudia Gonçalves

Marize Gasparine & Claudia Gonçalves

Marize Gasparine

Consultora de Negócios, treinadora e professora. Escritora e Palestrante. *Master Coach systemic, Life Coaching, Business Coaching e Executive Coaching* pela World Council(Wcc), International Association of Coaching Institutes(ICI), European Coaching Association(ECA) e Metaforum Internacional. Membro ICF (International Coach Federation) Certificação *Wellness and Health Coaching* pela Sbwcoaching.

Contatos

marize.gasparini@divulgacenter.com.br

(21) 9903 - 4471

Claudia Gonçalves

Formada e pós-graduada pela USP em Psicologia, com especialização em Gestão e Facilitação de Processos de grupos pela Adigo. Formada em *Coaching* Integrativo e em *Business Coaching*, certificada pela EAC (European Coaching Association) e pela ICI (International Coaching Institute). Certificação Internacional em *Coaching*, pela ICC (International Coaching Community). Certificação em Constelações Familiares e Estruturais pela Metaforum International.

Contatos

(11) 98134-8234 / 3057-3417

Marize Gasparine & Claudia Gonçalves

Que tal começarmos esse capítulo do livro, que tem como título palavras-chave como criatividade, inovação e empreendedorismo, com uma figura que contenha esse trio tão falado e importante, já que o Brasil é o quarto lugar no ranking de negócios já consolidados? Será que conseguiremos alavancar um processo comunicativo através do uso de uma imagem criativa e inovadora? Será que a visão empreendedora de começar o capítulo deste livro com uma figura criativa e inovadora para alavancar um processo comunicativo poderá gerar resultados satisfatórios e tangíveis?

barco a vela

seta num quadrado

cavalo e cavaleiro

hexágono

Podemos dizer que existe um relacionamento entre SER criativo, inovador e empreendedor? Ambos são muito fortes e às vezes achamos que é a mesma coisa. Porém são totalmente diferentes.

A **criatividade** representa-se de múltiplas maneiras. Segundo Gardner (1999) cada indivíduo apresenta o seu perfil criativo distinto, daí a dificuldade de definição do termo. Se falarmos pelo puro significado, então, criatividade vem de criar, que significa "dar origem a", "produzir", "inventar".

Uma das definições mais aceitas hoje em dia é dada pelo estudioso de empreendedorismo, Robert D. Hisrich, em seu livro *Empreendedorismo*. Segundo ele, **empreendedorismo** é o processo de criar algo diferente e com valor, dedicando tempo e o esforço necessário, assumindo os riscos financeiros, psicológicos e sociais correspondentes e recebendo as consequentes recompensas da satisfação econômica e pessoal.

A satisfação econômica é resultado de um objetivo alcançado (um novo produto ou empresa, por exemplo) e não um fim em si mesmo.

SER empreendedor significa ter OUSADIA, CORAGEM, INICIATIVA,

Treinamentos Comportamentais

VISÃO, FIRMEZA, DECISÃO, ATITUDE DE RESPEITO HUMANO, CAPACIDADE DE ORGANIZAÇÃO E DIREÇÃO. Assim, o empreendedorismo não exige necessariamente que a pessoa seja inovadora, criativa.

Já a **inovação** exige do inovador o espírito empreendedor. Aí está a principal diferença. Como potencializar e alavancar, então, essa relação, para que as três coisas caminhem juntas?

Esse é o nosso desafio com este capítulo o mais prático possível. Esperamos que a viagem tenha um INÍCIO de conhecimento transformacional, um MEIO com planejamento e acompanhamento e um FINAL com um despertar prático e concreto.

Quando falamos em CONHECIMENTO, nos concentramos em algo relacionado ao núcleo de novas ideias. Geralmente o ser humano criativo é dotado de conhecimentos. Dizemos que todas as vezes que aprendemos algo novo, a mente se abre, gerando novas experiências, e por isso novas ideias surgem. O poder criativo de uma pessoa pode ser desenvolvido com atividades educacionais, prática e treinamento.

Não podemos deixar de mencionar que não bastam termos todo o conhecimento, que é o conteúdo do saber várias coisas, estar inteirado de novas tecnologias, de ter várias formações superiores, mestrados, doutorados e etc., e não termos SABEDORIA, que não é o que você sabe, mas o que você faz com aquilo que você sabe. Ainda que você tenha todo o conhecimento, você pode não ser sábio. Podemos mencionar um simples exemplo da faca: não é boa nem má, depende de quem a manuseia. Pode ser boa no preparo de uma magnífica comida, mas pode ser má se usada para ferir uma pessoa. Da mesma forma, o conhecimento, pouco ou muito, você pode usar para o bem ou mal. Sábio é quem direciona corretamente. Portanto, devemos ter primeiro sempre a preocupação de sermos sábios, porque uma vez no caminho da sabedoria, do SER, aí sim podemos aumentar o nosso conhecimento técnico/científico, o TER. De forma alguma podemos deixar o caminho da sabedoria, se assim o fizermos não adiantará de nada o maior dos maiores conteúdos adquiridos.

Os empreendedores e os inovadores precisam ter como base a interdisciplinaridade, que é, na prática, o esforço de superar a fragmentação do conhecimento, tornar este relacionado com a realidade e os desafios da vida moderna. Da mesma forma, para melhor utilizar a imaginação, eles NECESSITAM SER LIVRES, isto é, ter a mente aberta aos novos conceitos, às novas tecnologias e às novas formas de trabalhar. Permitir-se voar buscando a sua essência no fundo da sua alma e do seu coração.

A verdadeira chave para se tornar criativo está no que se faz com o conhecimento. São as atitudes que definirão se o indivíduo é mais ou menos criativo, e é em torno das suas atitudes que o empreendedor desenvolve e alavanca seu potencial criativo.

Aqui, chegamos ao término do INÍCIO de conhecimento transformacional. Agora, daremos continuidade à próxima estação na nossa viagem, que é o MEIO com planejamento e acompanhamento.

O empreendedor costuma ser uma pessoa inquieta, que olha tudo, quer saber de tudo, e em tudo vê oportunidades de negócio. Se por um lado esta característica é seu motor, motivação e combustível, se o empreendedor deve mesmo sonhar grande, por outro lado, o seu comportamento criativo e inovador indisciplinado pode lhe custar caro. O empreendedor pode se tornar uma pessoa de muitas iniciativas e poucas "acabativas".

Algumas ferramentas e atitudes podem ajudar o empreendedor ou qualquer pessoa diante de um desafio que requeiram um comportamento empreendedor.

Ter um processo criativo mais estruturado sem ser engessado é fundamental. E tudo começa com um bom planejamento. Antes de partir para a ação, é necessário programar-se: de quanto tempo se dispõe para estruturar seu projeto? Quais são os recursos? Que critérios importantes devem ser atendidos? Quem está envolvido? De quanto tempo se dispõe para cada etapa do processo?

A fase de planejamento é essencial e irá ajudar a trazer elementos concretos e disciplina à criatividade.

Como mostra a figura abaixo, estas etapas ajudam a alavancar o comportamento criativo e inovador:

Plano de ação

O primeiro passo é o mais natural para o empreendedor: ter muitas ideias de como por em prática um projeto/ novo negócio / fazer uma melhoria. Com sua velocidade, o empreendedor por vezes não dá o tempo necessário para maturar um pouco mais as ideias e pode se entusiasmar ou desanimar precocemen-

O processo de transformação de ideias em planos de ação passa pela disciplina de aplicar critérios claros e concretos para avaliar as ideias em jogo. Tenho os recursos necessários? Tenho tempo?

Treinamentos Comportamentais

te. Como um bom vinho, as ideias precisam de tempo para "abrir seu aroma", e o empreendedor precisa se dar a oportunidade de ficar mais tempo com suas ideias e deixar que elas amadureçam. O comportamento do empreendedor nessa etapa deve ser de adiar o julgamento. Deixar virem ideias e mais ideias, mesmo que algumas pareçam contraditórias. Brincar com elas, juntá-las, separá-las, sem jamais descartá-las nessa etapa. O maior inimigo aqui é a ansiedade de partir logo para decisão e subsequente ação. Por isso, ter planejado quanto tempo se permitirá avaliar diferentes ideias antes de começas a descartar algumas é importante.

Saindo do funil vem a fase de julgamento das ideias em relação a critérios concretos e bem estabelecidos. Nenhuma ideia é em si boa ou ruim; ela pode ser adequada ou não ao contexto. Nesta fase ocorre a alquimia, a transformação de uma ou várias ideias em um plano de ação mais robusto. Aplicados os critérios para ver qual ou quais ideias atendem aos critérios estabelecidos, é hora de desenhar o plano e implementá-lo.

O plano de ação também merece cuidado. As clássicas perguntas "*O quê? Como? Quando? Com quem? Quanto?*" precisam ser endereçadas e ter metas claras e concretas.

Finalmente, o empreendedor deve tomar cuidado para não abraçar coisas demais – por isso planejar é a chave; quando as coisas saem do controle, uma boa ideia pode não vingar.

Os principais erros do empreendedor são ser extremamente otimista sobre o sucesso de seu negócio e com isso superestimar seu sucesso e subestimar os custos. Por isso fazer pequenos testes-piloto é muito útil. Nestes testes pode-se corrigir ou ajustar o projeto e maximizar as chances de sucesso. A última dimensão incontrolável é o contexto; fora das mãos em geral, uma crise, um acidente, ou mesmo uma oferta de parceria pode mudar o cenário sem nosso controle.

Internamente, o empreendedor também deve buscar o diálogo com suas partes criativas, crítica e realizadora. Em cada momento, talvez, uma das partes seja predominante, mas todas são importantes. Em pontos diferentes do processo cada uma terá destaque em algum momento. O problema ocorre quando uma destas partes predomina o tempo todo. Por exemplo, se a parte criativa predominar o tempo todo, o empreendedor poderá falhar na execução ou na avaliação da ideia. Se o lado crítico dominar o processo todo, o mais provável é que nada fique bom, que o empreendedor se sinta paralisado ou fique ricocheteando de uma ideia para a próxima sem ações concretas. Finalmente, se o lado realizador predominar, o problema pode ser partir rápido demais para a ação sem avaliar ou amadurecer uma ideia. O ideal é que se encontre um equilíbrio e um trabalho conjunto destas partes internas, para que o resultado seja atingido. Na figura do funil, a parte criativa predomina na fase das ideias; a parte crítica está no final do funil, onde deve ocorrer o julgamento e descarte de ideias que não cabem no contexto; a parte realizadora será mais exigida para colocar em prática o plano de ação.

Conhecer-se e entender qual seu padrão de comportamento é fundamental para gerenciar o processo criativo, negociar com eficácia com suas partes internas, e avaliar o contexto.

E aí, como está a nossa viagem? Conseguimos tratar o MEIO com planejamento e acompanhamento? Podemos dar continuidade à última estação da viagem, que será o FINAL, com um despertar prático e concreto?

Para despertarmos o lado criativo, é necessário rompermos barreiras internas, a certeza que de que não há mais nada novo a ser criado e que já não exista no dia a dia das pessoas e das empresas. Como observado, o empreendedorismo rompe com o este paradigma, possibilitando ao ser humano infindáveis oportunidades de recriar, não somente ao seu habitat, mas a todo universo, uma possibilidade de melhoria contínua.

Não existe poção mágica para criar algo novo de sucesso. Muitas vezes ideias fabulosas ocorrem enquanto você descansa; ou quando se entrega e permite que a sua mente possa vagar livre, leve e solta. Pode ser também enquanto dirige; ou quando ouve uma música; ou até mesmo assistindo a alguma bobagem na TV ou na internet. Seja de forma aleatória ou encontrando oportunidades a partir de um foco em determinada demanda de um nicho de mercado, suas ideias podem ou não ser boas e dar certo. É claro que, com planejamento, as possibilidades de seu negócio alavancar são muito maiores.

Embora se acredite que o cérebro esteja apto a desenvolver muitas tarefas ao mesmo tempo, há estudos científicos afirmando que isso é um mito. Segundo os pesquisadores Stephen Macknik e Sandra Blakeslee, *"o cérebro não foi projetado para atentar para duas ou três coisas simultâneas. Ele é configurado para reagir a uma coisa de cada vez"* (em *Truques da Mente – O que a mágica revela sobre o nosso cérebro*).

Russ Poldrack, da Universidade da Califórnia, afirma que *"quando nos esforçamos a exercer uma multiplicidade de tarefas, **talvez estejamos contribuindo para que percamos eficiência a longo prazo**, ainda que às vezes pareçamos estar sendo mais eficientes"*.

O deslumbramento provocado pela vontade de empreender leva as pessoas a desfechos nem sempre favoráveis. O empreendedorismo sem equilíbrio entre ações e emoções raramente prospera.

Acreditamos que após a nossa VIAGEM, que teve um INÍCIO de conhecimento transformacional, um MEIO com planejamento e

Treinamentos Comportamentais

acompanhamento e um FINAL com um despertar prático e concreto, se possa ter contribuído de forma clara, objetiva e eficaz acerca dos propósitos que deram origem ao tema deste capítulo.

Esperamos que, neste ponto, término do capítulo, tenhamos passado por várias situações que nos cercam diariamente, e que hoje sabemos como acompanhá-las e direcioná-las com foco no resultado positivo. Deixando claro: todos possuímos desafios a serem resolvidos e as soluções encontram-se guardadas dentro de cada um de nós.

Sejam todos bem vindos ao nosso mundo, onde nada e ninguém se destaca por ser melhor ou pior. Sabemos que todos temos potenciais criativos, inovadores e empreendedores, ativos ou inativos. Cabe acessá-los ou não. Faça a sua escolha.

Obrigada pelo carinho de ter chegado ao término deste capítulo e estamos à disposição para maiores detalhes e saneamento de dúvidas.

33

Diretores e líderes
Começando pelo topo

Na posição de diretor, muitas vezes tão solitária, esquecemos com muita facilidade quem somos e qual nossa missão. Poder inspirar e encontrar ferramentas para obter novos resultados é o caminho para não sair do topo

Matilde Melo

Matilde Melo

Psicóloga e *Coach* com certificação Internacional pelo ICI. Fundadora e Diretora do Instituto G8 Desenvolvimento Humano. Criadora do Treinamento Conexão G8 para líderes e equipes e de vários outros treinamentos comportamentais, como a Formação de Líder *Coach* com PNL, Conexão Aventura, *Team Coaching* – alinhamento de equipes. Formada em Dinâmicas dos Grupos pela SBDG. MBA em Gestão de Negócios pela Universidade Castelo Branco. *Master Practitioner* em PNL. Formação em Gestalterapia. Formação de Capacitação para Metodologia de Ensino para Curso Superior. Pós-graduada em Psicomotricidade. Atua há mais de vinte anos no mercado de SC e PR, identificou que os maiores problemas dos líderes e executivos que atendia não eram de ordem psicológica, nem falta de conhecimento técnico e, sim, "comportamental e interpessoal". Muitos não sabiam como atingir seus objetivos, nem liderar a própria vida e possuíam grandes dificuldades de relacionamento nas mais diversas áreas. A partir deste princípio, estudou formas para obter resultados mais rápidos, com retorno eficiente e eficaz. Acredita que "o maior desafio de sua vida é quebrar paradigmas" e continuar sendo referência no sul do país em desenvolvimento de líderes e equipes.

Contatos

www.institutog8.com.br

matildemelo@matildemelo.com.br / matildemelo@institutog8.com.br

Facebook- institutog8 – matildemelog8

(47) 3014-8880 / (47) 8410-8888 / (41)- 3014- 8880

Matilde Melo

Proporcionar um ambiente seguro, com executivos de vários segmentos, vivenciando situações comuns, possibilitando troca de experiência e autoconhecimento. Seria isso começar pelo topo?

Se sentir merecedor, certo de seus sonhos e estratégias como líder, podendo inspirar e contagiar pessoas, estando congruente com seus resultados e em equilíbrio com sua vida pessoal e profissional, poderia ser o topo?

Diretores e líderes de organizações de sucesso estão cada vez mais fazendo perguntas e buscando respostas para suas inquietações na luta pelo equilíbrio entre resultados extraordinários e qualidade de vida. Buscando ferramentas para colocar em prática o que muitas vezes sabem tecnicamente, mas que, por algum motivo, não conseguem aplicar com naturalidade.

Em nossos treinamentos comportamentais, temos vivenciado o impacto que muitas dessas respostas podem causar nos resultados e planejamentos estratégicos de pequenas e grandes organizações, quando seus gestores têm a coragem de repensar sua própria maneira de liderar e influenciar sua equipe.

Na busca pelo resultado

É o caso do gerente de uma grande multinacional, cujo foco de gestão estava exclusivamente voltado para os resultados numéricos de sua equipe. Ele sentia a necessidade de buscar novos recursos e novas possibilidades para trabalhar a sua visão estratégica. Apesar dos vários programas apresentados pelo RH, buscava algo diferente. Os resultados na empresa já estavam muito bons e muito próximos aos de outras áreas, e se perguntava o que precisaria fazer para se destacarem. Como se diferenciariam num contexto tão formatado e cheio de regras e normas? O que poderiam fazer de diferente?

Como naturalmente acontece, começou primeiro culpando os recursos humanos de sua empresa; depois, pensou nas limitações de seus supervisores e o quanto poderiam ter ser acomodado com os resultados. Pensou também na possibilidade de ampliar suas máquinas e equipamentos. Porém, participando do treinamento, ele se deu conta que não eram máquinas, nem equipamentos, nem os outros que poderiam provocar as mudanças que ele almejava, mas sim o seu comportamento enquanto líder de equipe. Ele, que já era um líder diferenciado em seus resultados, agora queria ser um líder diferente na condução de suas equipes.

Queria se abrir para o novo, para as novas formas de liderar, para um novo modo de pensar e entender os liderados. Como poderia exigir

Treinamentos Comportamentais

de sua equipe, se ele próprio estava fechado para o diferente e não tinha mais clareza de sua missão? Como poderia ter esquecido que para se obter resultados diferentes era necessário ter atitudes diferentes? Como poderia deixar o seu legado, se estava mais preocupado com os resultados do que com o relacionamento com sua equipe?

Aberto para novas possibilidades, o gerente ainda não tinha certeza de como poderia conscientizar aqueles competentes técnicos que por seu trabalho e empenho se tornaram líderes e supervisores, mas poucos tinham a noção da importância que exerciam neste papel enquanto gestores de equipe. Muitos relatavam a dificuldade de liderar quem antes era seus pares e colegas de trabalho; outros acreditavam que cada supervisor tinha seu jeito e os resultados dependiam de cada um individualmente. A única certeza do gerente era que algo precisava ser feito para diminuir os ruídos na comunicação e conscientizar a importância da unidade como equipe de trabalho.

Sua estratégia foi realizar o treinamento comportamental para desenvolver as competências individuais e de equipe com seus supervisores. Mas que tipo de competência era esta que não dependia de grau escolar e de experiência profissional? Que tipo de comportamento era exigido para que pudessem ter resultados diferentes, se tudo o que sabiam fazer era fazer o que sabiam? O que poderiam fazer para dar novo ritmo e rendimento de trabalho enquanto equipe?

Começaram a perceber que pequenos detalhes de postura, tom de voz e *feedback* já estavam causando um novo clima e ambiente de trabalho. Perceberam que o fato de todos os supervisores estarem alinhados com as expectativas e estratégias visualizadas pelo seu gestor facilitavam o processo de comunicação e diminuíam as barreiras invisíveis da insegurança. Agora, poderiam se posicionar de forma mais aberta e contar com uma parceria de apoio tanto entre os pares como com seu gestor e, consequentemente, com todos os liderados. Este alinhamento proporcionou a realização de atividades nunca pensadas, nem sugeridas, pois se estabeleceu a relação de confiança que é o ponto-chave para que novos resultados aconteçam.

Nem sempre é fácil, mas possível

Lembro do diretor de uma empresa de serviços que se denominava um líder controlador e que não confiava na sua equipe. Tinha orgulho em dizer que não pegava férias, que as coisas deveriam ser do seu jeito, acreditando que mandava quem podia e obedecia quem tinha juízo. Ele era agressivo nos resultados e também no trato com sua equipe. Esta percepção lhe parecia normal. Compartilhando estes

Matilde Melo

sentimentos, um cliente o fez pensar: Por que tinha que ser tão sofrido comandar uma empresa? Por que as coisas só aconteciam quando ele estava no escritório? Por que mesmo tendo uma ótima estrutura de trabalho, as pessoas não pareciam estar contentes e comprometidas?

Resistente e cheio de reservas, achou impossível colocar em prática os conceitos apresentados durante o treinamento comportamental. Para ele, era tudo novo, e como poderia entender que o cuidado com as pessoas, com o clima de trabalho e a capacidade de encontrar o potencial de cada liderado eram virtudes indispensáveis para um grande líder? Como poderia entender que a base da liderança não era o poder, mas, sim, a autoridade, conquistada com amor e respeito de seus liderados?

Ficou confuso. Suas verdades foram questionadas, suas crenças repensadas. Precisava tomar uma decisão. Ele percebeu que o trabalho árduo e a busca pelo crescimento financeiro havia lhe tornado um homem amargo, incapaz de olhar para os outros aspectos da vida, que são tão importantes e cruciais para a felicidade, como a família, o lazer, o equilíbrio emocional e a valorização das pessoas que o ajudavam a construir seus sonhos.

Teve coragem de se permitir fazer diferente. Decidiu fazer a diferença na sua vida e na vida de sua equipe.

Você pode imaginar o que a equipe sentiu quando viu o impossível se concretizando em cada palavra e novas atitudes deste gestor? É possível mensurar os resultados imediatos que o impacto desta atitude teve na ampliação dos seus negócios?

Quando a insegurança impede

Outra cliente, gerente por mais de doze anos em uma renomada instituição financeira, queria algo novo em sua vida. Queria ter mais tempo para viajar, estudar e - quem sabe - abrir sua própria empresa. Ela parecia analítica e muito exigente consigo, o que tornava a decisão ainda mais arriscada. Não poderia errar, afinal estava numa posição elevada, numa carreira estável, com uma equipe que lhe proporcionava bons resultados financeiros. Ela, que se achava uma mulher segura e independente, durante o treinamento, levou um susto ao perceber que, inconscientemente, existia dentro dela uma criança insegura e medrosa, com medo de não dar conta, de não corresponder às expectativas de familiares, amigos e clientes. Por que se sentia tão incapaz, mesmo sabendo que tinha tudo para dar certo? O que a fazia travar no exato momento que desejava pular para uma nova vida? Que força era esta, até então desconhecida, que a impedia de

Treinamentos Comportamentais

realizar os seus sonhos? O que era preciso fazer para conseguir subir este degrau de forma estruturada e segura?

Encarar essas perguntas de frente e decidir trabalhar suas dificuldades foi o primeiro passo que ela precisou realizar em busca de si mesma. Percebeu que não eram apenas as dificuldades, nem a insegurança que a faziam retroceder. Deu-se conta de todo seu potencial, de toda a luz que emanava e de como conseguia envolver as pessoas, fazendo-as sentir importantes e merecedoras de amor e respeito, influenciando seus liderados de forma intensa. Percebeu que essa capacidade precisava ser potencializada a seu favor. Começou a acreditar que tudo poderia ser possível a partir do momento que decidisse apenas fazer. Não levou muito tempo para compartilhar que sua empresa de consultoria em gestão financeira estava um sucesso e que esta escolha estava lhe rendendo novos frutos e grandes negócios com seus clientes e parceiros.

Perdendo o principal

Alguns executivos nem percebem, mas acabam se deixando abalar por problemas pessoais de forma tão intensa que nem se dão conta que estes estão prejudicando os resultados e, principalmente, as pessoas que estão à sua volta. É o caso do diretor de uma empresa, que sempre foi o esteio da família, que reunia a equipe para reuniões de motivação, que circulava pela empresa dando novas ideias, promovendo campanhas de marketing e vendas. Entretanto, agora estava distante de sua equipe e já num processo depressivo avançado, segundo descrevia sua esposa e sócia. Ele se ausentava da empresa com frequência; quando voltava, não era difícil encontrá-lo pelos cantos, cabisbaixo e com os olhos marejados. Quando alguém lhe perguntava como estava, ele sempre respondia que estava tudo bem, que não se preocupassem. Tentava esconder a tristeza e até incentivava o trabalho. Contudo, no outro dia, as mesmas cenas se repetiam. Ninguém mais sabia o que fazer para ajudar. Foi neste momento que indicaram o treinamento comportamental. Afinal, ele precisaria encontrar recursos para reagir e continuar a fazer sua empresa crescer.

Ninguém havia falado até então que este homem havia sofrido várias perdas significativas. Que há mais de um ano suas ausências da empresa eram para ir ao cemitério rezar aos pés do tumulo de sua filha que, cursando último ano da faculdade, se preparava para assumir os negócios da família, e que foi tolhida deste desejo por um fatídico acidente. A dor da perda o impedia de perceber que ele poderia estar perdendo também os resultados da empresa e o principal: a estrutura de sua família. Mas como lidar com um fato tão terrível e reagir diferente, quando não se tem forças nem para olhar para frente? Como tirar aquela dor imensa de dentro do peito que o impedia de caminhar e encontrar um sentido para sua vida? De que forma alguém poderia ajudar, se aquela situação era irreversível e nada poderia ser feito para voltar atrás?

Infelizmente, não poderíamos fazer nada neste caso. O máximo que poderíamos tentar era ressignificar estes acontecimentos. De que forma este pai poderia encarar sua vida sem a filha, e fazê-lo perceber que mais dois filhos estavam ao seu lado, precisando de seu amor e atenção? De que forma este marido poderia reassumir o seu papel de provedor de família? Como perceber que neste momento de escuridão sua esposa se mostrou guerreira e forte para suprir a sua ausência, mas que estava muito difícil ficar com tanta carga sozinha? Que ela também havia sofrido a mesma perda, e agora estava precisando de ajuda para se manter firme? Como poderíamos mostrar para este empresário que, além dos recursos financeiros, ele era responsável pela estrutura familiar de todos os seus colaboradores e que estes sentiam falta de sua liderança? Enfim, não foi uma tarefa fácil. Somente ele pode mensurar o tamanho do esforço que foi preciso despender para poder superar todas essas perguntas. Somente ele foi o responsável para poder decidir qual seria o preço que pagaria para conseguir dar a volta por cima. Somente ele poderia ter a coragem necessária para abrir mão de algumas crenças, experimentar novos recursos e usufruir uma nova vida. E foi com ele que, após alguns meses do treinamento, tivemos a honra de participar de uma linda festa realizada em seu sítio, regados a muito chope, costela de chão e na presença de seus novos amigos e participantes do treinamento. Amigos que foram as testemunhas de sua dor e de sua nova decisão e que, agora, se transformavam no presente que precisava para encher esse coração tão grande e com tanto amor para dar.

Começando pelo topo

Não sei se você se deu conta do que esses clientes precisaram fazer para conseguir novos resultados. Se você conseguiu perceber que o trabalho comportamental é uma ferramenta transformadora quando aplicada com técnica e responsabilidade. Que nosso sonho é sempre começar pelo topo, ou seja, pelo diretor, gestor e líderes de equipe que têm o poder de fazer as mudanças necessárias e que esta decisão pode impactar positivamente e na vida de seus liderados e nos resultados desejados.

Independente de sua posição hierárquica, pergunte-se se você está no topo do melhor que você pode ser. Tudo começa com você. Faça acontecer.

Treinamentos Comportamentais

34

Treinamentos comportamentais de alto impacto. Uma prática cada vez mais recorrente!

Se você acha que a os cursos eminentemente tecnicistas têm sido capazes de resolver as lacunas de desempenho dos profissionais das empresas, está completamente enganado! Temos dados para afirmar que os cursos mais relacionados às atividades técnicas das pessoas da força de trabalho não estão sendo suficientes, e a lacuna é realmente o desenvolvimento de requisitos emocionais e comportamentais das pessoas. Esse artigo vai fazê-lo compreender melhor estes aspectos e iniciá-lo no seu autodesenvolvimento emocional e comportamental

Orlando Pavani Júnior

Orlando Pavani Júnior

Sócio Diretor da Gauss Consulting Group e da Olho de Tigre Consultoria e Treinamentos Comportamentais. Professor Universitário e Palestrante. Mestre em Administração Integrada e em Desenvolvimento Empresarial. Examinador Sênior PNQ 2007 até 2009 (reconhecido como Destaque em 2010). Orientador PNQ 2010 até 2012 (reconhecido Destaque em 2010). Instrutor FNQ (até 2013). Formado no PENCAT (Programa Especial de Neurociências Aplicado a Treinamentos). Facilitador Master dos Treinamentos OT1 AWAKE / OT2 RISING / CAC e derivações. Interpretador *Master* do Teste EQ-MAP (Mapeamento das Competências Emocionais). Formado em ENEAGRAMA. Formado em EMOTOLOGIA. *Practitioner* em PNL. Analista Transacional Nível 101. Certificado Internacional em *Coaching, Mentoring & Holomentoring*® pelo Sistema ISOR®. Formado no PROCESSO HOFFAMN DA QUADRINIDADE. Formado no MÉTODO SILVA DE CONTROLE MENTAL. Especialista em Vendas Complexas. Pós-Graduando em Medicina Comportamental pelo Instituto de Medicina Comportamental.

Contatos

www.gaussconsulting.com.br
www.olhodetigre.com.br
pavani@gaussconsulting.com.br
pavani@olhodetigre.com.br

Orlando Pavani Júnior

O RH deixou de ter, e já faz tempo, um papel "minimista" de apenas administrar cargos e salários das pessoas da força de trabalho, o tão famigerado Departamento de Pessoal (antigo DP). Depois desta fase o RH, ou modernamente chamado de Gestão de Pessoas, passou a ser muito mais abrangente, cuidando também das funções de treinamento e desenvolvimento de toda a força de trabalho, entre outras atribuições conexas a cultura organizacional e gestão de mudanças.

Atualmente as demandas de atribuições aumentaram tanto que nem se sabe mais qual o nome mais adequado! É exatamente para responder a estas e outras questões que guarda morada o tema de Treinamento & Desenvolvimento das pessoas da força de trabalho. Especialmente os que se conectam ao desenvolvimento comportamental que mais poderiam ser rotulados como "tratamento" do que especificamente "treinamento".

Primeiramente é importante gastarmos alguma energia em conceituações importantes que nem sempre são tratadas adequadamente.

Diferenças entre CURSOS e TREINAMENTOS

Treinamento sistemático e continuado: já está consolidado. Não me refiro ao conteúdo e tema principal dos treinamentos a serem oportunizados aos membros da força de trabalho. Com alguma metodologia interna de diagnóstico de necessidades, as empresas sabem diagnosticar as lacunas de competência de seus colaboradores. A partir desta consciência, planeja os temas e respectivos conteúdos programáticos a serem contratados.

As empresas já trabalham desta forma há décadas, mas geralmente os resultados não são mensurados ou, quando são, trazem resultados pífios, para nao dizer nulos. Mas o que são resultados quando o assunto é treinamento? Treinamento é muito subjetivo e não é tão simples avaliar seus resultados (dizem alguns defensivos).

Com certeza, analisar os resultados de um treinamento não é uma atividade fácil, mas também não é simplesmente registrar a percepção do aluno quanto ao treinamento que acabara de fazer. Nem tampouco é aplicar uma prova ao aluno para avaliar o nível de absorção dos conceitos. Avaliar o resultado de uma iniciativa destas nada mais é do que o esforço sistemático para constatar uma mudança de atitude e/ou de comportamento. Seja ele de cunho tecnicista ou motivacional, do colaborador que passou pelo treinamento.

O curso é adequado, o conteúdo programático é irrepreensível, o professor fantástico, mas os resultados (a mudança de atitude e/ou de comportamento do participante) não se constatam de maneira satisfatória. Por quê? Onde estaria a causa? A circunstância problemática é que foi dado um CURSO e não um TREINAMENTO!

Treinamentos Comportamentais

Qual a diferença? Vou explicar.

CURSO é o que normalmente acontece. Um professor competente, slides bem elaborados (normalmente em PowerPoint ou Prezi), apostilas coloridas e com boa qualidade de impressão, aulas padrão (normalmente com o professor lendo os slides e, quando for um bom professor, dando diversos exemplos de aplicação do conceito explanado), exercícios e provas (normalmente com o objetivo de avaliar o aprendizado do participante). Este é o modelo clássico de um CURSO.

TREINAMENTO é diferente. Primeiramente não tem professor, tem instrutor ou facilitador, pois seu objetivo não é meramente ensinar ou falar sobre determinado assunto, mas preponderantemente gerar aprendizado, ou seja, constatar que houve compreensão do que foi ensinado. Pode ter também slides em PowerPoint ou Prezi, mas o treinando tem dois materiais em seu poder: a íntegra dos slides utilizados pelo instrutor e uma série de folhas dirigidas, em branco, para serem preenchidas, durante o treinamento, como meio de fixação do aprendizado. As aulas em si também são muito diferentes, não apenas fala-se sobre algo, mas utilizam-se diversos outros recursos didáticos alternativos: dramatizações, teatralizações, oficinas, debates, repetições, satirizações, musicalizações, seminários autoconduzidos, competições, vivências, etc. O treinamento não acaba enquanto não ficar comprovado o aprendizado mínimo desejado do participante. Não há provas, mas sim exercícios que são repetidos até que o treinando consiga o nível mínimo de acerto. Jogadores de futebol fazem poucos cursos, mas treinam a vida inteira. Se pararem de treinar perderão o desempenho superior, que é o que lhes dá o sustento em sua carreira. O curso concedeu as informações sobre as regras do jogo, mas a compreensão e a prática só vêm mesmo após o treinamento.

Os cursos, palestras e seminários são e serão sempre importantes para dar informações. Mas sem os treinamentos não haverá resultados sustentáveis. Nos treinamentos existe o fundamento da REPETIÇÃO, que tem carga comportamental mais forte. Precisamos de mais TREINAMENTOS e menos CURSOS. Não se trata de parar com os CURSOS, pois eles são vitais para dar a informação. Porém são insuficientes para gerar o aprendizado que efetivamente trará o resultado pretendido. É essencial que um mesmo evento de capacitação contemple iniciativas de CURSO teórico, seguidas de TREINAMENTO prático. Assim o ciclo se completa.

Atualmente, e infelizmente, o curso é realizado sem o treinamento e vice-versa. Precisamos de ambos! Da mesma forma, como existe uma diferença sutil entre cursos e treinamentos (mais comportamento e prática), também existe diferenças entre treinamentos comportamentais VIVENCIAIS e de ALTO IMPACTO.

Orlando Pavani Júnior

Treinamentos comportamentais VIVENCIAIS & ALTO IMPACTO

Os treinamentos, normalmente, têm foco voltado para mudança de atitude e comportamento através do exercício da prática, e não apenas do repasse de informação teórica. Estes treinamentos podem até ter algum cunho intelectual, ou seja, focam na absorção de conceitos que ajudam na alteração de comportamentos, mas a palavra treinamento se refere muito mais a abordagem vivencial com enfoque na oportunização de experiências emocionais que ajudam a ressignificar e/ou recontextualizar o comportamento do indivíduo, sendo aquele tipo de treinamento que foca na experimentação de sensações em que o conceito é apreendido e aprendido por decorrência de uma sensação, e não pela manipulabilidade intelectual do assunto.

Os treinamentos vivenciais são bastante utilizados atualmente e, normalmente, são monitorados por psicólogos, psiquiatras e/ou terapeutas conexos a estas competências. Caracterizam-se por sessões práticas onde se oportunizam experiências de cunho emocional aos envolvidos, tendo como essência o convite a uma reflexão intelectual posterior à sensação.

Os treinamentos de alto impacto são uma variante mais paradigmática dos treinamentos meramente vivenciais, onde o que se oferece são sessões práticas com dinâmicas altamente impactantes que acessam não somente os níveis psicológicos do indivíduo, mas também, e preponderantemente, os níveis neurológicos das sinapses cerebrais. É aí que também poderíamos denominar de "tratamento"! Este tipo de treinamento não tem unanimidade entre os psicólogos, pois são normalmente preteridos em detrimento a outros profissionais dotados de outras competências como programação neurolinguística, análise transacional, dianética, método Silva de controle mental, eneagrama, tipos de inteligência, antroposofia, emotologia, constelações, entre outros.

Normalmente os treinamentos comportamentais de alto impacto são experiências que reprogramam os comportamentos a partir de dinâmicas que manipulam o limite dos envolvidos com relação a sensações primárias como medo, alegria, tristeza, raiva, nojo e surpresa, além de derivações destas, tais como: sofrimento por antecipação, trabalho sob pressão, insegurança, ansiedade, teimosia, discordâncias endêmicas, resistência às mudanças etc.

Os treinamentos de ALTO IMPACTO são cada vez mais uma realidade no mundo corporativo, pois oferecem resultados como mudança de atitude e até de valores a curtíssimo prazo. No entanto, exige uma entrega dos participantes num nível muito acima dos treinamentos vivenciais.

Nos Critérios de Excelência do PNQ (revisão 20) já existem questões específicas, adotadas por organizações em nível de excelência, que valorizam práticas relativas a treinamentos comportamentais vivenciais e de

Treinamentos Comportamentais

alto impacto. Em seu item 6.2.e solicita: "como a organização promove o desenvolvimento integral das pessoas como indivíduos, cidadãos e profissionais?" e em 6.3.e solicita: "como a organização colabora para a melhoria de qualidade de vida fora do ambiente de trabalho?"

Especificação de COMPETÊNCIAS para cargos e/ou funções

Independentemente do que foi comentado até agora, cada cargo e/ou função dentro de uma organização é ocupado por pessoas, e estas precisam de uma determinada competência mínima para exercer suas atividades com a máxima efetividade (eficiência com eficácia ao longo do tempo). Determinar estas competências mínimas constitui tarefa emergencial nas empresas comprometidas com o seu desenvolvimento *autossustentado* e com a excelência de sua gestão. Estas competências mínimas têm sido alvo de exigências das normas de sistemas de gestão da qualidade (requisito 6.2 da ISO 9001:2008) e também dos prêmios de gestão (requisito 6.2 dos Critérios de Excelência do PNQ). Os fundamentos básicos que compõem a especificação de competência de um cargo e/ou função são os seguintes:

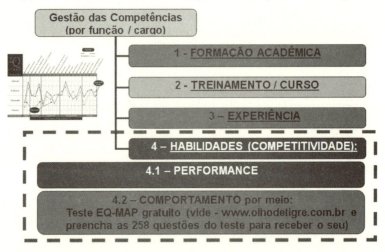

As competências 1, 2 e 3 (quando lacunares nas pessoas da força de trabalho) já estão contempladas nos cronogramas de capacitação e desenvolvimento ou nos planos de ação das área de RH existentes, mas as competências 4.1 e 4.2, eminentemente comportamentais, estão subjugadas ao ostracismo na grande maioria das organizações. Pesquisas demonstram que mais de 80% das lideranças que são demitidas justificam-se por problemas comportamentais e não técnicos, ou seja, estamos contratando pessoas pelo que elas sabem intelectualmente (1,

Orlando Pavani Júnior

2 e 3), mas estamos demitindo estas mesmas pessoas pelo que elas NÃO sabem (4.1 e 4.2), e já não sabiam quando foram contratadas!

HABILIDADE é o conjunto de características que mensuram o desempenho do profissional a partir da garantia de que os requisitos anteriores de capacitação (formação acadêmica, cursos/treinamentos e experiência) estejam plenamente atendidos. Parte do pressuposto de que pessoas igualmente capacitadas podem ter desempenhos diferenciados. Este requisito é o mais complexo para ser especificado, pois depende de um conhecimento bastante amplo das atividades que serão executadas pelos ocupantes dos cargos e dividem-se em dois itens:

- Indicadores Específicos: são regras matemáticas que são estabelecidas para cada cargo/função conforme a parametrização compartilhada entre as partes interessadas e devem medir requisitos de desempenho;

- Competências Emocionais: são características do comportamento que possam ser consideradas relevantes se alinhadas às atividades do cargo/função. Estas competências emocionais são, na grande maioria das vezes, estabelecidas de forma subjetiva (exemplo: capacidade de trabalhar sob pressão, capacidade de liderança, poder de síntese etc.) sem, contudo especificar um traço realmente emocional que possa ser mensurado com a objetividade necessária.

Atualmente temos utilizado muito o Teste de Mapeamento da Inteligência Emocional – EQ-MAP (Robert Cooper e Ayman Sawaf) como forma de especificar as escalas de comportamento do cargo/função e também para verificar se o ocupante está adequado às escalas.

O Teste EQ-MAP, além de diversos outros testes disponíveis no mercado (PI, Quantum, entre muitos outros), não são testes com base na psicologia necessariamente (Robert Cooper e Ayman Sawaf não são psicólogos), nem tampouco aprovados pelo Conselho Regional de Psicologia (CRP), mas são testes que foram aplicados a muitas pessoas e que estatisticamente demonstram graus de aderência importantes para especificação de requisitos comportamentais.

O Teste EQ-MAP, especificamente, é oferecido às pessoas de forma totalmente gratuita, pois se trata de conhecimento de domínio público por meio da publicação do livro *Inteligência Emocional na Empresa* (Ed. Campus – 1997). Basta entrar em www.olhodetigre. com.br e acessar a página específica do questionário do teste para preencher as 258 questões. Assim que feito o preenchimento nosso sistema fará o processamento e devolverá no e-mail informado um PDF com seu Gráfico EQ-MAP personalizado (vide exemplo a seguir).

Treinamentos Comportamentais

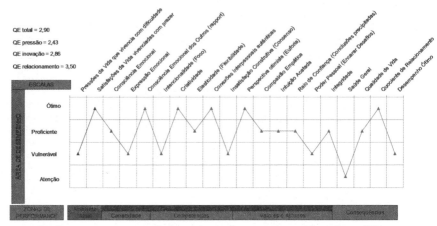

Todas estas características compõem a especificação mínima e padronizada de um cargo/função e precisam ser consolidados antes mesmo que qualquer processo de admissão (recrutamento e seleção) seja implantado.

Normalmente e execução deste tipo de trabalho desencadeia uma lista de pessoas que já ocupam seus respectivos cargos/funções, mas que detêm de uma série de pendências de qualificação que precisam ser resolvidas pela empresa num determinado prazo. Este é o "passivo de qualificação" que cada empresa tem, mas infelizmente nem todas sabem. A principal lacuna é, HOJE, eminentemente comportamental, e precisamos resolver com treinamentos comportamentais e, para algumas pessoas, será importante conduzir até mesmo tratamentos!

35

Treinamento Comportamental: uma ferramenta para a mudança de atitude

O comportamento humano define a forma
de agir de uma pessoa em seu cotidiano.
Modelos mentais enraizados impedem o pleno desenvolvimento
do indivíduo, excluindo-o de grandes oportunidades.
Esse artigo mostra a força do treinamento comportamental
para o desenvolvimento do potencial de indivíduos e grupos,
permitindo-lhes a utilização de todo o seu potencial de realizações

Osmar Rosanese

Osmar Rosanese

Administrador de empresas e pós-graduado em gestão integrada. Atua há mais de vinte anos no setor sucroenergético. Consultor e professor universitário em graduação e pós-graduação. Ministra palestras e cursos comportamentais nas áreas de vendas, liderança, oratória, estratégia, relacionamento, estresse no trabalho, desenvolvimento de equipes, pedagogia empresarial e empreendedorismo. Escreve artigos em portais de consultorias e entidades de classe.

Contatos

www.rosanese.com.br
contato@rosanese.com.br
(16) 3945-3844

Osmar Rosanese

Nenhuma máquina, ferramenta ou equipamento poderá gerar como resultado mais do que aquilo para o qual foi projetado. Somente o ser humano é capaz de superar expectativas e ultrapassar limites.

Essa capacidade de superação proveniente da inteligência está presente em todos os seres humanos, porém, muitas vezes de forma latente, inibida por fatores das mais variadas naturezas.

O comportamento humano define como as pessoas vão agir diante das circunstâncias de seu cotidiano. Muitas são as variáveis envolvidas na questão comportamental e que vão influenciar de forma significativa as vitórias e as derrotas desses seres humanos, quer na vida profissional, quer na vida pessoal.

O comportamento de uma pessoa definirá, por exemplo, se em seu espaço profissional ela se acomodará na chamada zona de conforto ou se, ao contrário, assumirá uma postura através da qual buscará mudar seus conceitos, adaptar-se a novas culturas, buscar novos conhecimentos e superar aquilo que até então considerava limites insuperáveis.

O comportamento humano é moldado e influenciado por muitas variáveis, presentes em seu ambiente. Nesse sentido o treinamento comportamental se traduz em um instrumento de apoio para que o ser humano quebre as correntes que o prendem às suas limitações, permitindo que ele experimente mudanças de atitude das quais jamais poderia imaginar ser capaz.

O treinamento comportamental ultrapassa as barreiras dos treinamentos convencionais na medida em que proporciona ao ser humano uma total reorganização de seus modelos mentais.

Modelos mentais são como preconceitos que internalizamos a respeito das mais diversas situações da vida. Eles são imagens que nos levam a tratar as coisas de forma muitas vezes equivocada. Eles começam a se formar na mais tenra infância humana e poderão influenciar o homem ao longo de toda sua vida.

Através de uma abordagem comportamental, esses modelos mentais podem ser destruídos, reconstruídos e até mesmo dar origem a novos modelos mentais propulsores de atitudes novas, mais motivadoras e mais positivas.

Em um ambiente organizacional muitas atitudes nocivas ao quadro geral podem ser explicadas pelas atitudes comportamentais apoiadas em modelos mentais equivocados. A clássica atitude de resistência à mudança, tão grave em organizações com necessidade de inovação, nada mais é do que uma postura de auto preservação.

Na prática, a autopreservação se manifesta em função de modelos mentais que causam ao ser humano, a sensação de que irá manter seu status, mesmo em detrimento de todo um contexto em que se

Treinamentos Comportamentais

depende dessas mudanças para se continuar existindo. Em um cenário assim, apenas uma mudança significativa no comportamento poderia reverter o quadro negativo de estagnação dessa organização.

Agir na mudança de comportamento para que as pessoas reconstruam seus modelos mentais e assumam posturas onde a palavra de ordem seja o aprendizado, transforma a organização em um aparelho competitivo e inovador, apto a funcionar em um cenário cujo ambiente é caracterizado pela volatilidade das regras de negócios.

O treinamento comportamental atua no centro nervoso das atitudes humanas, ou seja, nos modelos mentais que criaram raízes profundas nas mentes das pessoas e assim passaram a nortear sua forma de agir e reagir frente às situações cotidianas e, de forma mais contundente, nas situações que exigem uma resposta mais desafiadora, que são coisas comuns na vida profissional de qualquer pessoa.

Dessa forma, os treinamentos comportamentais ultrapassam os limites do ensinamento e se caracterizam como instrumentos de mudança de atitude que transformam a vida e o modo de agir das pessoas.

Através de treinamentos comportamentais a pessoa passa a agir de forma a controlar seus conhecimentos, habilidades e atitudes, passando a enxergar sob novas perspectivas seus próprios conceitos de limites e capacidades, que, na maioria das vezes, são controlados com base nos enraizados modelos mentais criados no curso de sua vida e que, ao longo dela, serviram apenas como poderosos freios para seu desenvolvimento pleno e sua evolução pessoal e profissional.

No universo corporativo é cada vez mais comum a aplicação de modelos de gestão que tenham como objetivo potencializar as competências e habilidades das pessoas. O objetivo disso é aumentar a capacidade das empresas por meio de seu capital intelectual, de inovar, fidelizar clientes e se tornar competitivas e sustentáveis. Para isso é necessário empreender ações que possam mudar a atitude dos colaboradores.

No cenário atual da era do conhecimento, o ser humano assume a posição número um em grau de importância para as organizações que tenham necessidade de desenvolver ou aumentar sua competitividade. Dentro desse cenário a ordem é inovar. Melhorar produtos, aumentar o desempenho em processos, enfim, ter mais versatilidade e agilidade gerencial e operacional.

Isso tudo só é possível através da intervenção humana, com sua capacidade de observação e abstração das situações mais complexas.

Somente o ser humano possui a capacidade investigativa que permite estabelecer mudanças e melhorar as condições do ambiente em que está inserido.

Daí a conscientização cada vez maior por parte das organizações, de investir no desenvolvimento de seus talentos humanos, permitindo que estes liberem seus potenciais de mudança e inovação.

Muitas vezes as pessoas possuem habilidades e potenciais que elas próprias desconhecem ou, na melhor das hipóteses, não se sentem em condições de colocar em prática. Quebrar as barreiras que as impedem de explorar esse potencial se caracteriza como tarefa de forte dificuldade para ser executada pessoalmente e através da própria iniciativa.

Sob essa perspectiva, os treinamentos comportamentais se caracterizam como autênticos programas de apoio, que proporcionam às pessoas não apenas o poder de liberar seu potencial profissional e humano, como também lhes permite melhorar sua qualidade de vida.

Essa melhora nos índices de qualidade de vida se deve, principalmente, ao fato de que as pessoas que liberam seu potencial e aumentam sua capacidade de realização experimentam o aumento de sua autoestima e de sua motivação. Tais fatores contribuem de forma contundente para um sentimento de bem-estar generalizado que, se analisado sob a perspectiva das necessidades humanas de Maslow, certamente seriam colocadas no topo da pirâmide.

Algo que evidencia a importância das ferramentas de desenvolvimento comportamental são as necessidades apontadas cada vez mais como primordiais por todas as organizações. Necessidades como liderança, comunicação, relacionamento interpessoal e outras são todas de natureza comportamental e que, portanto, não podem ser sanadas através de treinamentos convencionais ou técnicos. Há que se trabalhar com o íntimo das pessoas para que elas possam expandir suas mentes, no sentido de absorver aprendizados que lhes permitam o desenvolvimento das capacidades que atendam a essa nova demanda profissional.

Já se encontra em um passado remoto o cenário em que as habilidades técnicas adquiridas por intermédio da educação formal atendiam às necessidades do mercado e das organizações.

Quando se fala em aumentar o potencial inovador que, de modo geral, está oculto na mente das pessoas, é comum que se pense em um primeiro momento no interesse pelos lucros que é natural das empresas. Porém, a realidade dos fatos é demasiadamente diferente. Mais do que as próprias empresas, quem mais recebe os benefícios proporcionados pelos treinamentos comportamentais são as próprias pessoas.

Tomemos como exemplo uma pessoa que investe seu tempo e recursos financeiros em um curso de oratória. Ao sentir o aumento de sua capacidade de se manter frente a frente com um grupo de pessoas depois de vencer seus próprios medos, mais do que falar em público, essa pessoa passa a ter total confiança em si mesma. Uma pessoa com

Treinamentos Comportamentais

autoconfiança possui motivação de forma natural, e, com isso, passa a transmitir para seus pares, superiores e subordinados uma imagem de força e competência que a torna mais notada do que as demais pessoas de seu círculo. Daí se dizer que treinamentos comportamentais contribuem com a melhoria na qualidade de vida das pessoas.

Portanto, o treinamento comportamental, por sua capacidade de lidar com os bloqueios e modelos mentais que impõem barreiras aparentemente intransponíveis para o pleno desenvolvimento pessoal e profissional do indivíduo, torna-se um dos mais importantes elementos de apoio nos processos de desenvolvimento de pessoas.

Esse desenvolvimento, que se reflete na organização, implica, mais do que o desempenho da organização, na capacidade de criação e inovação das pessoas que poderão dar vazão a toda sua capacidade de superar aquilo que até então consideravam como seus limites máximos e intransponíveis.

36

Neurovendas: a psicologia da venda

Os supervendedores de qualquer empresa conhecem um segredo que os 80% dos demais vendedores que não fazem parte dessa elite desconhecem. Esse segredo está na Fórmula PenSAR, que será explicada no texto a seguir para ajudar todos a obter resultados expressivos, através de ações proativas, que provêm de sentimentos positivos, que nascem de pensamentos fortalecedores

Philip Mark Magrath

Philip Mark Magrath

Membro da Sociedade Brasileira de Coaching, nas áreas de *Coaching* Pessoal, Profissional e Executivo. Especialização em *Life Coaching Skills*, no Canadá. Consultor DISC pela Etalent. Palestrante Transformacional e Treinador de Vendas. PNL *Practitioner*. Facilitador na Voitto Treinamento e Desenvolvimento Humano. Coautor da obra T*eam & Leader Coaching*, da Editora Ser Mais.

Contatos
www.quallicoach.wix.com/quallicoach
quallicoach@yahoo.com
Facebook: Phil Magrath
skype: philipmagrath ou Coach Phil

Philip Mark Magrath

O treinamento que sou mais convidado a ministrar é o de "NeuroVendas - A Psicologia da Venda", no qual trabalho um conceito que adoto em minha vida e passo para o maior número de pessoas possível, seja nesses eventos ou nas sessões de *coaching*. Dei ao conceito o nome de PenSAR para melhor memorização da fórmula:

$$P+ \rightarrow S+ \rightarrow A+ \rightarrow R+$$

Segundo essa fórmula, Resultados Expressivos são alcançados com Ações Proativas, propulsionadas por Sentimentos Positivos, que nascem de Pensamentos Fortalecedores.

Sendo assim, os Resultados (R) que produzimos em nossas vidas são gerados, em sua origem, por um Pensamento (P). Explicarei como isso se aplica a vendas e como esse treinamento comportamental tem proporcionado aumentos significativos em vendas para as empresas e profissionais que participaram desse *workshop*.

Em vendas, sempre prevalece a Regra dos 80-20, ou Princípio de Pareto. Segundo a regra dos 80-20, 80% das vendas são feitas por 20% dos vendedores de uma equipe. Uma vez que você esteja entre esses 20%, nunca mais terá de se preocupar com dinheiro ou empregabilidade. Seu trabalho é entrar no grupo dos 20% e, depois, na Elite dos 4% (20% dos Top 20%). Na Elite dos 4%, você será um dos mais bem pagos vendedores do mundo, pois esses 4% ganham 16 vezes mais do que os 20% da equipe de elite, e 54 vezes mais do que os 80% restantes.

Qual é o segredo desses supervendedores? São técnicas muito mais apuradas? São habilidades extremamente mais bem treinadas? Para refletir: um corredor de 100m rasos, que vence o segundo colocado por milésimos de segundo, ganha em média dez vezes mais em premiações e patrocínios. Ele é dez vezes melhor do que o segundo colocado? Suas técnicas são dez vezes mais apuradas e suas habilidades extremamente mais bem treinadas do que o segundo colocado? Lógico que não! O que diferencia um Usain Bolt do resto dos corredores? Ele conhece o conceito do "Jogo Interior", pela primeira vez apresentado por Timothy Gallwey, para muitos o pai do *coaching*. Segundo esse conceito, Gallwey prova que acontece um jogo interior em nossas mentes, quando estamos realizando qualquer atividade, seja ela esportiva, profissional ou pessoal. Super-realizadores também conhecem a teoria da "Vantagem Vencedora" que diz que a diferença entre os melhores vendedores e um vendedor medíocre, ou mediano, não é grande. A diferença é pequena. Os super-realizadores, como os supervendedores, fazem apenas algumas coisas de uma maneira um pouco melhor, todos os dias.

Treinamentos Comportamentais

A venda é um jogo interior. Isso quer dizer que o que passa na mente do vendedor (seus pensamentos) faz toda a diferença em seu sucesso. Sabemos que existe uma relação direta entre a autoimagem de um vendedor e sua eficácia. Autoimagem é como pensamos que somos, como nós nos enxergamos.

Os supervendedores entendem o segredo do P+. Quanto mais eles fortalecerem o P+, maior será o seu R+. Esse P+ não é simplesmente ter pensamento positivo. Pessoas que procuram sempre trocar um pensamento enfraquecedor (P-) por um P+ (fortalecedor) conseguem fugir do círculo vicioso dos resultados fracos, produzindo um P ainda mais positivo (P++).

Gosto de exemplificar essa 'mudança de pensamento, de P- para P+' de forma simples. Uma pessoa pensa que tem "problemas" (P-), isso provoca um sentimento negativo (S-), que cria uma ação reativa (A-), que resulta num resultado pobre (R-), que potencializa outro P-(só que agora é P--) e assim, formou-se o círculo vicioso.

$$P- \rightarrow S- \rightarrow A- \rightarrow R- \rightarrow P-- \rightarrow S-- \rightarrow A-- \rightarrow R-- \rightarrow P---$$

Eu pergunto: você prefere acordar, numa segunda-feira, pensando em "ter que resolver problemas" ou pensando em "poder superar desafios"? A maioria das pessoas me responde "superar desafios". Esse pensamento fortalecedor muda toda a fórmula, positivando-a até gerar resultados expressivos, que vão potencializar outro P+ (agora, um P++), formando um círculo virtuoso.

$$P+ \rightarrow S+ \rightarrow A+ \rightarrow R+ \rightarrow P+ \rightarrow S+ \rightarrow A+ \rightarrow R+ \rightarrow P+++$$

Voltando aos supervendedores. O diferencial deles é como pensam em relação a todo o processo de vendas, da ligação e prospecção de clientes à importância da fidelização dos clientes, passando obviamente pela venda em si e o fechamento dela.

Enquanto os 80% dos vendedores com resultados inexpressivos pensam que ligações são chatas, prospectar é difícil, vender é uma profissão menos honrosa de que outras, e que o fechamento é a "pior" parte de uma venda, os supervendedores têm pensamentos fortalecedores em cada etapa. E como eles conseguem isso?

Uma pesquisa de Harvard com 16 mil vendedores mostrou que qualidades psicológicas são a base do sucesso em vendas. Esses supervendedores têm uma autoimagem fortíssima em relação ao que são. Essa autoimagem positiva alimenta a sua autoconfiança, fortalecendo-os em todas as etapas da venda, levando à autorrealização.

Como? Para se ter uma autoimagem positiva, é preciso ter uma autoestima alta. Uma pessoa com alta autoestima gosta de si mesma. O quanto você gosta de você mesmo é determinante para a sua performance e sua eficácia em tudo o que você faz.

Gosto de mim→ Autoimagem Positiva → Autoestima Alta → Autoconfiança → Autorrealização

Por gostarem delas mesmas, por terem autoestima que fortalece sua confiança, produzindo uma autoimagem vencedora, elas não fogem de levar o temido "não" numa ligação, no momento de prospectar, na hora de abrir e de fechar uma venda.

Um vendedor nunca conseguirá ganhar mais do que a sua autoimagem permitiria que ele ganhasse. Quem tem uma autoimagem de mil reais por mês, não conseguirá acumular cem mil reais por mês. O "termostato interno" dele está fixado com o nível mínimo de zero real e máximo de mil reais. Quando sair desses níveis, ele fará de tudo para se manter dentro desses parâmetros, que chamamos de "zona de conforto". Se ele conseguir mil reais em duas semanas, um fenômeno incrível acontece: ele descansa, tira o pé do acelerador, faz menos ligações e marca menos visitas. O contrário também é válido: se faltam três dias para fechar a meta e ele está longe dos mil reais, ele faz mais do que fez nas três semanas anteriores, só para não sair da zona de conforto. É como fazemos com um termostato de um ar condicionado. Se ficar frio, aumentamos para permanecer na "temperatura confortável". Se ficar quente, diminuímos para ficar novamente no "ambiente de conforto".

Além disso, dois dos maiores medos do ser humano são o medo da rejeição e o medo da crítica, e essas duas forças estão em jogo o tempo todo em vendas. "*Será que vou levar um 'não'?*" (entende-se como "*fui rejeitado pelo cliente*"). "*Não fechei a venda*" (entende-se como "*serei criticado pelo chefe*").

O nosso cérebro mais primitivo, chamado de reptiliano ou cérebro de sobrevivência, é programado para garantir a nossa preservação e a preservação da nossa espécie; logo, qualquer situação que gere "desconforto", faz com que o cérebro nos coloque instintivamente em fuga ou luta. E ele sempre é ativado antes do cérebro emocional e do cérebro lógico, ou neocórtex.

Um "não" gera desconforto, logo, fugimos do próximo cliente, da próxima ligação, da próxima venda. Ou lutamos, brigamos e discutimos com quem quer que seja, procurando culpados pelo nosso insucesso, para diminuir a sensação de rejeição ou crítica, que leva

Treinamentos Comportamentais

à frustração. O maior motivo que leva muitas pessoas a fracassarem em vendas é que elas não ficam em vendas tempo suficiente para conquistar as primeiras vitórias que elevarão a autoestima e o auto-conceito, que garantirão uma carreira de sucesso em vendas.

Todo supervendedor atingiu um ponto no qual não existe mais o medo da rejeição ou da crítica. Eles têm uma autoimagem vence-dora, autoconfiança, e por gostarem de si, sabem que o "não", não é para eles, e sim para o produto/serviço, porque não era o momento do cliente ou por qualquer motivo, MENOS pelo fato de que não gostaram deles. E seguem para a próxima.

Afinal, quando é o melhor momento para se fazer uma venda? Imediatamente após ter fechado uma! Por quê? Neste exato momen-to, gostamos do que fizemos, nossa autoimagem melhora, nossa au-toestima sobe, a autoconfiança também e realizamos muito mais! É a hora de ligar para aquele grande cliente que ainda não fechou e conseguir aquela grande conta, a enorme comissão, a supervenda!

Por não sentirem desconforto, devido ao conforto proporcionado por uma autoimagem sólida, eles não precisam nunca, instintivamente ou não, fugir ou lutar. E não se frustram! Concluindo, os Supervende-dores têm um P+ muito forte sempre. Logo, seus R+ são maiores.

Em nossos treinamentos são apresentadas e trabalhadas fer-ramentas para ajudar os participantes a aumentar os níveis do seu termostato interno e sua autoestima, para ganharem mais autocon-fiança e atingir autorrealização completa, além de mostrar como a mente tenta sabotar a mudança comportamental necessária para conquistar uma autoimagem vencedora.

Convido todos a refletir algumas vezes ao dia, para perceber se o seu P em qualquer momento é fortalecedor ou enfraquecedor. Tro-que seu P por um melhor e viverá uma vida cheia de resultados bons, metas alcançadas e sonhos realizados.

Sucesso com Felicidade!

37

Treinamento comportamental como diferenciação no mercado

As pessoas podem esquecer o que você disse.
Também o que fez, mas nunca como as fez se sentirem.
É aí que entra o treinamento comportamental. Tenho absoluta
certeza do poder do treinamento comportamental. Ele é altamente
motivador no desenvolvimento das competências comportamentais
que estimulam principalmente as mudanças de atitudes

Prof. Daltro Monteiro

Prof. Daltro Monteiro

Professor universitário. Especialista em Biopsicologia. Pós-graduado em Gestão Escolar. Formado em Teatro pela escola Tem Gente Teatrando. Pesquisador do Tema Estresse nas Empresas e na Educação. Apresentador de TV do Programa "Viver Bem" no canal 16 da NET, serra gaúcha. Formado em Consultoria Empresarial pela Fundação Getulio Vargas (FGV). Na rádio São Francisco AM, apresenta o programa "Você Empreendedor". Idealizador do Sistema Prático de Autogestão (SPA *in Company*).

Contatos
www.professordaltro.com.br
facebook.com/DaltroMonteiro
(54) 3223 1213
(51) 3209 1008
(54) 91121230
(11) 99630 0809

Prof. Daltro Monteiro

As máquinas não são as mesmas para todos?
O caixa, o computador, os carros, os celulares, os *tablets* não são semelhantes aos dos outros?
Claro que são, tudo igual (ou parecido)!
Agora pergunto: o que faz a diferença para o manuseio dessas coisas? PESSOAS!
As pessoas podem esquecer o que você disse. Também o que fez, mas nunca como as fez se sentirem.
É aí que entra o treinamento comportamental. Tenho absoluta certeza do poder do treinamento comportamental. Ele é altamente motivador no desenvolvimento das competências comportamentais que estimulam principalmente as mudanças de atitudes. As empresas, lojas, mercados, comércio em geral, as vendas e o atendimento estão cada vez mais exigindo comportamentos adequados, proativos e com resultados rápidos e expressivos. Então, como reverter uma situação que atualmente aflige qualquer RH ou gestores de pessoas, como a alta rotatividade em seus quadros? Treinamento Comportamental.
Pessoalmente utilizo muito dois sistemas desenvolvidos na Universidade de Caxias do Sul / RS que foi apelidado de:
1) Aula Palestra Show
2) Multi Jogos Comportamentais Cooperativos
Ambas ferramentas desenvolvem competências comportamentais que têm como base a tolerância mútua, muito importante nas relações interpessoais dentro das instituições.

> "A lei de ouro do comportamento é a tolerância mútua, já que nunca pensaremos todos da mesma maneira, já que nunca veremos senão uma parte da verdade e sob ângulos diversos." (Mahatma Gandhi)

Essas constatações não são novidade no campo da psicologia; o psicólogo norte-americano Robert W. Henderson escreveu diversos livros na década de 60 que popularizaram a ideia de treinamento comportamental para transformar sentimentos negativos em atitudes positivas. Valores como tolerância, receptividade, responsabilidade, adaptabilidade, otimismo e tantos outros podem ser aprendidos.
As nossas 'aulas palestras show' criam uma pré-condição indispensável para esse trabalho de mudanças comportamentais por meio dos Multi Jogos Cooperativos. Necessariamente aplicamos a confiança, maturidade, aceitação do diferente e a paciência.
O confiar não só no outro, mas em si próprio. Todos devem como primeiro passo acreditar na própria capacidade de se aperfeiçoar, melhorar, desenvolver, crescer e ter consciência que apenas ela tem o

Treinamentos Comportamentais

poder da decisão de se tornar melhor.

Muitos RHs, os quais atualmente são meus "fregueses" duvidaram das mudanças comportamentais de seus times que passam por esses dois sistemas. Para tal obrigatoriamente nas mudanças comportamentais se exige que a pessoa desenvolva sua Inteligência Emocional, a mesma que Daniel Goleman já escreveu anos atrás, que aprenda a lidar com suas emoções e conheça e desenvolva suas motivações.

Para os gestores que pensam em mudar seus times da noite para o dia, eu alerto, CALMA! A tolerância e a paciência são armas fundamentais no processo. É tudo um grande processo pedagógico que leva tempo, ele requer um bom período de dedicação e treinamento. E é justamente aí que nós entramos! Por conta desse tempo de aprendizado, os processos comportamentais necessitam de um acompanhamento que utilize técnicas de alta performance (Multi Jogos) que deem segurança na manutenção do foco essencial da mudança de comportamento de seu time.

A inclusão dos Multi Jogos nos programas de treinamento e desenvolvimento dos nossos clientes tem demonstrado ser capaz de melhorar a incorporação de conteúdos, antecipadamente descritos no *briefing* da empresa. As atividades contribuem implicitamente para o desenvolvimento cerebral e psíquico dos participantes. Isso ocorre porque são nos momentos de diversão e descontração que os participantes "baixam a guarda" e adotam comportamentos sem artificialidades, favorecendo a interiorização do conteúdo alinhado com as necessidades e momento que aquele negócio necessita de seus colaboradores.

Quando alguém é promovido, por exemplo, logo surgem os comentários: "fulano mudou desde que se tornou chefe, não é mais o mesmo"; sim, de fato, ele tem agora um papel diferente para representar. Técnicas de representação podem ser usadas com muita eficiência em treinamentos comportamentais, pois permitem que a pessoa descubra dentro de si potenciais latentes que ela não acredita que possui. Uma pessoa tímida, por exemplo, pode ser estimulada a representar o papel de uma pessoa confiante; pode inclusive redigir um roteiro com algumas falas e atitudes que deve ter neste papel, e vai se surpreender percebendo que consegue de fato fazer tudo isso enquanto representa o personagem que criou. É complexo pontuar todos os benefícios que nossos Multi Jogos podem atingir, porém uma excelência desse treinamento é que certamente vai estimular o foco em atitudes comportamentais práticas e concretas, sempre direcionado às necessidades da empresa.

"O problema não é descobrir o que fazer; o problema é fazer".

Devido ao ambiente da universidade em que lecionávamos, desenvolvemos um sistema aplicado de SPA, porém em absoluto não

Prof. Daltro Monteiro

tem nada a ver com o Spa no qual costumeiramente vemos as celebridades na TV, nosso projeto e pesquisa sempre foram focados em comportamento e a sigla SPA é oriunda de Sistema Prático de Autogestão, que anos depois se tornou em Multi Jogos Comportamentais Cooperativos. Tal pesquisa, tempos depois tornada treinamentos comportamentais, é uma ferramenta utilizada e muito apreciada pelas empresas para provocar mudanças no comportamento dos funcionários, visando à maximização dos resultados corporativos. Tendo em vista a impossibilidade da separação das dimensões, profissional e pessoal do trabalhador, essa pesquisa apresenta os resultados de uma investigação a respeito da percepção do funcionário da área operacional sobre a influência que os treinamentos comportamentais corporativos exercem na sua vida pessoal.

Outra vantagem e benefícios nesses treinamentos vivenciais comportamentais são as ferramentas muito utilizadas no mundo corporativo, principalmente no processo de gestão de pessoas com a finalidade de capacitar, desenvolver habilidades e competências, despertar novos líderes, integrar equipes e motivar colabores em estado de conforto dentro da organização buscando resultados duradouros.

Segundo a DON Strategy Partners, além da revisão do mix de atividades comportamentais, a parceria entre instituições de ensino e empresas tem levado à modificação dos treinamentos corporativos para alinhá-los às necessidades das organizações.

As principais modificações são:

- Da educação teórica para a educação experimental - comportamental
- Do passivo (escutar) para o ativo (fazer)
- Da abordagem genérica para a abordagem customizada
- Da memorização para o *brainstorming*
- Do "passar nos testes" para o aprendizado por toda a vida
- Da transferência de conhecimento para a cocriação de conhecimento
- Do aprendizado competitivo para o aprendizado colaborativo

Para a autora do livro "Aprendizagem em Treinamentos Corporativos" Isabel Campos, em um de seus muitos artigos sobre aprendizado e treinamento publicados na web, aponta que um dos desafios sempre presentes em qualquer tipo de ensino e, em especial, no ensino em ambiente corporativo, refere-se à validação real do aprendizado e a possibilidade de sua aplicação pelo aprendiz em seu ambiente de trabalho. À efetiva aplicação alcançada dá-se o nome

Treinamentos Comportamentais

de Transferência de Aprendizagem. E é justamente aí que nossas atividades dos jogos Multi Cooperativos atua, transformando por meio da vivência as atitudes comportamentais em proatividades, comportamentos positivos e prosperidade a todos.

"O treinamento que antes atingia os exércitos, hoje permeia todos os setores. Estamos na era do treinamento. Treina-se para praticar esportes, andar, dançar, calcular, escrever, contar histórias, encenar uma peça. Treina-se para dirigir veículos, pilotar aviões, operar máquinas. Treina-se para falar em público, usar computadores, administrar empresas, executar projetos. Treina-se para tomar vinho, apreciar uma obra de arte, observar a qualidade dos produtos".

O texto acima é um trecho do livro "O Código da Inteligência" de Augusto Cury, que já passa dos 7 milhões de exemplares vendidos. É inegável, realmente, que se treine para tudo em nossa atual realidade, em um mundo cada vez mais competitivo. Se é cada vez mais competitivo, o que realmente faz a diferença ao sucesso? COMPORTAMENTO!

Tais argumentos são apenas para que a consciência coletiva das empresas, dos gestores de pessoas e RH dê a devida importância para treinar, treinar e treinar seus times.

38

O treinamento comportamental e seu significado

Você já se perguntou quanto o Brasil cresceu a partir da contribuição de diversos treinadores comportamentais? As novas matérias estão chegando mais cedo para nosso povo, graças ao esforço de profissionais que viajam pelo mundo em busca de informação. Esta é a moderna identidade dos treinamentos: NÓS FAZEMOS A DIFERENÇA NESTE MUNDO!

Prof. Massaru Ogata

Prof. Massaru Ogata

Autor do livro *É ISSO! – 21 revelações dos fundamentos para tornar a vida mais valorosa na saúde física, familiar, social, emocional, profissional e financeira.* Professor Massaru Ogata foi executivo durante 17 anos na empresa Johnson & Johnsone dedicou 12 deles ao treinamento de vendedores e desenvolvimento de recursos humanos. É pedagogo com especialização em psicologia do comportamento e *trainer* em neurolinguística aplicada. Pesquisador do campo de análise transacional, Ogata é um dos mais experientes treinadores brasileiros em dinâmicas de alto impacto. Treinador formado pela Nihon Kenko Zoshin Kenkyukay, Japão, tem presença garantida nos maiores eventos que ocorrem em circuito nacional corporativo. *Professional & Self Coach* com Certificação Internacional pela ECA - European Coaching Association (Alemanha/Suiça) e METAFORUM INTERNATIONAL (Itália/Alemanha). Ogata se especializou também em treinamentos que ocorrem além dos muros corporativos, conhecidos como "abertos" ou "livres"; caracterizados por investimento pessoal e vivenciados com o necessário alto impacto que a evolução comportamental exige. É mentor dos programas de alto impacto Conexão Alpha, uma imersão com trinta horas de reencontro com o potencial adormecido nas pessoas e do IFT – Instituto de Formação de Treinadores, que forma treinadores e líderes de variados setores, por uma sociedade mais justa e preparada.

Contatos
www.eisso.net.br
www.massaruogata.com.br
www.palestrademotivacao.com.br
www.facebook.com/professormassaruogata
massaruogata@uol.com.br
(11) 99920-2835

Prof. Massaru Ogata

A sociedade brasileira vive um momento ímpar de sua história. Nunca antes este país contou com tantas pessoas físicas e jurídicas dispostas a transformar a nação. Mesmo com a escandalosa corrupção que nos assola, ainda é possível comemorar uma indiscutível evolução entre as pessoas que se dispõem a crescer, ao invés de passar a vida apenas reclamando.

Ainda que não o saiba, você é a pessoa que mais torce por si – trecho do livro É ISSO!

Parte da busca do ser humano por crescimento, mais cedo ou mais tarde, há de passar, necessariamente, por treinamentos comportamentais.

O conhecimento acadêmico deixa uma lacuna a ser preenchida que somente o ensino alternativo é capaz de preencher. Quer uma prova disso? Observe que algumas pessoas fogem da lida com as emoções e procuram respostas em novas formações acadêmicas. Quando descobrem que suas perguntas não foram respondidas com o novo curso, desistem. Por isso é tão comum observarmos pessoas que começaram 3 ou 4 cursos na faculdade e não concluíram nenhum.

Nós, treinadores comportamentais,temos a indiscutível responsabilidade de oferecer um caminho para o sucesso nas diversas áreas importantes da vida.

Já repararam que os professores brasileiros não têm o hábito de recomendar aos seus alunos que procurem treinamentos comportamentais? Se assim o fizessem, talvez as dúvidas que tomam de assalto nossos jovens na hora de escolher uma faculdade, por exemplo, se amenizassem, mas não podemos lhes culpar, pois isso é cultural. Os pais destes mesmos alunos também deveriam ter experimentado este prazeroso elixir de conhecimento, assim como seus avós. Temos, entretanto, uma boa perspectiva:

A partir da assim chamada Geração Y, todas as gerações futuras serão agraciadas com a indiscutível e assertiva necessidade de treinar o comportamento, a inteligência emocional. Nos salões onde ministro treinamento, cada vez mais a presença de jovens entre 17 e 25 anos se torna constante, um excelente sinal para o futuro.

Eu comecei esta reflexão dizendo que evoluímos, mas isso não quer dizer que nada mais há para ser feito. Ainda precisamos abandonar uma poderosa conexão com o passado.

Um elo cartesiano

A função de cada um dos profissionais coautores que assinam esta obra, bem como dos demais treinadores ao redor do país, é mudar este

Treinamentos Comportamentais

cenário. Não podemos mais viver conformados em uma sociedade que não acredita em emoções, sonhos, imaginação e energia. O cartesianismo foi punitivo com as gerações passadas. Fui testemunha de um enorme contingente de pessoas que simplesmente se recusava a acreditar em resultados obtidos além das fronteiras assim ditas "conhecidas".

Os treinamentos comportamentais eram incipientes em meados dos anos 90, mas ainda temos empresários que se recusam a treinar seus funcionários, mesmo diante do resultado de concorrentes de seu próprio mercado que o fizeram e comemoram a alta performance nos relacionamentos e nos números da empresa. É uma escolha nada assertiva, mas merece nosso respeito, até porque temos uma parcela de culpa!

Estes empresários mais resistentes foram educados na base do cartesianismo. Acreditam pouco em inteligência emocional ou propostas que tenham qualquer base lúdica na formatação.

Agora, apresento a parcela de "culpa" dos treinadores: precisamos ajudar as pessoas a abandonarem o cartesianismo. Entretanto, é preciso PREPARO.

Até hoje, sento na audiência de outros treinadores, dentro e fora do Brasil, em busca de novos conhecimentos, justamente para que seja possível me atualizar e oferecer ferramentas novas a este pessoal que somente acredita em exatidão, linha reta e precisão.

A atualização dos conhecimentos é o principal motivo pelo qual profissionais de desenvolvimento humano são contratados. Se eles não se atualizam, começa a nascer uma abismal incongruência que não passará despercebida, principalmente por aqueles que já não acreditavam nos resultados.

Precisamos dar um show como treinadores, mas o conteúdo deve ser o protagonista e não o figurante.

Errar é humano em treinamentos?

Imagine que o enfermeiro está empurrando a maca que conduz o paciente para a sala de cirurgia. É uma complicada intervenção, considerada de altíssimo risco. Na porta da sala, antes de entrar, o paciente observa uma placa com os dizeres "Errar é humano". Se fosse comigo e eu tivesse chance, sairia correndo. E você?

Esta crença gera uma enorme falta de comprometimento entre as pessoas. Afinal, se errar é humano, acertar é o que? Divino?

Os treinadores não podem se permitir o luxo do erro. Vou citar aqui 10 questões que, uma vez adotadas, podem mudar e influenciar o pensamento do mundo corporativo, para que as próximas décadas não sejam tão resistentes em contratar treinamentos:

Prof. Massaru Ogata

1) Organização: um evento é como uma cerimônia de formatura ou casamento. Tudo deve estar absolutamente impecável, desde o posicionamento das cadeiras, até a decoração e os itens considerados "pouco importantes" como água e climatização do espaço, sem os quais um evento já começa ruim;

2) Sonorização: treinadores com programas regulares de evento devem investir em equipamento de áudio e imagem. Os equipamentos alugados podem comprometer a qualidade da fala e passar horas escutando uma voz que está audivelmente horrível é tortura;

3) Apresentação: aprofunde-se no simples. As pessoas esperam seu conteúdo cognitivo e não uma tela cheia de textos. Se fosse para fazer as pessoas lerem, não precisaríamos de treinamento, bastaria enviar um e-mail;

4) Oratória: você precisa de um estilo seu. Policiais precisam de armas eficientes. A voz dos treinadores é a sua arma. Faça audição de seus trabalhos e perceba se gostaria de mudar algo. A fonoaudiologia tem muito a nos ajudar, mas não temos o hábito de fazê-lo;

5) Vício de linguagem: se você fizer uma simples palestra de 90 minutos e usar afirmações repetitivas para defender suas ideias, a audiência ficará cansada. Alguns exemplos... "assim", "olha", "é", "hum", "ah", etc.

6) Excesso de afirmação: quando finalizamos uma argumentação, não precisamos reforçá-la. Basta concluir com o tom de voz, que deve aumentar ou suavizar, dependendo das circunstâncias. Alguns exemplos que vejo por aí... tá! fechado! beleza! feito! ok!, etc.

7) Jogos corporativos: se os seus eventos têm muito conteúdo teórico e quase nada de prática, este é um grande recurso. Entretanto, é fundamental você entender a diferença com gincana. A diversão deve estar SEMPRE presente nos eventos, mas não pode ser DESPROVIDA de conteúdo, ou seus participantes dirão que foi engraçado, mas esquecerão da mensagem principal.

8) Congruência: entregue seu evento com um conteúdo além da proposta, para surpreender seu público e certifique-se de que as bases dele são realmente transformadoras para a vida das pessoas.

9) Equipe: treine quem lhe acompanha exaustivamente, para que o *rapport* seja sempre eficiente entre vocês. Quem for trabalhar contigo deve amar o ser humano tanto quanto você. Se for apenas uma operação financeira, é melhor que esta pessoa vá vender produto. Trabalhar com pessoas exige doação, abnegação e humildade;

10) Educação literária: se a pessoa não tem um vocabulário rico nas conversações, um milagre não há de acontecer no processo de oratória. É preciso que o exercício da leitura seja prazeroso para treinadores, porque é a ferramenta mais eficaz de aperfeiçoamento da comunicação. Quer

Treinamentos Comportamentais

um número mínimo? Um livro por mês. Se conseguir um por quinzena, melhor ainda. Esta é a quantidade ideal para que formadores de opinião se tornem cada vez mais completos.

Caso os profissionais de treinamento observem estas regras, a comunidade empresarial e também as pessoas físicas finalmente entenderão em sua maioria o que hoje apenas uma minoria entende:

O sucesso está conectado com treinamentos que despertam a inteligência emocional das pessoas. Como o tempo é o único mestre que mata seus discípulos, começar já não é uma opção, mas uma estratégia de vida!

IFT: A retribuição ao Brasil, que foi muito generoso comigo!

Quando me tornei sexagenário, entendi que havia chegado o momento de deixar um legado para esta sociedade que tão bem me acolheu. Comecei a formar treinadores comportamentais capazes de irem além de seus limites nos quesitos dedicação, empenho, comprometimento, disciplina, resiliência e doação de energia. Foi aí que surgiu o IFT, Instituto de Formação de Treinadores. Meu desafio maior era montar uma estrutura e ensinar a crença promissora de que é possível ser feliz desenvolvendo pessoas. Começou a surgir a emotização do IFT. Na época, eu pretendia fazer uma edição por ano, selecionar 20 pessoas e dizer: EU ESCOLHI VOCÊ!

Quando realizei a primeira edição, senti no âmago que não poderia parar ali. Então pensei: vou trabalhar por 15 anos neste projeto e formar 300 treinadores no Brasil.

Era um propósito de vida maravilhoso, eu estava feliz com a possibilidade. Queria que estes treinadores passassem por minha vida e realizassem seus sonhos a partir da experiência que compartilharia com eles. Eu não tinha como imaginar a proporção que este trabalho tomaria. Em 2013, muito antes da previsão original, atingi este número e entreguei 300 treinadores a este país que acolheu minha família em tempos difíceis.

Para comemorar, decidi que em 2014 farei um IFT MASTER, honrando aqueles que confiaram em meu trabalho como professor. Se a meta está batida, é hora de transcender e como eu sempre digo para meus amigos:

EU ESTOU PRONTO!

E talvez os amigos leitores perguntem:

- Prof. Massaru, você reuniu toda sua experiência no IFT. O que haveria de novo no IFT MASTER?

Esta pergunta é muito justa e aí vai minha resposta:

Imagine-se na base de uma longa escadaria, de posse de todos os recursos e da experiência até aqui acumulada por suas vivências. Lá no alto, ao término dos degraus, uma audaciosa proposta. A escadaria é curva, de modo que onde você está, é impossível ver o final dela. Mas ao término dos degraus, uma tela está disposta e será acionada assim que você chegar ao cume. Você começa a subir cada um deles, prestes a ter contato com toda a sua vida. Quanto mais sobe, mais se aproxima do relaxamento e da perspectiva de uma vida melhor.

É ISSO!

Se eu pudesse resumir a continuidade deste legado, penso que estas palavras bastam, pois o conteúdo programático na íntegra, assim como todo evento que realizei, será vivencial.

Olhando para trás, eu penso: valeu!

Foram anos de dedicação ao ser humano, mas cada luta teve o seu por que, afinal o Universo me cercou de pessoas que, assim como eu, acreditam numa sociedade melhor e estão dispostas a pagar o preço. Como uma sociedade forte se estabelece através da contribuição individual, juntamos mais de 600 braços e erguemos todos os pilares que sustentarão a estrutura necessária para os treinadores comportamentais. O IFT MASTER representará o teto desta forte construção que cada um de nós deve representar para o país: homens e mulheres prontos para transformar a vida das pessoas, desprovidos de ego exacerbado e munidos de conteúdo cognitivo, amor por sua missão de vida e a convicção infalível de que nasceram para fazer a diferença!

Quanto mais a pessoa se encolhe, mais ela morre em vida e mais doenças da emoção ela encontra. Nós não somos e tampouco temos a cura, mas como treinadores comportamentais, devemos impedir que as pessoas se encolham.

Este livro é uma grande oportunidade. São dezenas autores que merecem a minha defesa maior:

Vocês já fazem a diferença!

Foi um grande prazer coordenar tantos trabalhos bem elaborados. Espero que o conteúdo desta obra, tão bem reunido e catalogado por esta seríssima editora, seja capaz de tocar seu coração, pois como argumentei em meu livro É ISSO!

Nós mudamos para o mundo, antes mesmo que ele se apresente transformado para nós.

A única diferença é que o mundo não nos culpa por nossa inércia, mas nós o culpamos por sua aceleração constante.

Perdão

Eu fiz questão absoluta de finalizar esta reflexão com a necessidade maior nos eventos: as pessoas procuram uma maneira de perdoar e se perdoar, ainda que não o saibam.

Treinamentos Comportamentais

O treinamento comportamental, portanto, deve fazer com que as pessoas se permitam fazê-lo.

É a maior necessidade e, ao mesmo tempo, a maior dificuldade do ser humano.

Em análise transacional, convidamos as pessoas a perdoarem ao máximo toda a mágoa que estiver encalacrada.

Quando se perdoa, o mundo fica mais abundante e próspero. Quando se acumulam mágoas, portas e janelas desaparecem, deixando apenas lúgubres paredes sem saída.

É esta a missão maior dos treinadores: ensinar o perdão para as pessoas pelo que fizeram, deixaram de fazer, sofreram ou se permitiram sofrer.

Há ainda uma consideração final:

O perdão desnuda a alma da pessoa e é por este motivo que temos tanta dificuldade em fazê-lo. Literalmente, uma pesada roupa é tirada durante o difícil exercício do perdão. Como profissionais que somos, deixo aqui registrado o meu último pedido:

Muitas vezes, a pessoa vai compartilhar contigo ou com sua equipe os eventos que a levaram até ali, pois a despedida da angústia que acompanha a mágoa requer desabafo.

Quando chegar este momento, é importante existir uma neutralidade por parte dos treinadores.

Não julgue, opine, considere e tampouco dê conselhos!

Apenas dê um abraço e ouça, pois se a maior dificuldade do ser humano é perdoar, a maior necessidade é ter a chance de alguém ouvi-lo.

É ISSO!

39

Origens - Onde tudo começou

Filhos feitos à semelhança de quem? Depois que os filhos crescem, eles escolhem os pais que querem ter. Adultos precisam ser adotados para que aprendam a amparar a criança que ainda está lá, dentro deles próprios

Raquel Fonseca

Raquel Fonseca

Master Coach Integral Sistêmico, formada pela FEBRACIS, *Master* pela FCU, Flórida, EUA, fez Direito pela FMU. Aplicando *Coaching* Integral Sistêmico Pessoal, da Saúde, Profissional, pertence a Associação dos Diplomados pela Escola Superior de Guerra, em Política e Estratégia, MBA em Administração, significativa experiência profissional como executiva, por 25 anos, em empresa de grande porte na área da saúde. Palestrante. Certificação Internacional para aplicar programa de identificação de temperamentos, SOAR, corporativa e individualmente. Proprietária da Fonseca & Fonseca Consultoria e Assessoria.

Contato
raquelfons@uol.com.br

Raquel Fonseca

O uso declarar que o maior e mais desafiador treinamento que existe é o de filhos. Ainda no ventre, há pais que desacreditam na existência, na vida e alimentam o feto através de pensamentos, sentimentos, atitudes, que se instalam, a principio, imperceptivelmente, para depois surgirem como realidades surpreendentes ao longo do tempo.

Desde o ventre materno o bebê manifesta suas preferências, movimentando-se, acomodando-se, rejeitando a posição da mãe, fazendo-a ficar, por vezes, acordada, embalando-o desde então, mesmo em seu ventre. O que dizer do paladar, quando ficam satisfeitos ou não com as escolhas dos sabores que a mãe faz.

Ao chegar à luz do mundo, alguns choram outros não, há os que respiram em seguida e outros que precisam de estímulo, os que rejeitam a mama e depois passam horas pendurados nas tetas repletas de seiva da vida. Há os que se manifestam à claridade ou ao escuro, ao som ou falta dele, ao toque, ao embalar do berço, ou da rede, ou à estática segurança.

Através do choro se comunicam e vão sendo condicionados por pais, avós... ou cuidadores, treinados ou sem treinos.

Bebês são mais fortes do que se pode imaginar.

Vieram para viver, ocupar seu espaço e resistem aos vírus, às quedas.... e até ao abandono. Pasmem!

Fechados em sacos, plásticos, jogados em latas de lixos, vasos sanitários, rios ou jardins... Muitos deles,sobrevivem!

São resistentes, pois quando nascem, trazem consigo, de onde vieram, útero materno, a certeza que encontrarão fora os mesmos cuidados que recebiam dentro dele. Ao serem atendidos tecnicamente, falo de higiene, segurança, alimentação, local adequado... podem responder positivamente, através do desenvolvimento adequado.

É importante a decisão de tratar a criança com bondade, calma e paciência,desde o ventre e principalmente quando vem à luz da vida, assim o temperamento dela poderá vir a ser agradável.

Porém quando a isso tudo se acrescenta o amor; florescem viçosas, até mesmo os chamados de especiais. Sim, o amor comunicado desde o início da vida do pequenino ser, constitui um estoque misterioso de vida.

E contrariando toda a lógica da existência, bebês em condições absolutamente desfavoráveis, continuam a viver.

Milagre, dizem muitas pessoas.

Para existir milagres dizem que é preciso fé, pois lhes digo: pode existir milagre onde existe amor incondicional. Cada milagre relatado na vida de Cristo, foi realizado por amor.

Confira. Experimente agora, crie seu próprio laboratório e faça parte da mais real estatística: a sua!

Treinamentos Comportamentais

Sendo esse amor o da própria mãe, que tomando-o em seus braços, oferecendo-lhe o seio, entumecido pela seiva, estimulada pela ocitocina; o bebê, sofregamente sorverá e nesse momento único, chegando a ser transcendental, a mãe imanta no filho a si própria e ele se fortalecerá, preparando-se, inconscientemente, para atravessar a vida. E, para sempre, seguro de que foi amado.

Isso é comunicar intenso amor, sem palavras. Amor é também ação.

Mas o que recebe essa mãe ao amamentar? Por exemplo, pontadas, agulhadas em sua região abdominal, é nessa hora, da amamentação, que se contrai o útero, voltando aos poucos ao seu lugar e tamanho normal.

Também, quando amamenta, o faz, via de regra, sem saber que está acalentando sua própria consciência. Reserva seu lugar no futuro.

Quando o tempo passar, é provável, que numa retrospecção aninhe-se nesse filho. E num reencontro, promovido pelo próprio eu, haja o prazer de entender o que é missão. E sua consciência, poderá encontrar o acalento, quando o passado, ousar, voltar.

Compartilho uma peça que escrevi, filosofando um pouco entre passado, presente e futuro.

"Hoje o PASSADO voltou
Invadiu o espaço,de repente.
Assentou-se na sala e comandou o diálogo.
Avisou que ficaria pouco tempo, pois seu trabalho é duro.
Há os que fecham todos os acessos e o impede de entrar.
Diz ele que é pior assim, pois é obrigado a ficar rondando e se torna um fantasma, do lado de fora, ameaçando, vigiando o PRESENTE e tornando o FUTURO assustador.
Ficou surpreso por encontrar o caminho livre e desimpedido hoje, quando chegou.
Sem oposição, questionamento ou discussão.
Portanto, assentou-se como um cavalheiro gentil e iniciou o diálogo de forma cordial.
Prefere assim, colocar-se na sala principal e, então, frente a frente, PASSADO E PRESENTE, conversarem civilizada e cordialmente.
Primeiro ele falou, fazendo uma projeção: pensamento, sentimento, ação.
Trouxe à razão fatos, ocorrências, experiências...
Fez-me voltar no tempo e ser feliz outra vez.
Mas levou-me a dramas esquecidos, guardados, não remexidos.
Comandava o dialogo, de forma tão delicada, que eu fiquei em silencio e nada questionava.

Nesse instante o PRESENTE, troca de assento na sala, ocupando junto a janela a poltrona iluminada.
Postura ereta. Olhar seguro. Pés em posição de quem entra em ação.
Diz de forma audível, pausada, firme e clara:
- Agora já basta!
Seu tempo terminou.
O PASSADO respondeu:
- diga-me, pra onde vou?
De onde vim não posso voltar, atravessei a linha do tempo, é impossível retornar.

Raquel Fonseca

O PRESENTE com autoridade falou:
- aqui é o meu lugar! você soa como um impostor.
-Jamais!
Eu existo.
Sou real.
Tanto quanto você.
Fiquei atônita ao ver, PASSADO e PRESENTE no mesmo lugar.
Foi quando ergui o olhar e vi o FUTURO chegando, estou salva pensei.
E prestei muita atenção, foi em câmera lenta, em silêncio, como num vácuo, o PRESENTE SE INCORPOROU AO PASSADO."

É tempo de receber destaque uma importante figura, chamada de pai. Quando esse pai entende que nesse TREINAMENTO, o caminho é AMAR SUA MULHER, ela ao ser amada, reconhecida, protegida, homenageada e até reverenciada; tramitará melhor entre o novo papel de mãe-mulher.

Nasce, com o amor desse companheiro, antes de ser pai, uma nova mulher. Ao ser humano foi dada a capacidade de procriar, criar, trazer à existência aquele que não existia. Milagre da vida.

Privilégio acompanhado de responsabilidade.

Mas vida se cria e se renova também por intermédio do que é plantado através das sementes chamadas PALAVRAS.

Quando esse marido, diz boas palavras para sua esposa, haverá fortalecimento das emoções positivas e saudáveis. Gerando bons pensamentos que darão frutos saborosos.

Essa mulher alimentada, assistida, abastecida, transmitirá, para essa criança, o respeito, a admiração, o apreço, a esse pai.

Que antes de ser PAI é MARIDO, antes de ser MARIDO é HOMEM, É SER HUMANO,Com todas as suas complexidades de tais funções.

Após receber o Premio Nobel da Paz, em 17/101979 perguntaram a Madre Teresa de Calcutá :"- O que podemos fazer a fim de promover a paz mundial?

Sem hesitar, ela respondeu: -"Vá para casa e ame sua família."

Casa, deve ser um lugar seguro onde mora o lar, composto por uma família, capaz de moldar a formação do indivíduo.

Onde se experimenta alimentar a alma e o corpo, vivenciando a paz.

Quase tudo que uma pessoa pensa, sente, diz, faz, crê, está relacionado ao lar em que esteve e cresceu.

É a família uma sala de aula, onde se adquiri habilidades e conhecimento, sejam quais forem, que se precisa para sobreviver.

Antes de filhos educados, maravilhosos, prestimosos, reverentes, estudiosos, bem-sucedidos.... é preciso existir pais que sejam treinados e aprendam a cumprir o papel e a missão: ser pais.

Nesse treinamento interativo, onde os que usam a razão e emo-

Treinamentos Comportamentais

ção, lado esquerdo e direito do cérebro, fazem as escolhas, usando a capacidade existente no lobo frontal para a tomada de decisões, há o desenvolver-se de um novo ser, pautado pela responsabilidade de pais que entendem e praticam o amor verdadeiro.

Em qualquer idioma, em qualquer lugar do mundo, em toda raça, tribo ou língua, pai é pai, mãe é mãe filho é filho.

Se há pouco eu disse que bebês são fortes e resistentes, aqui acrescento que eles precisam de cuidado, ELES PRECISAM DE AMOR.

Porém, muitos, mesmo na escassez ou inexistência dessas condições citadas, sobrevivem, vivem e até se transformam em pessoas de destaque, sucesso, êxito, na concepção humana; tornando-se, por vezes, mitos referenciais de superação, vidas contadas através de livros, filmes, teatros como verdadeiros heróis.

Pois a pessoa tem livre arbítrio, onde impera a razão.

Há, no entanto, quem tem acesso a literatura específica referente ao tema, que deseja aprender, praticar e busca a felicidade, a plenitude com o claro entendimento que alcançando esse estado, permitirá que seus filhos sejam felizes.

Evitando repetições de padrão. Rompendo o ciclo insano e tendo a certeza que o lar pode ser um lugar feliz e seguro.

Há os que buscam um significado para sua própria vida e sabem que a paternidade e a maternidade, trata-se de consequência, para o que já tem sentido.

É como se fosse um coroamento e na figura de linguagem, em muitas culturas chega-se a dizer: o príncipe a princesa chegou. E pais, ao dizerem assim se colocam como reis e o que se espera de uma família real? Atitudes nobres. Vida abundante e plena. Segurança. Estabilidade. Equilíbrio. Harmonia. Sonho transformado em realidade.

É possível! Se na vida há picos e vales, melhor o trabalho em equipe, onde na composição de habilidade, conhecimento, experiência, o jornadear se torna ameno.

"Melhor é serem dois do que um", já dizia o Sábio Salomão, "se um cai, o outro o levanta".Depende de você. Da decisão que se transforma em ação pautada no entendimento quanto ao ser.

Lembrando que se vive um dia de cada vez, que o hoje será o passado de amanhã. Considerando a importância dos limites. Que foram feitos como demarcação, protegendo.

É preciso sabedoria e discernimento para estabelecê-los em todas as áreas da vida, refletindo nos relacionamentos, principalmente familiares.

É saudável respeitar os limites do ser humano.

Quando pais compreendem e praticam esse principio, evitam dissabores.

Raquel Fonseca

Sou mãe, biologicamente. Quase ao final da segunda gravidez, me perguntaram:

- Deseja que seja menino ou menina?
- Desejo uma menina.
- Mas você já tem uma filha...

Sem refletir ou me dar conta do que eu dizia, respondi prontamente:

- Estou certa que conseguirei fazer de uma menina uma mulher, mas não sei se conseguirei fazer de um garoto um homem.

Encontrei esse pensamento cerca duas décadas depois e aqui homenageio o autor Steve Biddulp, pois em seu livro *Por que os homens são assim?* Compartilha mesma ideia, argumentando sobre a importância da mulher, como mãe e a indispensável figura masculina para a transformação de um menino em homem.

Inicialmente, sem me dar conta pratiquei a seguinte sequência:

Tendo o amor como base
. CUIDADO INTENSIVO
. ENSINAR
. EDUCAR
. TREINAR
. APOIAR

E finalmente,
APLAUDIR
ACEITAR.
AMAR, INCONDICIONALMENTE.

Aos filhos e a si próprio. Pode assim ser germinado, desenvolvido, cultivado o respeito de aceitar a criança que se tornou adulto e fez as escolhas usando seu livre arbítrio.

É provável que assim um faça parte do mundo do outro, não somente da vida um do outro.

Havendo a inserção e não somente a intersecção.

É origem do pertencimento, pertencer, fazer parte.

Família é um todo, onde todos podem fazer parte.

Nela se aprende o que é aceitável, apropriado e tolerável.

De outra forma, na força natural do crescimento, da expansão, há novo movimento de expurgo, colocando para fora pai e mãe, a fim de conseguirem prosseguir descolados da placenta de emoções, quando são tóxicas.

Troca de mão o poder. Enquanto bebês, dependentes, os pais, ou cuidadores, tem o controle.

Treinamentos Comportamentais

É lei da vida, tudo que se planta colhe. Ideia corroborada pelo Autor Livro de Gálatas, "...pois aquilo que o homem semear,isso também ceifará". Em outro texto é acrescentado em quantidade: " a trinta, sessenta a cem por um".

Sendo a ingênua criança terreno fértil para o aprendizado, faz-se necessária constante atenção, critério, ética. É farta a colheita.

Lembrando que a personalidade se forma nos primeiros anos de vida. E ocorrências traumáticas na infância, terão alto custo para a sociedade e para o próprio indivíduo.

Há os que passam pela vida sem existir, sem significado, aceitando cada fato como se assim merecesse ser tratado. Culpando-se pelo peso que a vida para ele se tornou.

Ou culpando a tudo e a todos pelo que ocorre consigo. Deixando de lado as leis da auto responsabilidade.

Quem foi que inventou mãe solteira, pai solteiro?

Existe mãe e pai.

Quem inventou "filhos de pais separados"?

Existem filhos.

Estigmas. Devem ser rompidos. Permitindo que se escreva uma nova história.

Quanto ao ENSINAR:

No começo os pais pensam que ensinam falando, mas os bebê começam é imitando,sons, ações, formas.

Ensinar, por exemplo, a se alimentar,escovar os dentes, amarrar o cadarço dos calçados, pentear os cabelos.... ações corriqueiras, contínuas. Mas primeiro é por imitação que eles aprendem.

Efeito da ativação da área dos neurônios espelhos. Por exemplo, mostrar a língua para uma criança, em seguida ela imita, faz o mesmo.

Diferencio o ato de ensinar para o de educar.

No segundo, via de regra a disciplina está presente.

EDUCAR

Pais que desejam ser bem-sucedidos na obra de Educar, devem exercer o domínio próprio.

É importante relembrar: O EXEMPLO VALE MAIS QUE MIL PALAVRAS. No educar há sistematização, racionalização,regras, normas, repetição, avaliação, mensuração, envolvimento de técnicos e especialistas nos assuntos pautados.

Há planejamento, prazo, formalidade.

Ao educar se fixa o que foi ensinado, agora dando razões, convencendo, fazendo entender.

Raquel Fonseca

Se num primeiro momento foi-lhe ensinado escovar os dentes, agora cabe explicar como se forma a dentição, para quê serve, ocorrências para a falta de higiene bucal e consequências.

Eram pequenos ainda, dois irmãos,foram proibidos pelo pai de brigar. Cresceram num ambiente severo e hostil, onde qualquer manifestação de contrariedade era punida.

Na adolescência, o clima ficou tenso.

Sempre interferindo,o pai,experiente na arte do impedimento, tinha o poder e continuava a ditar a norma.

Ocorre,que já mais crescidos, foi inevitável a briga, pesada, carregada de rancor e ressentimento, acumulados ao longo do período entre infância e adolescência.

Primeira e única briga, pois os irmãos deixaram de falar um com o outro, foram se afastando, distanciando. Assim permanecendo mesmo depois de adultos.

Qual a razão? Não aprenderam a arte de pedir perdão e perdoar, de reconciliar-se. Exercer a humildade. Compreender a dependência, inerente ao ser humano.

Educar é também permitir que os temperamentos, as diferenças aprendam a conviver em harmonia.

Esse aprendizado é feito na convivência, por vezes dura e difícil, mas quando o respeito e a coerência vem na embalagem do amor comunicado, o lar pode ser a escola inigualável na formação de cidadãos de qualidade. Refinados, de caráter,íntegros, verdadeiros, que aprenderam a dizer sim, quando é sim e não quando é não.

Para educar é necessário educadores e compete aos pais esse papel. Ao ser compreendida a força dessa exigência a consciência é convencida e a mente realizará, criando assim uma convicção mais profunda quanto a esse ministério, fazendo o indivíduo enxergar o que antes não conseguia.

Portanto, primeiro deseje e num paradoxo, ainda que não tenha vontade, expresse claramente seu desejo de cuidar, ensinar, educar.

Muito provavelmente seus sentimentos seguirão suas palavras e a decisão poderá será tomada, coroando de êxito sua ação.

Aí vem junto regras, preceitos e normas, tácitas ou não, mas elas existem. Estabelecem-se novos horizontes e a criança tendo mestre, modelo, referência, influência,parâmetro, experimentará por si romper e estabelecer novos limites,decodificando certos preceitos.

E como numa dança interminável, há notas, sons,compasso, dissonância, harmonia, e cada movimento é acompanhado por todos ao redor. Nesse educar há um conjunto complexo de influências, tendo como epicentro a criança.

Treinamentos Comportamentais

Vem sendo delegada a educação, e pais assumiram o papel de grandes provedores. Pagam os boletos das mensalidades e exigem resultados, como fazem em suas empresas.

Marcam hora e reuniões com os filhos para checar seu desempenho.

Educar filhos mais se tornou parecido com um negócio onde se estabelece o perfil desejado, as aptidões a serem desenvolvidas, a carreira a ser alcançada. Levando em consideração, muitas vezes, a relação custo beneficio.

Educar é ato contínuo, se fazer presente, compartilhar a si próprio.

É ser e estar. É jornada, permitindo que outros façam parte e se permitindo conhecer pelo outro também.

Após a fase de CUIDAR, ENSINAR, EDUCAR, cheguei ao TREINA-MENTO. É desafiadora essa etapa. Tudo o que foi ensinado até aqui precisa,ser reorganizado, equalizado, ratificado, revisado.

De um modo geral os jovens quando vão para um Auto Escola, já sabem dirigir, por vezes conhecem detalhes técnicos de um auto motor.

Afinal, aprenderam ou foram ensinados?

Precisam da certificação, por lei, precisam da Escola.

Instrutor e alunos se colocam como time, equipe e juntos fazem um bonito trabalho, de treinamento.

O instrutor, treinador, corre os mesmos riscos, está "no mesmo barco" e só tem um desejo que o aluno se saia bem e seja aprovado.

Considero que nessa fase os filhos já sabem caminhar "com as próprias pernas", diz o jargão popular.

Cuidado com os especialistas, em dar palpites na vida alheia, semeando dúvidas e incertezas através de críticas ou elogios, dando pareceres, opiniões, convicções, conselhos.

Outros se colocam como os conciliadores entre os extremos e assim no campo da vida, vai chegando a torcida e os que ficam em cima do muro.

Em meio a esse turbilhão, por vezes os jovens filhos, pressiona-dos,chegam a adoecer,querem desistir, desconhecem o que desejam, surgem questionamentos internos, externos. As escolhas dessa fase são primordiais e eles se mostram, ocasionalmente, inseguros e querem transferir o poder de decisão.

Treinar é preparar para o jogo da vida, permitindo as quedas e incentivando a prosseguir.

É também deixar o outro fazer, ter mobilidade, conhecer os limites e agora para quê servem as regras, normas, leis.

Nessa etapa há severidade, menos palavras e mais ação.

Na estrutura do ensinamento,aprendizado, existem escolas para as crianças, para os jovens mas e para os pais?

Raquel Fonseca

Afinal quem os ensinou a ser pais?

Muitos caminham empiricamente e se saem magnificamente bem na arte de CUIDAR, ENSINAR, EDUCAR, TREINAR.

Mas,como é mesmo que funciona treinar filhos?

Pode ler toda literatura que existe. Pode considerar o estilo europeu, americano, oriental, ocidental ou estilo nenhum.

Cada ser é único e na junção de dois haverá um terceiro, único, inigualável, chamado de filho.

Feito à semelhança de quem?

Depende! Da genética e depois, da forma de transmitir crenças,-valores, ideais.

Das historias, verdadeiras ou não, criadas a partir da realidade e atenuadas a partir do sentimento, pensando em evitar sofrimento, dor ao ser querido, chamado de filho.

Filho de quem, se pergunta? De quem gerou, criou ou nenhum desses. Filhos da geração criada pela tecnologia, vídeos, games, TV, internet.

Adotados pelas tribos e, dizem, "que cada qual tem a sua."

E depois desse trabalho de aceleração de resultados, usado pela mídia, dizem os pais: "como ficaram assim?"

Lhes pergunto: recebendo o que receberam: espaço, liberdade, indiferença, crítica, abuso, palavras amargas e exemplos alimentados pelos vícios: vício de falar mal do outro, vício da preguiça, do negativismo, da procrastinação, da impaciência, da mentira, da agressão, da depressão, da omissão, da concessão, da incredulidade, da maldade, da violência passiva diante dos fatos que deveriam ter sido repugnados, do desafeto,do ódio,rancor,da falta de perdão,do ressentimento, da inveja, da maldição, da conspiração, do alcoolismo e todo tipo de química viciante.

Treinamento perfeito para marginalizar essa criança que, na defensiva, aprende a pescar, mergulhar, boiar, nadar nos rios da amargura e refletem, com raras exceções, o que receberam, foram moldadas a custo elevado a um preço altíssimo.

Moldadas, talhadas à semelhança de quem as criou.

E via de regra, quando os cuidadores, depois que o tempo passou, veem nos filhos a sua própria imagem e semelhança, se desgostam, rejeitam e acham que nada mais está ao seu alcance fazer.

Que renasça a esperança, é possível!

Nem todo ser humano é ou será pai ou mãe, nem toda pessoa terá sobrinhos, tios, cunhados,irmãos, primos... mas todo ser humano é filho, essa é uma condição universal, intrínseca ao ser, a própria existência.

E chega o momento em que os filhos rompem com os pais. Pode ser interna, através do entendimento, da compreensão, decidindo

Treinamentos Comportamentais

que pode ter sua própria vida e por ela ser responsável.

Mostrando isso através de novas atitudes. Mas ocorre também o ruidoso rompimento. Todos ouvem, veem, sentem.

Nesse caso os filhos desejam mostrar sua individualidade, mas nem sempre são independentes, capazes, prontos para isso.

Impulsionados, decidem assim e também prosseguem.

É preciso deixar crescer e partir.

Confiar na obra realizada de construção do caráter, sabendo que esse é um trabalho para a vida toda. Dessa perspectiva há muito por fazer.

Sinceramente, considere se esse é o tempo de fazer as pazes consigo mesmo convidando seu pai, sua mãe para fazer parte da sua vida!

Promovendo paz e honrando-os.

Dando a eles o lugar existente em si próprio, acolhendo-os internamente. Podem nem existirem mais, pode ser que nem os tenha conhecido. Proponho que faça o exercício do Acolhimento Incondicional. Acolher é uma coisa, merecer é outra. Se foram abusivos, displicentes, agressivos, viciados, se deixaram de cumprir o seu papel....

Ainda assim são seus pais. Geraram vida, a sua vida. O fato é que você existe. Exceções à parte que, virando fato normal, as produções independentes, onde se buscam nos bancos de esperma e óvulos,em serviços especializados em reprodução assistida, o correspondente ao desejo, ou necessidade de ter um ser que chame de seu.

Ainda assim, aquele material pertence ou pertenceu a um ser humano com capacidade de gerar vida. Anote o nome, ou dê nome a ele(a) e realize o acolhimento em seu coração.

É tempo de adotar seu pai, ou mãe. Oferecendo o seu perdão e depois prossiga, em liberdade e, quem sabe, pronto para ter seus filhos.

No entanto, há uma consciência em relação a ser filho: TODO FILHO PRECISA DE UM PAI. TODO FILHO PRECISA DE UMA MÃE.

Essa necessidade se apresenta, ocorre, já na vida adulta, beirando a maturidade, mesmo de jovens, que se independeram, decidindo seguir seu próprio caminho. Crianças despertam interesse, afeto, carinho, ganham presentes, beijinhos, colo, roubam cena, fazem as pessoas rir ou chorar.

Mas quem quer adotar um adulto, com seu jeito próprio, manias, defeitos e também qualidades.

Quem vai adotar o arrogante, que mora na suntuosa casa, que dirige o carro mais desejado, tem status e poder...

Todos precisam de amor.

Os adultos precisam ser adotados para que aprendam a amparar a criança que ainda está lá, dentro dele próprio.

Mas pode ocorrer um fenômeno, em algum momento se deparam

Raquel Fonseca

com alguém que os atrai, em quem veem significado, identidade talvez, ou fruto da imaginação de um desenho perfeito; qualidades, ou sem explicação, elegem, escolhem, sua nova mãe, ou pai, ou ambos.

E esse adulto, em vez de ser adotado, adota.

Inserindo assim em sua vida, como filho, uma figura que admira e respeita,buscando mais que afeto: aprovação, reconhecimento, admiração, aceitação. Quer a presença. Deseja falar do futuro, dos planos dos sonhos. Conta das conquistas, das viagens, do novo amor, quantos filhos quer ter.

Fala do novo carro, do restaurante, dos gostos, compartilha segredos e se aninha, assim, nos corações prontos a dar amor. Adultos precisam de amor.

Todo ser humano é filho, precisa de mãe, de pai, de colo, de ombro, do útero afetivo. É um nascer de novo. Sem data nem hora marcada, diferente da cesariana. Depois que os filhos crescem eles escolhem os pais que querem ter. Felizes os pais biológicos quando são convidados para retornar, ocupando o lugar que lhes pertence, não geneticamente, mas por escolha dos filhos, por eleição, reconhecimento, admiração. Juntos descobrem o que é desfrutar a vida, o sentido de existir. Que tal decidir e tornar-se o melhor filho, agora!

Seguem algumas atividades propulsoras:

-conhecer e participar da vida numa creche e também num asilo.

Voluntariado. Deixando o amor comunicar amor. Entrando nesse novo mundo real, existem histórias ainda não contadas, por falta de ouvidos atentos, olhar perscrutador, revelando interesse.

Na busca do sentido da vida, da identidade, do desenvolvimento há o caminho do servir.

Através dessa prática, muitos conseguiram o encontro consigo próprio e entenderam que o altruísmo é um recurso interno, pronto para ser utilizado. E no exercício constante, faz vibrar a alma de alegria e satisfação. Para aprimorar um pouco mais, essa arte de viver, planeje assistir o nascer de uma criança.

Também se prepare para estar presente ao findar a vida de um outro ser humano, quer seja na UTI, ou nos acidentes fatais das ruas das grandes metrópoles, segurar a mão, ou fazer carinho nos pés. Estar presente no momento em que a vida se esvai.

Plantar árvores, escrever livros e ter filhos; dizem, classicamente, que assim se faz um homem satisfeito.

Que seja frutífera a árvore, que sua vida seja um livro aberto e lido, que à sombra da árvore plantada, tenha sua companhia e depois queira também ter seu filho.

Filhos são criados para o mundo. Para serem entregues a socie-

Treinamentos Comportamentais

dade, prontos para os desafios da vida.

Fazendo o mundo um pouco melhor e tendo a certeza que o lar pode ser o melhor lugar do mundo.

Seja feliz!
A Deus, toda honra e glória!

40

Liderança e Coaching

Na esteira do avanço da humanidade, novas e mais complexas competências são atribuídas e necessárias para o exercício da liderança. Este artigo tem como objetivo ampliar a forma de enxergar as organizações considerando a dimensão visível (consciente), incluindo a dimensão oculta (inconsciente) e, ainda, inserir nos modelos de Treinamento Comportamental de Liderança, a perspectiva dessa totalidade. Para nós é indispensável que o líder contemporâneo faça essa análise e esperamos, assim, que ela contribua para o avanço e prosperidade sustentável, tanto dos líderes, quanto de suas equipes, organizações e para a humanidade em geral

Roberto Scola & Cristiane Barreto

Roberto Scola & Cristiane Barreto

Roberto Scola

É Doutorando em Psicologia Social; Mestre em Administração de Empresas; Didata em Dinâmica dos Grupos; Especialista em Gestão Empresarial; Certificação Internacional em *Coaching*; Certificação de Consultor DISC; Engenheiro Químico. *Practitioner, Master Practitioner e Trainer* em PNL. Atua como instrutor de treinamentos e palestrante nas áreas de capacitação de lideranças, gestores, e em desenvolvimento de equipes. *Coach* Executivo, e coordenador de cursos de pós graduação em dinâmica dos grupos na SBDG.

Contato
roberto@althernativas.com.br

Cristiane Barreto

Doutoranda em Psicologia Social. Especialista em Psicologia Junguiana das Organizações e em Gestão Estratégica de Pessoas. Graduada em Administração de Empresas. Formação em Dinâmica dos Grupos. Certificação Internacional em *Coaching* Nível Senior-ICI; Certificação Internacional em Coaching-ICC. Formação em Grupo Multirreferencial. *Practitioner* em PNL. Analista DISC. Instrutora de treinamentos comportamentais, palestrante e *coach* executivo. Comentarista do Bom Dia SE – TV Sergipe (afiliada Rede Globo).

Contato
cristiane@starhtreinamento.com.br

Roberto Scola & Cristiane Barreto

Um líder tem a missão de dar direção e integrar a todos em busca dos objetivos a serem alcançados. Para isso, ele deve ter uma atuação ampla e o mais global possível da situação. Uma atuação que reúna elementos que estão na zona clara e na zona oculta das organizações. Rotinas, metas, objetivos, processos, operações ficam na zona clara da organização e, de certa forma, são elementos facilmente percebíveis e trabalháveis. A parte oculta compreende tudo aquilo que a organização não conhece, rejeita, ignora, desvaloriza e, portanto, não é tratado e, normalmente, nem trabalhado.

O líder deve estar preparado para liderar estas duas perspectivas: a luz e a sombra da organização. O manejo eficaz das duas dimensões dará um maior suporte para que lidere a empresa em busca da missão empresarial.

Luz e sombra

Vivemos um mundo de dualidades: bom e mau; dia e noite; luz e sombra; amor e ódio; sucesso e fracasso; doce e salgado; claro e escuro. Estas dualidades estão presentes na vida das organizações, dos grupos e das pessoas.

Os aspectos visíveis das organizações são: seu negócio, sua estratégia, sua missão, seus valores, operações, suas rotinas, seus objetivos e planos. A sombra, a zona oculta, é uma dimensão na qual se encontram elementos subjacentes, elementos subterrâneos, elementos ocultos, que são tabus, crises, conflitos, problemas e preconceitos. É uma zona minada. Se fosse algo simples de ser encarada, não estaria, provavelmente, na zona oculta. Mas, pela sua complexidade e dificuldade de se encarar e trabalhar, foi jogada na sombra da organização. Ziemer (1996, p. 111) define esta zona como "aquilo que está por trás" das atividades da empresa. Todavia, gerenciá-la não é mais uma amenidade, mas uma necessidade. Hollis (2010) escreve que a zona oculta penetra nas atividades diárias e, de fato, está presente em todos os assuntos, não importando quão sublime seja seu teor ou intento. A zona oculta impacta sobre os resultados desejados pelas pessoas, grupos e organizações.

Dessa forma, percebe-se a importância em não se concentrar apenas nos aspectos visíveis da organização, pois suas rotinas e planos podem ser insuficientes para produzir os resultados necessários e, portanto, desejados pela liderança. O foco exclusivo em aspectos aparentes pode ser simplesmente aspecto cosmético, não produzindo resultados positivos, a longo prazo, e sustentáveis. Como Jonatha Day (apud Otto Scharmer, 2010, p. 7) uma vez notou sobre sua experiência ao ajudar corporações globais pelo processo de mudança

Treinamentos Comportamentais

transformacional: "O que é mais importante é invisível aos olhos."

Sombra na organização

A Sombra de qualquer organização é constituída, segundo James Hollis (2010, p. 132), "por aquilo que ameaça o ego da pessoa no comando, aquele que carrega a inconsciência da liderança. Portanto, mesmo o melhor grupo pode ser secretamente controlado pela ganância, pela imaturidade ou pelas necessidades narcisistas do chefe". Segundo John O'Neil (1993, p. 62) assim como os indivíduos têm sua sombra pessoal, que pouco se mostra à luz, assim também cada grupo de indivíduos, repartição pública, instituições não lucrativas ou empresas, criam uma sombra coletiva. Isso é inevitável, visto que as organizações são apenas agrupamentos de seres humanos. A sombra do grupo envolve uma porção de segredos, tabus, suposições não contestadas e valores não equilibrados. Ainda sobre a sombra da organização, John O'Neil (1993, p. 63) sugere que "os segredos de uma organização, em geral, são propriedades muito bem guardadas de uns poucos, os patrões. Isso gera medo, incerteza, ressentimento e perda de um sentido de poder e autoestima no que remanesce do corpo de funcionários. Muitas vezes, os segredos empresariais estão relacionados com a verdadeira situação da companhia, em oposição à fachada risonha que ela mostra ao mundo".

Edgar Schein (2001, p. 101) explica que os fundadores e os líderes criam e implantam a cultura, "o mecanismo mais importante é o comportamento do líder, quando se trata de criar e implantar uma cultura, os novos membros prestam muito mais atenção no que se faz do que se diz. É especialmente relevante o que o líder executa, as medidas que toma, o que ele não gosta, as recompensas e as punições".

Capacitação comportamental de líderes

John O'Neil (1993, p. 18) defende a ideia de que "a verdadeira mudança no nível da organização tem que começar com a mudança no íntimo dos líderes", ou seja, se o líder mudar, as pessoas da organização também mudam. O líder influencia direta ou indiretamente todos os membros da organização, a partir das suas decisões, valores, atitudes, ações, consciente ou inconscientemente. As pessoas, segundo Michener, DeLamater e Myers (2005, p. 591) "tendem a imitar o comportamento alheio. Quando muitas pessoas estão reunidas em uma área relativamente pequena, a imitação pode espalhar um comportamento com muita rapidez, essa disseminação é conhecida como contágio". Quando um líder apresenta um modelo de comportamento criativo, pode ser avaliado rapidamente e repetido pelos seus liderados. Por outro lado, quando o líder inicia um movimento agressivo, encoraja outras pessoas a seguirem este tipo de ação. Os comportamentos da liderança tendem a se espalhar na organização toda. Se o líder tiver boa educação, for um profissional com competências técnicas e sociais desenvolvidas, seu grupo também será, ou buscará a ser, por conta de sua forte influência e pelo contágio emocional. Portanto, é de suma importância que o líder entre em contato com a sua própria zona oculta, sua zona oculta pessoal, para perceber como é a zona oculta da sua organização. Caso contrário, tudo o que for feito na zona clara da organização, poderá ser boicotado e sabotado pelos mecanismos inconscientes do próprio líder.

Com isso, fica evidenciado o quanto o líder é o maior responsável e espelho para toda a equipe e organização. Segundo Kouzes e Posner (2008, p.15), "As pessoas, em primeiro lugar, seguem o líder, depois o plano." O líder, portanto, será a referência, o modelo, o exemplo de comportamentos a ser seguido, e o seu trabalho interior será imprescindível, ou seja, o contato com suas questões conscientes (visíveis) e, especialmente inconscientes (invisíveis).

Os líderes são pessoas, segundo Aguiar (2011, p. 406), "...suficientemente capacitadas para gerar movimentos em torno de si, almas luminosas o bastante, em termos de personalidade, caráter e propósitos, que criem um modelo e um sonho, um ideal e uma visão prospectiva, para as moles humanas sofridas, desorientadas e, sobretudo, sequiosas de um projeto de futuro em que acreditem e por que possam lutar, trabalhar e viver." Tudo começa no líder e, muitas vezes, na prática do dia a dia, o caminho que está sendo delineado é exatamente o contrário, ao invés de *inside-out*, ou melhor, de dentro do líder para toda organização.

Jung observa, segundo Hollis (2002), que o maior fardo a ser suportado por uma criança é a vida inconsciente do pai e da mãe e, da mesma forma, é possível dizer que o maior peso psíquico secreto a ser considerado em qualquer organização, será a expressão das questões que os líderes estão bloqueados no plano pessoal.

Ou seja, para Hollis (2002, p. 133): "A corporação será tolhida nos mesmos aspectos em que o líder está psicologicamente paralisado [...] Como poderá determinada empresa conquistar a confiança dos seus clientes e empregados quando vive a mentira? Como poderão os educadores iluminar quando não lançam luz sobre a sua própria escuridão?"

A liderança envolve lidar com complexidades, e essa complexidade começa dentro do próprio líder. O quanto antes ele perceber isso, poderá acelerar a sua e a evolução daqueles que estiverem com ele e,

Treinamentos Comportamentais

consequentemente, de toda a organização rumo aos seus objetivos e resultados a serem alcançados.

Segundo Aguiar (2011, p. 406), "O mundo empresarial e o mercado de trabalho como um todo estão carentes de profissionais e líderes suficientemente capacitados para conduzir as moles humanas, no mar das complexidades e confusões da contemporaneidade. E essa inaptidão se revela na esfera psicológica – ou moral, como seria melhor dizer.[...] a verdadeira liderança é muito maior e mais profunda que isso: tem a ver com a flama do espírito..."

A maturidade psicológica do líder vai impactar decisivamente na forma de conduzir as pessoas nas organizações, e criar ou não um ambiente seguro e saudável para novas conquistas. Além disso, como citado anteriormente, a flama, a energia, o entusiasmo, a paixão do espírito de cada líder deve ser um grande diferencial, e cabe a cada um a busca de si, interna e externamente, com auxílio de outros profissionais, para desenvolver a sua liderança nesse processo íntimo, contínuo e eterno de crescimento e evolução.

Somente iniciando o desenvolvimento a partir dos líderes é possível começar a enxergar melhorias nos grupos e organizações. A reinvenção das empresas está, de certa forma, subordinada à reinvenção dos líderes, no campo pessoal, nas esferas espiritual, emocional, intelectual e física.

As questões pessoais e corporativas estão muito mais imbricadas, interconectadas, do que se pode imaginar. Segundo Hollis (2008, p. 138), "Para obter a cura, o indivíduo precisa recuperar o relacionamento mais adequado com a alma. Para curar-se, os corpos organizacionais precisam de administradores que cuidem da questão da alma. E não podemos esperar que façam isso para suas companhias se não fizeram isso para si mesmos...antes de dar a nossa contribuição para a cura do coletivo, é essencial a disposição de cuidarmos da nossa cura pessoal."

Diante dos desafios apresentados para o exercício de liderança, fica notório o quanto o líder da atualidade precisa de disposição, coragem e força para encarar e vencer os obstáculos internos e externos. Portanto, ferramentas e recursos que o ajudem são muito bem-vindos sempre, e ele precisa estar lúcido quanto a isso, mantendo uma postura aberta e receptiva para conhecer e se desenvolver cada vez mais nessa missão grandiosa e desafiante de liderar.

Coaching

O *coaching* é uma ferramenta, uma metodologia e forma de liderar, essencial na contemporaneidade. Apesar de ter se tornado um termo muito comum e ainda ser, muitas vezes, visto como novidade e modismo, na verdade pode ser considerado como uma arte milenar. Segundo O'Connor e Lages (2007, p. 21), "Sócrates foi um dos precursores – seu método de fazer perguntas com a finalidade de ajudar aqueles que o procuravam a encontrar respostas para os seus casos até hoje conserva o seu nome (o método socrático)."

O líder que insere na sua liderança a competência e estilo do *coaching*, pode se aproximar e conseguir explorar melhor o potencial de cada um, utilizando uma forma não diretiva de liderar. Enquanto o líder orienta, instrui e influencia um grupo rumo a um objetivo comum, o *coach* questiona, provoca e instiga seu grupo a descobrir respostas dentro de si para os desafios que se apresentam. Segundo Crane (2003, p. 149), "Uma das competências centrais da liderança contemporânea é o coaching".

Quando o líder está com uma postura de *coach*, ele não dá respostas prontas, sua maior habilidade é de fazer perguntas, assim, as pessoas se sentem partícipes dos projetos, dos conflitos, das soluções. É também uma forma de demonstrar confiança, credibilidade, de compartilhar, conhecer melhor o modelo mental e capacidades de cada membro do grupo, muitas vezes, escondidas. Além de estimular as pessoas a refletirem e perceberem como já guardam tesouros dentro de si.

O resultado obtido dessa forma de liderar é um grupo com uma competência de se responsabilizar, pensar por si, e se expor cada vez mais. O líder, com isso, ganha mais tempo, mais energia, pode se tornar mais estratégico e ainda fica de "camarote", observando o fluxo da organização, resta mais tempo para cuidar de si e daquilo que ninguém pode fazer por ele, sua autoanálise, a busca pelo seu autoconhecimento, o encontro com a sua sombra, ou seja, os seus aspectos menos saudáveis, que estão, de certa forma, refletidos no grupo. Não por acaso, como cita Korotov (2009, p. 303), "...as empresas esperam que os programas de desenvolvimento de lideranças internos ou em escolas de administração incluam noções de *coaching*." O líder precisa fazer esse investimento, na certeza de que, quanto mais ele se aprimora, mais se aproxima do melhor que existe nele, e que, para isso, é imprescindível se ver no espelho profundamente, perceber que tem luz e sombra, como todos os seres humanos. Assim, uma grande estratégia de desenvolvimento para o seu grupo e organização brilhar pode ser, primeiramente, a sua busca contínua de descobrir a luz escondida em sua sombra. São os seus aspectos menos fáceis de serem vistos e aceitos que, paradoxalmente, podem levá-lo e a todos que estão ao seu lado, a enxergar e viver na Luz!

Treinamentos Comportamentais

REFERÊNCIAS

AGUIAR, Benjamin Teixeira de. *Respostas modernas da sábia grega: diálogos com o Espírito Eugênia.* vol. I. Aracaju: Triunfo, 2011.

HOLLIS, James. *O projeto éden: a busca do outro mágico.* São Paulo: Paullus, 2002.

A sombra interior. Osasco: Novo Século, 2010.

KOUZES, James M., POSNER, Barry Z. *O novo desafio da liderança: a fonte mais confiável para quem deseja aperfeiçoar sua capacidade de liderança.* Rio de Janeiro: Elsevier, 2008.

GOLDSMITH, Marshall, LYONS, Laurence, FREAS, Alyssa. *Coaching: o exercício da liderança.* 4. ed. Rio de Janeiro: Elsevier, 2003.

MICHENER, Andrew; DeLAMATER, John & MYERS, Daniel. *Psicologia social.* São Paulo: Pioneira, 2005.

O'CONNOR, Joseph, LAGES, Andrea. *How coaching works: the essential guide to the history and practice of effective coaching.* London: A&C Black, 2007.

O'NEIL, John. *O paradoxo do sucesso.* São Paulo: Editora Cultrix, 1993.

KETS DE VRIES, Manfred F. R., KOROTOV, Konstantin, FLORENT-TREACY, Elizabeth. *Experiências e técnicas de coaching: a formação de líderes na prática.* Porto Alegre: Bookman, 2009.

SCHARMER, Otto. *Teoria U: como liderar pela percepção e realização do futuro emergente.* Rio de Janeiro: Elsevier, 2010.

SCHEIN, Edgar. *Guia de Sobrevivência da Cultura Corporativa.* Rio de Janeiro: José Olympio, 2001.

ZIEMER, Roberto. *Mitos organizacionais.* São Paulo: Editora Atlas, 1996.

41

Um acelerador para o autoconhecimento

Conhecer a si mesmo é o melhor caminho para lidar com o mundo e ser feliz. Acredito muito nisso, que é também uma ótima definição para autoconhecimento. Trata-se de algo que pode ser o divisor de águas para qualquer pessoa. E onde o treinamento comportamental entra? Bom, por que não encurtar um pouco este caminho e atrair o sucesso e a felicidade o quanto antes?

Rodrigo Belmonte

Rodrigo Belmonte

Trainer em PNL – Programação Neurolinguística – com certificado internacional reconhecido pela International Association of NLP Institutes – IN e International Association for NLP – IANLP, treinado pessoalmente por Arline Davis, *Master Coach Trainer e Master Trainer* NLP reconhecida mundialmente. Fez especialização em práticas da PNL com Anthony Robbins nos Estados Unidos – Califórnia, um renomado *Coach* pessoal e de vida de grandes personalidades do mundo, através do treinamento vivencial *Date with Destiny*. Fundador do Instituto Rodrigo Belmonte para *Coaching*, Treinamentos e Terapia, é também *Coach* pela Academia do Palestrante e Psicoterapeuta pelo Instituto Luz em Análise Junguiana. Atua como Terapeuta em atendimento individual e em Treinamento Comportamental de Liderança no IEF – Instituto Emerson Feliciano. Atua também como *Coach* pessoal e corporativo. Formado inicialmente em Ciências da Computação pela Universidade Presbiteriana Mackenzie com MBA em Gestão de Negócios e Tecnologia pelo IPT, sua experiência no mundo corporativo em bancos e grandes multinacionais e sua trajetória em grande mudança de carreira são diferenciais importantes no apoio pessoal e profissional através das práticas terapêuticas e de *coaching*.

Contatos
www.institutorodrigobelmonte.com.br
rodrigo@institutorodrigobelmonte.com.br
www.facebook.com.br/InstitutoRodrigoBelmonte

Rodrigo Belmonte

A palavra de ordem é autoconhecimento. O que fazer a respeito? Uma das possíveis respostas é: nada! Mas... caso a resposta não seja esta, abre-se um leque infindável de possibilidades.

Para aqueles dispostos a seguir este caminho surgem inúmeras perguntas que merecem respostas. Afinal, o que funciona melhor? O que fazer? Terapia? *Coaching*? Treinamentos?

Essas são dúvidas mais do que justas quando alguém busca o autoconhecimento, seja ele por qualquer motivo. Existe uma gama de processos e linhas terapêuticas hoje em dia que ajudam a resolver conflitos, traumas, trazer equilíbrio emocional, desbloquear potencialidades, melhorar o desempenho e os resultados. A lista é enorme.

O diferencial do treinamento comportamental que desejo esclarecer, e que acredito que contribui para se responder às perguntas acima, tem relação com uma palavra que gosto muito de utilizar: acelerador.

Sim, ele acelera o processo de autoconhecimento, uma vez que o coloca diante de cenários que representam a vida real. Ele não substitui qualquer processo terapêutico existente, mas o complementa de forma muito efetiva.

Vamos entender um pouco melhor por que uma representação da vida real pode ser uma grande experiência terapêutica...

Tríade: pensamento, sentimento e sensação

Toda experiência humana passa, em linhas gerais, por três grandes etapas: pensamento, sentimento e sensação. Esta experiência é o resultado da interpretação que damos aos fatos de nossas vidas, e a estes daremos o nome de evento.

Algo ocorre (a prática de um esporte, a leitura de um livro, assistir a um espetáculo, uma viagem, ou mesmo a vivência de um trauma, uma dor, uma perda, enfim, qualquer coisa), e para começar a definir o que foi exatamente este evento, o pensamento entra em ação e elabora o que acaba de ocorrer. Ele usa todo o seu potencial lógico e racional por meio do cérebro para definir como bom ou ruim, certo ou errado.

Além do pensamento, entra também em ação o sentimento. Este mesmo evento provoca emoções, que podem ser de alegria, felicidade, êxtase, curiosidade, ou então de medo, raiva, tristeza, inveja, entre tantos outros dentro deste mar de possibilidades que o ser humano é capaz de sentir. Temos agora um evento que acaba de passar pelo crivo do pensamento e pela tutela do sentimento.

Outra etapa fundamental para que a definição deste evento esteja completa é a sensação, e esta só pode ser experimentada por algo grandioso que recebemos de presente logo que nascemos: nosso

Treinamentos Comportamentais

corpo. Eles nos ajuda a categorizar ainda mais esta experiência, como fria, quente, excitante, refrescante, dolorosa, prazerosa, e tantas outras que o córtex cerebral é capaz de interpretar.

Enfim, depois que estas três etapas foram cumpridas, temos finalmente condições de dar algo a este evento que rege a vida de todo ser humano: um significado.

É em função dos significados que damos aos eventos que ocorrem conosco que criamos nossa história. A importância disso é primordial para se entender como cada um de nós funciona, age, reage, encara os desafios, responde, ou simplesmente, vive.

É importante destacar que estas 3 etapas não ocorrem necessariamente nesta ordem, e podem ocorrer em fração de segundos. Se o evento é, por exemplo, a picada de um inseto que me pegou de surpresa, a sequência mais provável de interpretação e definição de um significado para este ele é sensação (dor, ardência), sentimento (raiva?) e pensamento (humm, não gosto deste inseto, ou do que ele faz, não é bom tê-lo por perto).

Basta agora levarmos este conceito a todas as experiências que temos, onde ocorrem as situações mais críticas de nossas vidas, para entender as consequências que elas têm em nossa história. Tudo será fruto do significado que damos a cada evento, após passarem por estas 3 etapas.

Mas afinal o que tudo isso tem a ver com autoconhecimento? Vamos avançar um pouco mais...

Conhecendo nossa história de vida

Existe uma máxima que diz "só mudamos aquilo que reconhecemos". Este é o princípio de qualquer processo terapêutico, sob qualquer abordagem. Conhecer nossa história e reconhecer os significados que demos aos eventos que presenciamos e vivemos pode ser um grande salto de consciência.

Dentre as diversas abordagens terapêuticas estão aquelas que propõem vasculhar as causas de cada evento ou trauma vivido, entender suas consequências e abrir a possibilidade de se escolher um novo caminho. Outras propõem um entendimento mais pragmático sobre os resultados decorrentes de cada comportamento, e a compreensão de que só um comportamento diferente é capaz de trazer resultados diferentes, possivelmente aquilo que tanto se deseja. Independente da abordagem, todas propõem a observação da história pessoal e os significados que foram dados no decorrer do tempo.

Em terapia individual, o pensamento e o sentimento entram em ação constantemente para se elaborar os eventos passados e mesmo

Rodrigo Belmonte

os mais recentes da história pessoal, e à medida que são compreendidos, sessão a sessão, com o apoio do terapeuta, as mudanças vão ocorrendo. O processo é fantástico. Para se alterar a história pessoal e direcioná-la ao que tanto se deseja deve-se não apenas elaborar e dar um novo entendimento ao um determinado fato na sessão terapêutica, mas também experimentar na vida real o novo comportamento proveniente desta nova elaboração para que o salto de consciência ocorra, a tão chamada evidência de que a mudança ocorreu.

Esta experiência vivida é a cereja do bolo, pois é ela quem promove a terceira etapa que faltava no processo... é ela quem traz a sensação. Pronto. Novo significado, novos comportamentos, novos resultados... uma nova história de vida começa a ser contada.

Tudo isso é maravilhoso para o autoconhecimento, mas todos esses passos levam tempo. Quanto? Depende de cada indivíduo e de todas as suas particularidades: profundidade dos traumas, nível de consciência, motivação para mudança, e por aí vai...

É neste ponto que acredito e muito no resultado que os treinamentos comportamentais podem trazer... é aqui onde ele se transforma em um grande acelerador e permite que este tempo de um processo terapêutico seja consideravelmente reduzido.

3 em 1

O treinamento comportamental pode propiciar experiências que possibilitam as 3 etapas da significação e definição de eventos entrarem em ação de forma bastante intensa. Uma vez que, num curto espaço de tempo pensamos, sentimos e experimentamos novas possibilidades, um leque de oportunidades se abre diante de cada indivíduo, e semanas, meses, e talvez até anos de crescimento e evolução podem ser ganhos. O treinamento funciona como um acelerador para o salto de consciência.

Nos trabalhos que já desenvolvi em treinamentos comportamentais tive a oportunidade de observar estas mudanças nas pessoas de forma tão intensa e tão rápida. Vi relacionamentos entre pais e filhos, marido e mulher e amigos serem salvos. Pude testemunhar grandes traumas de infância envolvendo abuso e alcoolismo serem ressignificados; pessoas se curando de TOC (transtorno obsessivo compulsivo) pela mera compreensão e vivência de uma nova possibilidade dentro do treinamento. Com mais frequência, vi pessoas dando grandes saltos profissionais, criando ou empreendendo aquilo que sempre sonharam, ou simplesmente gritando a quem possa ouvir estarem vivendo muito mais felizes, seguras e de forma plena em todos os

Treinamentos Comportamentais

aspectos de suas vidas.

Sim, tudo isso é possível quando se passa por um processo 3 em 1, pensamento, sentimento e sensação sendo experimentados de forma mais intensa. Porém, ressalto aqui, desde que tudo isso seja feito com muito profissionalismo, integridade e amor. Abordarei isso mais adiante.

E afinal de contas, não existe o outro lado dessa moeda? É possível que essa nova experiência não gere qualquer mudança no indivíduo, ou mesmo gere algum mudança que poderia ser considerada negativa? Pode um treinamento comportamental fazer mal a alguém? Resposta imediata: sim. Abro aqui um adendo para apresentar um pouco do que particularmente acredito, e convido à reflexão.

Você é resultado daquilo que acredita

As experiências vividas em um treinamento, assim como em qualquer situação da vida, podem ser tão negativas quanto quisermos que seja, ou tão positivas quanto acreditarmos que elas possam ser.

Quando alguém se permite passar por um processo terapêutico, de qualquer natureza, minha sugestão é que se entregue ao processo e ao resultado que pode surgir dele. Sugiro o mesmo quando alguém se propõe a participar de um treinamento comportamental.

Vejamos então outras possíveis consequências. É mais do que possível entrar no treinamento apenas como ouvinte, ou observador, alguém que apenas analisa o que está ocorrendo à sua volta. Neste caso, o pensamento e talvez um pouco do sentimento entram em ação, e apenas com esses dois componentes a mudança da história pessoal fica bastante comprometida.

Outra possibilidade além dessa visão indiferente às experiências do treinamento, é que se tenha uma visão negativa, como se algo ali lhe tivesse feito algum mal. A entrega foi total, como sugerido, mas quando se olha para trás a conclusão é: "mexi onde não devia", ou "já tinha trabalhado isto em terapia antes! Agora voltou!", entre outras tantas conclusões equivocadas sobre o resultado.

Se aprendi algo que considero extremamente valioso em minha vida, é que você é resultado daquilo que acredita.

Ora, se algo surgiu em um determinado treinamento e o sentimento ou sensação resultante é negativo, como medo ou insegurança, acredito que algo esteja dizendo "é hora de tirar a poeira debaixo do tapete", ou "é hora de cicatrizar esta ferida de uma vez por todas". Particularmente gosto muito desta última metáfora. O fato é que o resultado desta experiência está lhe dizendo que, se algo tratado em terapia antes voltou, só tinha sido varrido para baixo do tapete, ou

Rodrigo Belmonte

recebido um simples remédio paliativo; não houve de fato uma res-significação, e é hora de encarar o fato de frente para finalmente dar o salto de consciência que sua essência está pedindo.

Esta é minha crença: não há experiências negativas, não há mal que possa ter sido causado. Não existe essa coisa chamada fracasso, nem a possibilidade de que outro me cause tal sentimento. Existe apenas resultado, e é minha responsabilidade, fruto de minha esco-lha, o quão bom ele será.

Pode-se continuar dizendo "por que fui mexer onde não devia?", ou pior ainda, atribuindo a responsabilidade a terceiros, "por que me-xeram onde não deviam?". Pode-se, porém, dar uma outra visão a isso tudo: "que bom que isso ressurgiu, é hora de resolver de uma vez!". Acredito também que só enfrentamos aquilo que aguentamos e para o qual estamos preparados, portanto, se ressurgiu, chegou a hora.

Para que tudo isso seja vivido, e uma vez que esteja decidido por fazer um treinamento, é hora escolher que treinamento fazer...

Ou seja...

Um treinamento bem estruturado possibilita uma experiência grandiosa na vida das pessoas. Palestras são muito ricas e estimulam o pensamento. O pensamento traz lembranças e logo os sentimentos em relação a elas surge... a partir daí, o treinamento deve passar a pro-piciar algo mais vivencial, que permita aprofundar neste sentimento e apresente a oportunidade de se experimentar algo novo, que traga sensações novas. Acredito que esta seja a combinação ideal.

Grandes nomes mundialmente famosos como Anthony Robbins (e pude constatar pessoalmente) adotam este tipo de estrutura, propi-ciando sempre a experiência mental, emocional e física. A abordagem 3 em 1. No Brasil diversos profissionais se dedicam a este propósito e trabalho neste ramo por acreditar fortemente em seu resultado.

Propor-se a apoiar um ser humano é algo muito sério. Quando al-guém o faz através de sua profissão, sendo um terapeuta de qualquer tipo ou um *coach*, em processo individual, em grupo ou por meio de treinamentos, acredito que este profissional (ou grupo de profissionais) deve dar este apoio guiado pelo amor e pela integridade de suas ações.

Portanto, a qualidade de um treinamento comportamental se pau-tará sobre os valores dos profissionais envolvidos, sobre seus com-portamentos diante dos dilemas que cada ser humano trará e sobre o quão genuínas e íntegras são suas intensões em relação ao outro.

Procure informar-se sobre estes aspectos pelos depoimentos de quem passou pelo processo, conhecendo os profissionais envolvidos

Treinamentos Comportamentais

e como o treinamento é estruturado.

Acima de tudo, antes de se propor vivenciar esse tipo de experiência, questione-se: como pretendo vivê-la? Como vou me comportar no treinamento? A única regra para que a experiência seja única é: permita-se! Quando nos damos este tipo de autorização, estamos dando um comando ao nosso cérebro que diz "sua hora chegou, você está pronto!". O resultado é inevitável.

Desejo muito que acelere seu crescimento.

Então, qual é a sua escolha? Acima de tudo, escolha por seu sucesso e felicidade. Sempre!

42

Estresse: inimigo ou aliado?

Importância e desenvolvimento de estratégias para gestão do estresse

"Eu quero paz, sim, mas somente o suficiente para manter-me equilibrado. O estresse desafia e constrói um novo ser, desde que o foco esteja na solução!" **(Carlos Roberto Sabbi)**

Estresse é o mal do século. Será?
Saiba o que é, para que serve, o que acontece quando é mal administrado e conheça algumas estratégias para ter uma melhor sua gestão

Shirleine Ap. Larubia Gimenes

Shirleine Ap. Larubia Gimenes

Sócia da empresa Núcleo de Desenvolvimento Humano (NDH). Psicóloga e especialista em Terapia Cognitiva Comportamental (*Instituto de Psicologia e Controle do Stress Marilda Emmanuel Novaes Lipp - Centro Psicológico do Controle do Stress*). MBA em gestão de promoção de saúde e qualidade de vida nas organizações (Centro Universitário São Camilo/ABQV/ABRAMGE). Certificação em Wellness *Coaching* (Ser Psicologia e Real Balance Global Wellness Services). Curso de Gerenciamento do Stress, com certificação pela *International Stress Management Association-Brasil* (ISMA-BR) e *CN Centre for Occupational Health & Safety* (CNCOHS).

Contatos

www.ndh.com.br
shirleine@ndh.com.br

Shirleine Ap. Larubia Gimenes

Esse artigo não tem a pretensão de trazer respostas e soluções fechadas para o tema abordado, mas levantar questionamentos, através dos quais o leitor terá condições de tirar as suas próprias conclusões e criar estratégias para atender a proposta sugerida pelo título.

Sendo assim, convido você, que está lendo esse texto, para que aceite o desafio e mergulhe em um processo de reflexão, começando com a seguinte questão: Qual é a importância de gerenciar o estresse?

> **O custo do estresse no Brasil, de acordo com a Isma-BR, é estimado em 3,5% do Produto Interno Bruto (cerca de 42 bilhões de dólares). E essa tensão afeta 70% da população do país, sendo 30% dos brasileiros considerados em nível crítico.**

Frente a esses dados e para aprofundar a nossa discussão apresento outras questões:

Quantas pessoas você encontrou, no último ano, que relataram estarem estressadas? Entre esses indivíduos, quantos mencionaram ter apresentado sintomas físicos e/ou psíquicos durante o mesmo período? E quantos alegaram que o estresse foi originado pelo excesso de trabalho e falta de tempo para cuidar do seu bem-estar, estar com a família e amigos? E finalmente, quantos desenvolveram estratégias efetivas para reverter esse processo? E você? O que tem feito para fazer a gestão do seu estresse?

Se você sentiu a necessidade de entender melhor o tema, acompanhe esta leitura e aproveite para conferir algumas dicas que podem ajudá-lo a desenvolver estratégias para enfrentar esse desafio. Para iniciarmos o processo, precisamos entender a definição do ponto central do assunto que será abordado. Afinal, *o que é estresse?*

Estresse é um estado do organismo causado por alterações psicofisiológicas, que envolvem reações físicas, psicológicas, mentais e hormonais frente a qualquer evento que seja interpretado como desafiante ou perigoso. As causas que geram esse estado podem ser de natureza positiva (ex.: expectativa em relação a um novo emprego, uma viagem etc.) ou de natureza negativa (ex: pressão no ambiente de trabalho, enfrentamento de situações que geram incertezas etc.).

Apesar dessas reações terem a função de preservar o organismo, preparando-o para enfrentar situações interpretadas como perigosas ou desafiadoras, elas têm trazido consequências negativas para algumas pessoas. Para esses indivíduos, realizar pausas de relaxamento para se atingir um equilíbrio interno e/ou adotar estratégias funcio-

Treinamentos Comportamentais

nais para atender as demandas oriundas de fontes estressoras não são condutas frequentes, ou não é hábito.

Desta forma, o estresse passa a ser considerado ruim, pois é caracterizado por um contínuo estado de alerta, em que a falta de períodos de relaxamento induz o corpo a um nível de tensão constante. Se nada for feito, tal processo poderá levar o organismo em longo prazo à fase de exaustão, podendo inicialmente apresentar sintomas de natureza física e/ou psicológica, com grande probabilidade de posteriormente desenvolver patologias físicas e/ou mentais.

Obs.: inúmeros estudos apontam que o estresse disfuncional pode ser um desencadeador de uma série de doenças. Além de ser estimulante para práticas de hábitos disfuncionais, que são adotados para amenizar a tensão, como por exemplo, a utilização de alimentação em excesso e drogas lícitas e/ou ilícitas. Reforça-se, desta forma, o aparecimento de doenças que podem tornar-se graves, se tais variáveis forem menosprezadas. Entre elas estão: diabetes, cardiopatias, úlceras, neoplasias, doenças neurológicas, patologias mentais, entre outras.

Essa realidade deveria ser questão de saúde pública e pauta de reflexão, não só por parte de pessoas, mas também de organizações privadas e públicas, pois se trata do ciclo do adoecimento e consequentes custos elevados. Contudo, para que esta apresentação não ficasse extensa, estrategicamente escolhi abordar o indivíduo, por crer que, por detrás de qualquer papel que ele assuma na sociedade (pai/mãe, profissional, subordinação ou liderança), há o Ser Humano que age e reage no seu meio, podendo servir de modelo positivo ou negativo a ser seguido para a gestão do estresse.

Sendo assim, devo considerar a hipótese de que, se esse modelo for disfuncional, ele poderá contribuir para o alastramento do ciclo do adoecimento e do prejuízo dentro do meio de que faz parte. Portanto, a propagação do estresse acaba tendo impacto negativo nas pessoas com quem "o estressado" interage. Ex: colegas, subordinados, amigos, filhos, pais, cônjuges, fazendo que estes também adoeçam em algum nível.

Além disso, o custo das doenças geradas pelo estresse costuma ser bem alto, pois não impacta somente em questões financeiras, o que pode ser verificado na mensalidade paga às operadoras de saúde, compra de medicamentos e procedimentos caros que são ministrados por doenças provocadas por esse estado. O estresse pode abalar ainda um bem maior, que é a qualidade de vida, devido ao comprometimento, que geralmente ocorre, das relações sociais, da condição de sentir-se bem física e mentalmente e da capacidade de produzir do indivíduo, condição essa que abala a autoestima, comprometendo a crença de que ainda se é capaz.

Desta forma, há razões para crer que é importante o indivíduo inves-

Shirleine Ap. Larubia Gimenes

tir de maneira profilática no seu bem-estar, identificando quais são os fatores que geram as fontes estressoras, visando criar estratégias, com intuito de sanar ou amenizar as causas que geram todo esse desgaste. Atitudes tomadas precocemente em prol dessa gestão contribuem para que o estresse não passe da condição de aliado para a de inimigo.

Ao discursarmos sobre quais são os prejuízos gerados pelo estresse contínuo e nocivo, solicito que você se questione: *o que tem feito para evitar que a situação chegue a esse estágio? Como pode se tornar modelo positivo dessa gestão e inspirar aqueles por quem tem responsabilidade ou com quem interage no dia a dia? Quais seriam as estratégias de enfrentamento para embasar esse processo? Está disposto a enfrentar esse desafio?* Se você está engajado em aprofundar essa questão, veja, abaixo, parâmetros que podem alicerçar as estratégias de enfrentamento do estresse.

Criando estratégias de enfrentamento do estresse para o indivíduo

Já que não se consegue ter domínio sobre as situações de exposição a alguns estressores, como: falta de assertividade ou habilidade social, alterações incontroláveis de humor, depressão e elevados níveis de ansiedade, medo e fobias, uma boa intervenção a ser considerada é a psicoterapia aliada às práticas de hábitos saudáveis.

Como afirma Lipp (1991), a reestruturação cognitiva (revisão de pensamentos e crenças dentro do processo psicoterápico), a prática de exercícios físicos, relaxamento e uma boa alimentação são importantes ferramentas para lidar com os agentes estressores – entre eles, os mencionados acima.

Contudo, se o indivíduo não reconhece a ocorrência das manifestações descritas como fontes estressoras, talvez ele necessite mais de um "suporte" para ajudá-lo a construir um planejamento que vise obter melhores resultados para sua vida, como por exemplo, administrar melhor o seu tempo, traçar uma nova trajetória profissional ou adotar hábitos mais saudáveis para manter sua saúde e bem-estar em níveis satisfatórios. Para essa finalidade, há outra opção, que é o processo de *coaching* (treinador), cuja missão será ajudar o coachee (treinando) a conquistar esse desafio.

Tal expertise tem a função de auxiliar a pessoa a descobrir quais são as suas reais necessidades e, a partir desse levantamento, ajudá-la a traçar objetivos claros e precisos, para se obter o fim desejado. As metas delineadas por estes objetivos devem ter foco, devem ser mensuráveis, e a duração do processo acontece em período pré-estabelecido.

Arlosky (2008) descreve 5 estágios que compõem o processo de *coaching* em bem-estar:

Treinamentos Comportamentais

1) Avaliação e exploração:

Esta etapa é fundamental, pois consiste em identificar quais são as causas das fontes estressoras que podem estar atrapalhando o bem-estar, a saúde, o desenvolvimento e a produtividade do indivíduo. Tal levantamento é feito através do relato de história de vida e através de ferramentas apropriadas para se adquirirem as informações necessárias para se construir o mapa de estratégias de enfrentamento.

Obs: verificar a origem dos estressores é importante passo para ajudar o cliente a ampliar a consciência em relação à sua condição, pois será a partir do desenvolvimento dessa percepção que ele terá possibilidade de escolher e traçar as melhores estratégias para atender as suas reais necessidades.

Para construir tais intervenções, precisa-se também levar em consideração as limitações do sujeito, e é indispensável que as propostas estejam de acordo com a sua disponibilidade interna para executar tais práticas (prontidão). Sendo assim, mensurar em que estágio a pessoa se encontra para realizar a mudança de comportamento é fundamental para o êxito do processo, pois, partindo da percepção dos níveis de disponibilidade para se executar a mudança, intervenções mais apropriadas podem ser identificadas, respeitando as limitações e ritmo do cliente.

As informações adquiridas no processo de avaliação possibilitam o treinando construir o mapa, em que ele poderá colocar as estratégias de enfrentamento de acordo com a prioridade e prontidão para executá-las.

2) Construindo um plano de bem-estar (estratégias de enfrentamento ou caminhos de intervenção)

Este estágio é caracterizado pela construção de um mapa de execução, feito a partir de um acordo entre o *coach* e o *coachee*. Nele estarão contidos os caminhos para realizar as intervenções, com as respectivas motivações intrínsecas e extrínsecas, para que o cliente invista e persista no seu processo de transformação.

3) Contabilização e Suporte

Verificar se os objetivos estão sendo alcançados dentro do tempo previsto é um trabalho de suporte do *coaching*.

Este tópico é de grande auxílio para o êxito do processo, pois poderá conter os reforçadores, para que ocorram as mudanças de hábitos ou condutas que são geradoras de estresse.

Para esse fim, as metas precisam ser realistas e mensuráveis. O ato de responder questões – como: o que será feito, como, com que frequência e por quanto tempo – será importante para nortear as ações que farão parte do trabalho. E é condição que justifica a relevância dos outros dois

Shirleine Ap. Larubia Gimenes

estágios (avaliação contínua e resultados claros e mensuráveis).

A condição de suporte poderá contar com apoio de outros serviços especializados ou tratamentos complementares para promoção de saúde e bem-estar. Ex.: academias, nutrição, psicoterapia, meditação ou mesmo apoio de pessoas que fazem parte do convívio do cliente e se predispõem a ajudá-lo no alcance das metas propostas. Ex.: amigos, familiares etc. As escolhas das intervenções complementares dependerão da iniciativa e consentimento do treinando.

Obs.: para que os resultados possam ser efetivos, é dever do coaching esclarecer a importância do papel proativo do cochee no processo e que o especialista estará presente como suporte.

4) Avaliação contínua (monitoramento)

Como relatado anteriormente no estágio de suporte, o monitoramento contínuo permite ao treinador e treinando avaliarem:

- Se o processo está sendo efetivo, para verificar se as metas estão sendo realmente alcançadas, salientando os benefícios advindos da mudança de comportamento;
- Caso o processo não esteja tendo a evolução esperada, verificar quais são os pontos que estejam dificultando esse desenvolvimento, para que, se necessário, crenças e estratégias sejam revistas e um novo planejamento, que esteja mais adequado para a condição do cliente, seja construído.

Contudo, para que esse processo possa ser realizado de forma clara e objetiva, revela-se a importância do próximo estágio.

5) Resultados claros e mensuráveis

Neste tópico, o treinador precisa avaliar se as ferramentas utilizadas estão sendo eficazes, e o treinando deve conferir se suas mudanças estão sendo realmente efetivas. Para aferir esta realidade, os indicadores que avaliam as ações precisam ser mensuráveis e as variáveis que serão analisadas dependerão das metas e necessidades do cliente.

Obs.: a constatação dos ganhos desta iniciativa acaba sendo reforçadora para continuar o processo de gestão, principalmente quando há situações mais complexas de serem enfrentadas e que exijam mais persistência para mudança de conduta.

Resumindo, o processo de *coaching* poderia ser apresentado pelo seguinte esquema:

Treinamentos Comportamentais

O leitor poderá estar se questionando: "*Eu posso fazer a minha própria gestão do estresse, mas o que fazer quando o meu trabalho é uma grande fonte geradora de estresse?*"

Respondo que, infelizmente, essa é a realidade da maioria das organizações. Contudo a gestão individual do estresse pode ajudá-lo a ampliar a percepção, possibilitando desenvolver melhores estratégias para lidar com esses desafios, seja para enfrentá-los dentro da própria organização, seja para ver novas possibilidades fora dela. Entretanto, ao adotar um novo estilo de vida, você poderá inspirar aqueles que estão ao seu redor. Pense nisso!

REFERÊNCIAS
LIPP, E. M. N et al. *Como enfrentar o stress*. São Paulo: Editora Ícone, 1991.
ARLOSKY, M. *Wellness Mapping 360º Certificate Training*. Real Balance Global Wellness Services llc, 2008.

43

Novo olhar, um comportamento para ser feliz!

Este capítulo tem como objetivo levar você a voar sobre as possibilidades que temos nesta vida. Visa ser uma direção para que você siga as suas buscas para ser feliz, apesar de e não por causa de. Para isso, precisamos focar os nossos sonhos mesmo que tudo pareça estar perdido. É acreditar sempre na possibilidade da vitória mesmo que tudo indicar que está sem saída. O tempo de Deus é diferente do nosso, e quando cremos e utilizamos treinamentos comportamentais, o sucesso se torna inevitável!!!

Silvia Lux

Silvia Lux

Psicóloga, palestrante com recursos musicais e teatrais, consultora imobiliária. Líder e Treinadora da Equipe Flores com Pimenta de consultores imobiliários. Formação Internacional em Programação Neurolinguística *Practitioner*- André Percia. Certificação internacional em *Coaching* – Ricardo Melo.

Contatos
www.silvialux.com.br
silvia@silvialux.com.br
silvialux@hotmail.com
(17)3022-4000 – (17) 99641-8060

Silvia Lux

Atenção, leitores! Convido vocês agora para embarcarem neste avião. Se preparem, vamos decolar. Turbinas ligadas, hélice girando, o avião começa a andar lentamente e vai ganhando alta velocidade, o som dos motores aumentam, e o ritmo da nossa pulsação cardíaca intensifica. Ouça o alto som, estamos decolando e sentimos aquele friozinho na barriga, é o voo que se inicia, podemos ler, ouvir e sentir em pleno voo!

Atenção senhores passageiros, quem vos fala é a comandante Silvia Lux, nosso destino é um novo olhar, um comportamento para ser feliz. Nossa aeronave ficará no comando do piloto automático e do copiloto. Eles cuidarão do voo, para que eu possa chegar perto de vocês e aprendermos juntos.

Apresento a vocês meus dois auxiliares, sem eles, eu nada poderia ser. Deus, no piloto automático e Jesus Cristo, no copiloto. Como a maioria das pessoas, tenho esta crença, claro que podemos respeitar as diferenças. Com muita tranquilidade este voo segue. Estou indo até você, ficaremos próximos. Pronto, estou aqui, na poltrona ao seu lado. Vou começar contando um pouco da minha história e vamos descobrir juntos as semelhanças e diferenças que temos. Imagine eu falando o seu nome.

É você mesmo! Muito prazer! Vou ser o mais breve possível, porque este voo é rápido. Quero que saiba, que o que aconteceu comigo, por mais difícil que tenha sido me ajudou a crescer, e que todos problemas que vivemos podem nos ajudar a evoluir se assim desejarmos e fizermos. "Não é o que acontece na nossa vida que determinará a nossa felicidade, mas como elaboramos tais acontecimentos" (MACHADO, 2013).

Conforme o autor, qual o significado que estamos dando para os acontecimentos da nossa vida? Para os chineses, o ideograma chinês CRISE significa ao mesmo tempo perigo e oportunidade. Eu, assim como você, já vivi muitas oportunidades. Algumas a gente aproveita, em outras perdemos totalmente o rumo.

Qual a sua idade? Eu já completei 52, mas creio que independente das nossas idades podemos aprender juntos. A idade significa o tempo que estamos aqui neste mundo, não necessariamente o conhecimento ou sabedoria que temos. Existem pessoas jovens incríveis, maduras, bem resolvidas, assim como há jovens inconsequentes, imaturos e nada resolvidos. Pessoas mais velhas se diferem uma das outras, exatamente assim, não é mesmo?

Somos da mesma espécie e podemos vivenciar situações de formas semelhantes ou não. Estamos aqui, nos preparando para um encontro.

Todo encontro pressupõe algo novo, proponho um novo olhar, um comportamento para ser feliz. As coisas não mudam, mas nós mudamos!

Treinamentos Comportamentais

Então, vamos treinar! Responda, o que você entende por felicidade? Um turbilhão de coisas podem começar a passar em sua mente.

Felicidade é ter muito dinheiro, é ter paz, encontrar o grande amor, ter aquele carro novo, a casa dos sonhos, viajar pelo mundo, ser famoso(a) e tantos sonhos infinitos começam pairar em nossa mente. Muitas coisas vão surgindo, nem tenho como citar, mas você pode pensar!

Outra pergunta, continuando nosso treinamento comportamental, responda rápido. Qual pessoa você põe em primeiro lugar na sua vida? E a segunda? E a terceira? Conseguiu pensar? Os meus primeiros lugares são:

Primeiro lugar- EU

Segundo lugar- EU também

Terceiro lugar- também EU

Egoísta eu? Nada disto! Assim vou poder praticar o ensinamento, dar sem esperar receber. Muitas pessoas quando faço esta pergunta respondem: Deus, meu filho(a), minha mãe, etc. Raramente dizem "Eu" como primeira opção. Se você se colocou em primeiro lugar, parabéns. Se não, chegou a hora de ter um novo olhar e se tornar a pessoa mais importante da sua vida! Este é o momento, estamos em pleno voo, treinando para isto. O primeiro mandamento Bíblico diz: Amar a Deus sobre todas as coisas. Lembre-se que Deus não se trata de uma pessoa. É importante nos autovalorizarmos, tanto é que o "EU" está contido na palavra "dEUs".

Seguindo a bíblia: "Ama o próximo como a ti mesmo." Como posso amar o próximo como a mim mesma, se não me amar? Preciso criar condições internas, saber que DEUS habita em mim. Assim nos amamos e consequentemente podemos amar e seguirmos a nossa missão de vida; sermos felizes. Para dar sem esperar receber, precisamos ter recursos. Como podemos oferecer o que está nos faltando? Se oferecermos o pouco que temos, ou seja; a nossa base, ficamos desprovidos destes subsídios necessários.

Melhor nos cuidarmos primeiro, do que dar e cobrar. Vamos a um exemplo prático. Suponhamos que você está com uma criança de colo, aqui no avião. Eu como comandante desta aeronave, informo que estamos com uma despressurização de ar. Recomendo que as máscaras que já caíram sobre a sua frente sejam utilizadas. Em quem você deve colocar a máscara primeiro? Se pensou na criança, errou. Eu ou qualquer outro comandante, iria orientá-lo(a) que coloque primeiro em você. Assim terá condições de cuidar bem da criança. Viu como é importante ser o primeiro lugar, para ajudar o próximo? Assim pode ajudar, sem esperar algo em troca. Tem sua necessidade básica suprida e pode doar. Se a pessoa nem lhe oferece nada, você já teve seu ganho; o privilégio de doar. Priorizarse, considero uma evolução, e sei que você pode "Quando nos tornamos mais felizes, estamos instantaneamente aumentando o grau de felicidade de todo planeta e, consequentemente, de todo universo. Portanto, se você tem a tendência de se achar um pouco egoísta por buscar a sua própria felicidade, não há motivos, afinal, mais uma pessoa feliz no planeta significa um planeta mais feliz." (PAPPIS, 2013). O autor destaca o poder da felicidade em um contexto planetário.

Vou contar uma estória de um autor desconhecido que era mais ou menos assim: Era uma vez um Rei, que se sentia muito infeliz. Todo ouro que ele possuía, nada lhe alegrava. Em seu desespero, por viver tão infeliz, o Rei ordena que seu servo saia em busca de um homem feliz e lhe traga a camisa deste. Parte o servo, em sua missão. As pessoas reclamam demais, falam em tons ásperos, expressões tristes ou agressivas. Percebe que a camisa que busca está distante. Sentado debaixo de uma sombra, sentindo-se desanimado, sem recursos para atender a ordem do Rei, ele ouve um cantarolar que o deixa cheio de esperança. Chega em um casebre de camponês e encontra um homem feliz! Mas para surpresa dele, este homem não vestia camisa. A felicidade é um estado de espírito e relativa. O que faz um feliz, não faz outro ser. Vem de dentro para fora. O chamado efeito pipoca "Só podemos mudar o exterior quando mudamos nosso interior" (T.HARV, 2013).

A estória do Rei deixa claro que o ter, nada pode fazer para a felicidade. O dinheiro é bom, mas este fato independe da condição essencial de ser feliz. Tal posicionamento é ratificado com a frase de Henry Ford: "Se o dinheiro for a sua esperança de independência, você jamais a terá. A única segurança verdadeira consiste numa reserva de sabedoria, de experiência e de competência".

A felicidade consiste em pequenas coisas: Um olhar para o campo de flores coloridas, imensas matas verdes que nos fazem sentir o perfume do ar puro, a brisa fresca, que acaricia nosso rosto enquanto contemplamos o azul do mar se misturando com o azul do céu. Um sorriso, um abraço e tantas coisas que você pode vislumbrar, estamos sobrevoando sobre a felicidade. Observe as belezas que podemos usufruir. As montanhas, os rios, as cachoeiras. Veja os pássaros, eles voam sem se preocupar com o amanhã. Passamos a ter um novo olhar, um comportamento para ser feliz. As coisas não mudam, mas nós mudamos! Sinta como é bom vivenciar essas experiências, como é prazeroso poder ver, ouvir e sentir a felicidade! Faça suas escolhas, peça o que quiser. Deus está no comando aguardando os seus pedidos, o copiloto Jesus está atento aos seus interesses e pronto para conduzi-lo neste voo que agora é só seu.

É inesgotável, aproveite! Use este tempo como desejar, prolongue de acordo com sua vontade. Nosso tempo de voo está terminando, aqui te-

Treinamentos Comportamentais

mos limites, mas só neste espaço físico que existem. Você pode estender o seu voo, parar de ler agora e continuar voando no seu pensamento e perceber o que é a felicidade para você. Vendo, ouvindo e sentindo suas escolhas. Precisamos retornar, vamos?

Fazer os outros felizes é um jeito muito especial de ser feliz, não é mesmo? Sempre tive uma veia cômica que me salvou. E você? Como se salva? Passei uma fase financeira difícil. A minha opção foi viver o desapego, me senti a Cinderela que virou Gata Borralheira, mas sem descer do salto! Apesar de ser a fase mais difícil, também foi uma das melhores. Fiz amigos novos, virei colunista social. Minhas jovens amigas adoravam sair comigo, por eu ser divertida, e serem *vips* nas baladas. Aprendi a ser mais jovem com elas. Passei a viver o que nunca tinha vivido. Casei muito cedo, aos 19 anos já tinha dois filhos e aos 27, eu vivia meu segundo casamento e tive a terceira filha. Sempre priorizava ou outros e me sentia infeliz, porém encarei minha estória de vida como uma jornada de aprendizados Nesta fase, aos 44 anos comecei a ter de um novo olhar, o que consequentemente acarretou em novos comportamentos. Passei ser feliz, investi no meu autoconhecimento.

"O autoconhecimento é a transformação para alcançar aquilo que buscamos. Quanto mais nos conhecemos, teremos mais confiança para alcançar nossos objetivos e mudar tudo aquilo que nos causa tristeza e sofrimento" (COSTA JR., 2013).

As músicas são importantes em nossas vidas, mas temos que saber escolher a trilha sonora. Afinal, "É preciso saber viver" (Roberto Carlos). Nos meus momentos mais difíceis, eu nunca perdi a fé, em Deus. "Nem um segundo e tenho o amor maior que o mundo" (Como é grande meu amor, por você - Roberto Carlos). Esta é a música que hoje estou aprendendo tocar no meu velho piano e fico encantada com os sons que posso despertar do instrumento que há tanto tempo eu tinha. Comecei a decolar o meu avião que vivia aterrissado e abandonado. Ao investir no autoconhecimento, encontrei a Luz que estava adormecida no meu "Eu" e potencializei o meu desempenho, este tesouro que eu tinha fechado em mim. E você, o que pode aprender com a sua história de vida?

O quanto tem investido no autoconhecimento?

Encontrei muitas ferramentas preciosas na Programação Neuro-linguística – PNL e no *Coaching*. Acredito que você, como eu, tem muitos tesouros guardados e, talvez, a PNL e *Coaching* possam ser o mapa para chegar até eles.

"Nós vivemos numa cultura em que ainda se vê com suspeita alguém que enaltece suas próprias qualidades e valores. Claro que não estou falando de um egocentrismo, mas de reconhecimentos de quem somos, de onde especificamente estamos, para que possamos caminhar

Silvia Lux

para uma nova fase, mais coerente com o que almejamos." (PERCIA, 2007). Devemos nos valorizar, assim o outro pode reconhecer o nosso verdadeiro valor. Quando nos respeitamos e apresentamos o que temos de bom, podemos ser respeitados e valorizados. Foi pensando nisto que me ousei a falar sobre a minha vontade de escrever. Aproveite a leitura desse livro, permita acelerar seus resultados, participe de treinamentos comportamentais, pois eles são uma fonte preciosa de desenvolvimento. Conheça também o *Coaching* e a PNL, pois acredite, com as ferramentas certas, você pode voar muito alto.

Meu avião só pode voar alto e agora de maneira turbinada após ter investido em autoconhecimento e em treinamentos para me potencializar e conseguir estar aqui. Não sabemos o que pode acontecer, por isso é bom estarmos prontos para vivermos as oportunidades que surgem inesperadamente.

Para isto, invista em você, participe de treinamentos comportamentais. Permita-se evoluir e alcançar suas metas e ser feliz. Como cantava Geraldo Vandré. "Quem sabe faz a hora, não espera acontecer".

Atenção, senhores leitores, quem vos fala é a Comandante Silvia Lux, já estamos de volta. Apertem os cintos, porque a aterrissagem vai ser feita com muita emoção. Todos cantando juntos o sucesso de Roberto Carlos "Se chorei ou se sorri, o importante é que emoções eu vivi!".

REFERÊNCIAS

CERSI, Machado in: *Felicidade 360º - Todos os caminhos para ser feliz*. Editora Ser Mais: 2013. SITA, Mauricio.

COSTA JR., Carlos Alberto in: *Felicidade 360º - Todos os caminhos para ser feliz*. Editora Ser Mais: 2013 SITA, Mauricio.

PERCIA, André. *Aprendiz de Feiticeiro*. Ibrasa: 2007.

T. HARV, Eker. *Os segredos da mente milionária. 2013*.

PAPPIS, Leno in: *Felicidade 360º - Todos os caminhos para ser feliz*. Editora Ser Mais: 2013. SITA, Mauricio.

Treinamentos Comportamentais

44

Treinamentos comportamentais eficazes

"Eu nasci assim, eu cresci assim
Eu sou mesmo assim
Vou ser sempre assim
Gabriela, sempre Gabriela"

Se você já ouviu a afirmação "eu sou assim mesmo e não mudo", pode estar diante de uma pessoa que acredita não poder influenciar os resultados de seus comportamentos. Treinamentos bem estruturados podem oferecer recursos poderosos para mudanças efetivas de atitudes e comportamentos

Sônia Remor

Sônia Remor

Empresária, Economista, *Life* e *Executive Coach, Master Coach* Financeira, Analista Comportamental, Consultora em Gestão de Negócios, Palestrante e Treinadora com foco em alta performance de vida, carreira e negócios. Certificada pelo *Instituto Brasileiro de Coaching, Behavioral Coaching Institute, European Coaching Association, Global Coaching Community, International Association of Coaching* e *Instituto de Coaching Financeiro*. Graduada em Economia pela Universidade Federal de Santa Catarina, Pós-graduada em Gestão da Qualidade. Especialista em Planejamento, Estratégias e Gestão de Processos. Desenvolve programas de formação e preparação de lideranças, palestras motivacionais, *Life Coaching, Leadership Coaching, Business Coaching, Executive Coaching, Team Coaching, Coaching* Financeiro e treinamentos em Gestão do Tempo.

Contatos
www.soniaremor.com.br
contato@soniaremor.com.br
www.gadconsultoria.com.br
contato@gadconsultoria.com.br
www.facebook.com/soniaremorcoaching

Sônia Remor

firmações do tipo "sou desse jeito e não posso mudar" descrevem pessoas com a Síndrome de Gabriela. Quem sofre dessa síndrome está, ainda que inconscientemente, acreditando que não pode influenciar os resultados de seus comportamentos, e interpreta literalmente a música popular de Dorival Caymmi que repete: "eu nasci assim, eu cresci assim, eu vivi assim, eu sou mesmo assim, vou ser sempre assim, Gabriela".

Pessoas neste estado se apoiam num fatalismo determinista em que nada pode ser alterado e nada pode ser feito para que resultados diferentes aconteçam. Nestes casos o ser humano não acredita que pode alterar o curso de sua vida e viver de maneira diferente, tampouco acredita que pode controlar ou alterar seus comportamentos e resultados. Desta forma, podemos identificar pelo menos cinco grandes desafios fundamentais do ser humano que deseja viver uma vida significativa e voltada ao progresso.

O primeiro grande desafio do ser humano é tornar consciente a necessidade de mudanças comportamentais para obter melhores resultados nas diversas áreas da vida. O segundo grande desafio é acreditar na própria capacidade de alterar os resultados e obter o que realmente deseja. O terceiro grande desafio é identificar os recursos adequados para viabilizar as mudanças necessárias. O quarto desafio é colocar-se em ação, utilizando os recursos escolhidos, e o quinto grande desafio é o de manter-se motivado e sensível para avaliar se está obtendo as mudanças que se propôs a realizar.

Todos estes desafios podem ser trabalhados através de treinamentos comportamentais, aplicando-se técnicas e recursos poderosos para se adquirir novas competências e potencializar os recursos que já existem no ser humano.

Treinamentos comportamentais também possuem grandes desafios, e um dos principais é o de promover mudanças efetivas em atitudes e comportamentos humanos, capazes de quebrar o paradigma popular estabelecido pela Síndrome de Gabriela de que "eu sou assim mesmo e não mudo". No entanto, a credibilidade destes treinamentos é frequentemente alvo de questionamentos por parte de indivíduos e organizações que investem altas somas financeiras e nem sempre obtêm a eficácia esperada.

Muitos treinamentos comportamentais disponíveis no mercado são baseados em dinâmicas de grupo com foco motivacional de curto prazo, carecendo de recursos estruturados para promoção de aprendizagem ao público adulto. Nestes casos os treinamentos oferecem altas doses de motivação com baixa eficácia em termos de mudanças comportamentais. Os resultados de treinamentos neste formato duram poucos dias após o seu encerramento, e em muitos

Treinamentos Comportamentais

casos os participantes retornam à situação inicial, até mesmo esquecendo o conteúdo que foi abordado no evento.

A maioria das pessoas não se recorda do processo de aprendizagem que estabeleceu seu comportamento atual, pois boa parte dessa aprendizagem ocorreu na infância e adolescência. No entanto, o processo de "modelagem" continua na vida adulta, mas utiliza mecanismos tão inconscientes que nem sempre o indivíduo se dá conta deles.

Talvez muitos desconheçam que o processo de aprendizagem do ser humano está dividido em estágios, e é importante ter conhecimento desses estágios para que treinamentos comportamentais possam ser estruturados de forma a garantir sua eficácia.

De acordo com a PNL (Programação Neurolinguística) a aprendizagem está dividida em quatro estágios nomeados de: Incompetência Inconsciente, Incompetência Consciente, Competência Consciente e Competência Inconsciente.

IV - Competência inconsciente
Excelência e Maestria (recursos)

III - Competência Consciente
Sabe que sabe (recursos)

II - Incompetência Consciente
Sabe que não sabe (limitações)

I - Incompetência Inconsciente
Não sabe que não sabe (limitações)

No estágio I, identificado como **Incompetência Inconsciente**, o ser humano ainda não sabe que não sabe, não tem consciência de que possui limitações ou mesmo recursos. Conforme passa o tempo, ele começa a se dar conta de determinadas limitações para obter determinados resultados, nesse momento ele passa para o próximo estágio.

No estágio II, chamado de **Incompetência Consciente**, o ser humano toma conhecimento de que não sabe e de que possui limitações para determinadas atividades ou para mudar determinados comportamentos. Neste estágio ele cria a necessidade ou curiosidade por aprender, por saber como realizar determinada atividade ou determinada mudança. Nesse momento o ser humano pode começar a procurar os recursos necessários para eliminar as limitações e, passa para o terceiro estágio.

No estágio III, de **Competência Consciente**, o indivíduo sabe que sabe conscientemente, e reconhece os recursos de que dispõe para realizar as atividades e /ou mudanças que deseja. Toda a parte consciente volta-se para a realização dos seus objetivos. Com a experiência em como fazer e com a prática consciente, ele passa para o quarto estágio.

No estágio IV, identificado como **Competência Inconsciente**, o ser humano nem sabe mais que sabe, o desenvolvimento das atividades e ou comportamentos torna-se inconsciente. Até o estágio anterior ainda era preciso direcionar a atenção para realizar os propósitos, tendo que usar vários recursos simultaneamente; a partir deste estágio, inconscientemente, a ação torna-se algo natural, automática.

É preciso considerar que treinamentos comportamentais devem conduzir os indivíduos a passarem pelos estágios de aprendizagem, oferecendo orientação, potencializando os recursos já existentes e disponibilizando instrumentos para que possam mudar de maneira consciente suas atitudes e comportamentos para obter o que desejam para suas vidas.

No caso de indivíduos adultos, estes são motivados a aprender conforme vivenciam necessidades e interesses, pois precisam saber por que devem aprender algo e o que ganharão no processo. Desta forma, para que treinamentos comportamentais tenham eficácia é necessário que sejam estruturados com base na definição clara e objetiva dos seguintes tópicos: público, propósito, metodologia, recursos e *coaching*.

Quem é o público?

Comece a estruturar o treinamento comportamental direcionando claramente para quem ele se destina, e identifique o nível de conhecimento, habilidades e experiências do público alvo. Com estas informações será possível avaliar de onde será necessário partir na abordagem do tema escolhido para o treinamento. Além disso, para fazer com que o público alvo saia do treinamento satisfeito em ter participado e motivado a agir, é necessário direcionar as técnicas e recursos para atender às necessidades e expectativas dos participantes. Portanto, recomenda-se fazer um diagnóstico inicial com o público alvo antes de elaborar o treinamento e oferecê-lo ao mercado.

Qual é o propósito?

O treinamento comportamental deve ter uma razão de existir, deve possuir os propósitos da aprendizagem e seus resultados esperados claramente definidos, e precisa estar alinhado aos objetivos do público alvo. Dentre os propósitos pode-se buscar convencer, persuadir, inspirar a ação, ou outro que represente melhor as necessidades e expectativas identificadas na etapa anterior.

Qual é a metodologia?

Nos programas de desenvolvimento humano é preciso definir a metodologia mais adequada para atender aos propósitos da aprendizagem e resultados esperados. O processo deve começar com um preparo das pessoas para a participação no treinamento comportamental, fornecendo-lhes informações sobre o programa e o conteú-

Treinamentos Comportamentais

do e ajudando-as a construir expectativas realistas de aprendizagem. Além disso, o clima propício à aprendizagem deve inspirar confiança, respeito e colaboração, pois facilita a troca de experiências.

É preciso considerar que a experiência é a fonte mais rica para a aprendizagem de adultos e estes aprendem com mais facilidade em ambientes informais, confortáveis, flexíveis e sem ameaças.

De acordo com o modelo andragógico definido por Malcolm Knowles, no século 20, alguns princípios são fundamentais na definição da metodologia a ser utilizada para aprendizagem de adultos:

1. Adultos têm necessidade de saber por que precisam aprender algo e qual o ganho que terão no processo.

2. Adultos são responsáveis por suas decisões e por sua vida, portanto querem ser vistos e tratados pelos outros como capazes de se autodirigir e têm dificuldade em que outros lhe digam o que fazer.

3. Para o adulto suas experiências são a base de seu aprendizado. As técnicas que aproveitam essa amplitude de diferenças individuais serão mais eficazes. Em alguns casos as experiências também podem acarretar preconceitos e hábitos mentais que dificultam a aprendizagem.

4. O adulto fica disposto a aprender quando a ocasião exige algum tipo de aprendizagem relacionado a situações reais de seu dia a dia.

5. O adulto aprende melhor quando os conceitos apresentados estão contextualizados para alguma aplicação e utilidade. A orientação da aprendizagem será melhor aproveitada se estiver focada na vida e nos problemas que vivenciam.

6. Adultos são mais motivados a aprender por valores intrínsecos: autoestima, qualidade de vida, desenvolvimento.

Para o indivíduo absorver a aprendizagem do treinamento comportamental ele precisa sentir que está ganhando algo prático e real. Se ele não ver um ganho no que está estudando, investindo, ouvindo ou participando, a aprendizagem não acontecerá, pois o adulto não compreende e não aceita positivamente aquilo que recebeu se não fizer sentido no contexto em que ele está inserido.

Quais são os recursos?

À partir da definição clara e objetiva do público alvo, dos propósitos da aprendizagem e do estabelecimento da metodologia mais adequada, é chegada a hora de escolher recursos poderosos para tornar o treinamento comportamental eficaz.

Todo palestrante possui certa preferência por determinados recursos em detrimento de outros, no entanto, o foco desta etapa é garantir que o treinamento comportamental atenda às necessidades e expectativas do público alvo e cumpra o propósito estabelecido. Para isso, alguns recursos já demonstraram ser altamente eficazes na aprendizagem de adultos quando inseridos no momento oportuno, são eles: metáforas, testes de perfil comportamental, PNL (Programação Neurolinguística), dinâmicas vivenciais e lúdicas, músicas, vídeos, psicodrama, pintura, jogos, discussões em grupo, leituras, dentre tantas outras opções que podem ser aproveitadas.

Desta forma, é necessário escolher criteriosamente os recursos que serão utilizados na abertura, no desenvolvimento e no fechamento do treinamento comportamental. Para fins de exemplificação discorreremos sobre o uso de metáforas, testes de perfil comportamental, vídeos, discussões em grupo e leituras.

O uso de Metáforas na abertura de treinamentos comportamentais tem sido um recurso interessante e eficaz, incluindo desde simples comparações até histórias mais longas contadas com dramatização e ênfases estratégicas. A abertura deve captar a atenção do público, sensibilizar e criar uma identificação com o tema. Metáforas comunicam indiretamente relacionando a história contada a algo já conhecido pelo público. Assim, uma Metáfora bem selecionada é capaz de criar profunda identificação com o propósito do treinamento, principalmente quando ela desperta vários níveis de significado, distrai a mente consciente e ativa a busca inconsciente de recursos internos.

Para o desenvolvimento do treinamento a aplicação de testes de perfil comportamental têm se mostrado um recurso poderoso ao despertar o público para o autoconhecimento. Através da identificação dos pontos fortes, pontos de melhoria, fatores de motivação predominantes, vícios emocionais e recursos internos, o participante desperta uma curiosidade genuína em entender por que ele é do jeito que é, faz as coisas do jeito que faz e obtém os resultados que está acostumado a obter. A partir desta reflexão pode ocorrer a descoberta de que é capaz de mudar aquilo que não contribui para que obtenha o que realmente deseja em termos de resultados nas diversas áreas da sua vida.

Outro recurso poderoso para o desenvolvimento de treinamentos comportamentais são leituras escolhidas para direcionar o público em reflexões específicas e posteriormente promover a troca de experiências através de discussões em grupo. De acordo com o propósito definido para o treinamento é interessante escolher textos que possam ser contextualizados com a realidade dos participantes e utilizados em

Treinamentos Comportamentais

debates que auxiliem no avanço dos estágios da aprendizagem.

Para o fechamento do treinamento comportamental, dentre as diversas opções de recursos é muito interessante a utilização de vídeos de curta duração ou filmes completos. Os filmes podem ser trabalhados numa dinâmica de reflexão pessoal e posteriormente com discussões em plenária aberta, incentivando o estabelecimento de compromissos individuais com as mudanças propostas pelo treinamento.

Filmes podem ser utilizados também como tarefas entre módulos do treinamento, buscando incentivar a continuidade de reflexões após o término de cada etapa prevista no programa. A escolha do filme adequado pode levar o público a uma conexão emocional capaz de inspirar os participantes para ações concretas de mudanças comportamentais após o término do treinamento.

O papel do coaching na eficácia dos treinamentos comportamentais

A maioria das pessoas sai de treinamentos comportamentais com níveis elevados de motivação para mudanças e necessita de acompanhamento continuado para manter-se em ação. Por isso, a eficácia dos treinamentos comportamentais é garantida quando estes se utilizam do coaching como um processo contínuo de aceleração dos resultados.

Após a realização do treinamento comportamental o coaching libera o potencial da pessoa para que esta maximize seu desempenho e faça o que antes acreditava ser impossível. O aumento da performance, gerada pelo processo de *coaching*, eleva o nível de resultados, gerando mais realização, satisfação pessoal e profissional, equilíbrio interno, aumento da qualidade de vida e sentimento de felicidade.

Os principais elementos do processo de *coaching* após o treinamento comportamental são: foco, sentimento/sensação, evolução contínua e resultados. *Coaching* é uma metodologia focada em ações do *coachee* (cliente) para a realização de suas metas e desejos. Ações no sentido de desenvolvimento e/ou aprimoramento de suas próprias competências, equipando-o com ferramentas, conhecimento e oportunidades para se expandir.

E para finalizar, mudanças comportamentais não são alcançadas pela força de vontade ou mera "motivação", mas sim, acessando as ferramentas e princípios de ação poderosos que o impulsionam a obter resultados consistentes e duradouros.

45

Competências + QI (Quociente de inteligência) + QE (Quociente emocional)

Uma fabulosa equação...

Sueli Campos

Sueli Campos

Empresária no segmento de *fast food*, graduada em Psicologia, Publicidade e Marketing. Atuou por mais 20 anos em promoção e *merchandising* no varejo principalmente em grandes redes nacionais de supermercado, fortalecendo marcas e produtos. Atua como Palestrante, *Head Trainer* Comportamental, *Master Coach*. Possui formação em *Master Practtioner* em PNL, com especialização em hipnose Clássica e Ericsoniana, sempre com foco em desenvolvimento humano de equipes. Ministra palestras, *workshops* e treinamentos em ambientes corporativos visando desenvolvimento de competências para gestão de pessoas, dirigidas a equipes de vendas/operacionais. Articuladora e especialista em relações sindicais e patronal voltada a franquias. Idealizadora da palestra inspiracional "Ser Feliz, Fazer a Diferença e Beijar na Boca", assistida por mais de 10.000 pessoas em diversos estados no Brasil.

Contatos
www.suelicampos.com.br
contato@suelicampos.com.br
sulaccampos@bol.com.com
(11) 98109-4885
(11) 4341-6409

Sueli Campos

Daniel Goleman, psicólogo norte-americano e autor do Best-seller Inteligência Emocional, a teoria revolucionária que redefine o que é ser inteligente – enfatiza que um elevado QI e um diploma de prestígio podem abrir as portas do mercado para a carreira, mas o que realmente define o sucesso é o QE, a Inteligência Emocional.

Goleman nos entregou esta obra em 1995, quando o mundo corporativo ainda nem cogitava o desenvolvimento emocional de seus executivos e tampouco das respectivas equipes. Portanto, é justo afirmar que naquela época, sua visão e percepção foram consideradas no mínimo, "estranhas".

O foco era desenvolvimento técnico. As empresas vislumbravam o domínio das tecnologias e dos processos mecânicos. Estar um passo adiante em relação a concorrência era praticamente lei. A preocupação com a produtividade gerava uma alucinante corrida cujo objetivo resumia-se ao tão desejado resultado positivo.

Experimentávamos tempos nos quais a definição de sucesso entre a comunidade empresarial tinha apenas a frieza métrica das curvas de gráfico.

A linha do gráfico subia, todos vibravam. Continuava a subir e a vibração geral seguia o mesmo ritmo. Quando chegava ao máximo, a um patamar ainda inédito: bum! Juntamente com o bom resultado do gráfico, o preço pago pelo "crescimento a qualquer custo" revelava três fatores quase sempre certos:

1) Clientes insatisfeitos pelos prazos não honrados;
2) Funcionários desmotivados e afastados do trabalho com frequência, vítimas de doenças físicas e emocionais;
3) Desmotivação generalizada, desde a alta cúpula hierárquica até os trabalhos operacionais.

O prejuízo advindo destas circunstâncias normalmente superava os lucros antes demonstrados no gráfico que fez todos vibrarem. Os empresários então investiam valores de muitos dígitos em três áreas de reparação:

A. Nas demandas logísticas para entregar os atrasos;
B. Nas demandas de vendas face ao inevitável turnover;
C. Na pasta de marketing, para reconstruir a imagem da empresa e reconquistar clientes perdidos.

Dava-se início ao processo de investigação, julgamento e punição, tão comuns por aqueles dias nos muros corporativos. Era uma

Treinamentos Comportamentais

busca estressante e despropositada, mas "um ou mais culpados deveriam aparecer". As acusações apontavam em diversas direções: o líder não sabia liderar, os executores não tinham a competência adequada... mas espere:

Como não tinham?

Os melhores do mercado estavam ali – pensavam os responsáveis pela empresa, atônitos e impotentes diante dos resultados negativos e nenhuma explicação plausível para tamanha sequência de eventos negativos. Após o alto preço pago pelo crescimento desordenado, o ciclo se reiniciava em busca de resultados positivos.

Eles não conseguiam enxergar como tão brilhantemente Goleman o fez: Era necessário investir em inteligência emocional. Preparar tecnicamente toda a empresa, mas fechar os olhos as competências geradas pelo hemisfério direito do cérebro com suas respectivas peculiaridades que a lógica desconhece, era como pilotar uma Ferrari: o conhecimento técnico pode gerar uma direção adequada ao piloto, mas é preciso SENTIR a máquina para extrair dela o seu potencial.

Surgiu então, para felicidade nacional, pois a partir desta consciência, o Brasil disparou em crescimento, a necessidade de desenvolver também a Inteligência Emocional (QE). Nossos empresários aprenderam através da dor porque os objetivos desejados não eram alcançados, mesmo com uma equipe preparada tecnicamente.

Naquela época, nasceram duas perguntas que uma vez respondidas, e seria muito em breve, mudariam todo o cenário de Desenvolvimento Humano quanto a recrutamento, seleção e treinamento de profissionais. Já sabíamos a estratégia das nações desenvolvidas para prosperar. Restava a lição de casa: "o que" e "como" fazer?

O Equilíbrio Emocional migrou, então, de mero atributo teórico contido em livro, para a aplicação prática. Desde então, cada vez mais os empresários vêm investindo nesta assertiva necessidade, porque finalmente entenderam que a produtividade e o tão almejado objetivo de superar a concorrência, não estão ligados somente aos profissionais com melhor preparo técnico, mas também àqueles cujas habilidades QI + QE destoam.

Vale para todos os segmentos de atuação: O mundo corporativo está muito mais preocupado com formação, preparação, entrosamento entre seus líderes e a respectiva equipe.

Os holofotes da atenção foram dispostos de forma a iluminar o aspecto emocional. É evidente que não se deve desprezar ou menosprezar as características técnicas e lógicas, também importantes no processo, mas é igualmente explícita a evolução profissional da sociedade brasileira a partir dos acontecimentos que a década de 90 presenciou.

Em 1995, por exemplo, os empresários encontravam mais dificuldade para contratar executivos do que para contratar a mão de obra operacional. A ascensão das classes sociais menos favorecidas fez inchar a classe média. Como efeito deste degrau conquistado por inúmeras famílias, os planos em relação a futuro também mudaram. Em 2013, este cenário se inverteu. A comunidade empresarial encontra dificuldade para preencher vagas operacionais, pois temos uma demanda maior de candidatos a executivos, já como efeito desta janela de ascensão social que soma 18 anos de mudanças.

A busca sobre "o que" e "como" treinar as equipes nos levou a conhecer o mundo e as atividades das dinâmicas de desenvolvimento por competência. Como assim "por competência"? Já não temos as tão conhecidas dinâmicas de grupo?

Sim, mas vamos analisar: na medida em que íamos preparando os profissionais, percebíamos a necessidade de mais ferramentas e novas qualificações. Onde buscar, como realizar, desenvolver um conjunto de técnicas e aplicá-las ao comportamento humano? Como identificar competências, habilidades, quebra de paradigmas, crenças? Até que ponto a pessoa conhece seu potencial, suas habilidades e como ela os desenvolve?

Para preencher estas lacunas, oferecendo respostas pluralistas e definitivas, surgiu o Treinamento Comportamental, que reúne várias técnicas a favor do desenvolvimento e capacitação na busca de autoconhecimento, assim como ajuda a identificar novos perfis de líderes e equipes, para que o mundo corporativo finalmente possa contar com profissionais abnegados, sérios, competentes, determinados e o mais importante: que saibam se relacionar, desafio maior que nosso século vivencia.

Quando uma empresa identifica as competências e habilidades dos membros de sua equipe, o desafio é potencializá-los, mas se o fizerem, o desempenho das pessoas é extraordinário. O mesmo vale para quem busca desenvolvimento pessoal. Não adianta investir somente na linha acadêmica, é preciso transcender e seguir uma rota alternativa, buscar conhecimentos no Treinamento Comportamental, pois antes do conteúdo chegar ao Brasil, passou por berços de cultura europeia, americana e japonesa. Ou seja, esta linha evolutiva chegou PRONTA ao Brasil, capaz de ajudar pessoas físicas e jurídicas no despertar de seu aperfeiçoamento.

Ressalte-se que a imersão em Treinamentos Comportamentais tem como finalidade desenvolver a essência individual através do

Treinamentos Comportamentais

conjunto de técnicas e linguagem direcionada, permitindo trabalhar as crenças que até aquele momento limitaram a vida e fortalecer as crenças promissoras, em caminhos que visam quebrar a mesmice comportamental por meio de dinâmicas vivenciais, onde os participantes têm contato com a única pessoa do planeta capaz de lhe gerar mudanças definitivas e boas: ELA.

Já o Treinamento Comportamental Corporativo visa alinhar os aspectos de congruência entre as diversas vertentes da liderança e suas equipes, para que possam formar uma única corrente humana de elos fortes, comprometidos com missão, visão e valores da empresa. As dinâmicas utilizadas têm outra faceta, voltada para a linguagem corporativa, visando trabalhar e desenvolver as habilidades de interação, comunicação, metas, comprometimento e envolvimento. O resultado é muito positivo: gera-se um ambiente prazeroso, leve e desprovido da tradicional fofoca, de inveja, intrigas e ruídos de comunicação, fatores que minam as energias da empresa.

Como exemplo, cito aqui um case de como o Treinamento Comportamental Corporativo foi determinante para levar uma empresa a obter resultados de alta performance em suas vendas.

Certa vez, ouvi que nem sempre uma equipe comprometida está necessariamente envolvida. Fiquei pensando nisso por muito tempo. Um dia, já como empresária, me vi exatamente vivenciando esta frase. Pensei:

E agora o que faço para ter um equilíbrio?

Decidi então "fragmentar" minha estratégia. Comecei por executar o "básico", mesmo porque aprendi que não adianta apenas pesquisar e procurar a "perfeição" na liderança de equipes. Os times são formados por pessoas com diferentes vicissitudes, sonhos, nível social, econômico e cultural. Como tal, merecem ser enxergadas individualmente.

Nesse contexto, a grande mágica da liderança é justamente entender, equacionar, trabalhar e desenvolver cada membro da equipe, considerando suas diferenças e convidando-os a entrar em um estado de congruência positiva e produtiva.

O primeiro passo foi chamar um por um. Preparei uma ficha e pedi que me respondessem as seguintes perguntas, cujas respostas eram anotadas na íntegra:

- Qual profissão você quer seguir?
- Qual a sua expectativa em nossa empresa?
- Como você se vê diante da equipe?
- Você se sente seguro (a) fazendo que tipo de atividade?
- Como deseja que a equipe te veja?
- Qual o seu sonho?

Sueli Campos

De posse das respostas, eu tinha nas mãos um Raio X completo. O segundo passo foi me colocar a frente de um Treinamento Comportamental que iniciei na equipe. Como treinadora, foquei nos aspectos que foram sinalizados por cada membro da equipe, que catalogados, exigiram meus esforços para preencher os critérios de integração, comunicação, liderança, trabalho em equipe, motivação e importância de metas.

O foco nessas temáticas me possibilitou acesso ao perfil de cada um, de suas habilidades e competências. Costumo dizer que não existe ninguém incompetente, e quando digo isso, muitos perguntam, relutantemente: Como não? Respondo que não existe ninguém incompetente, e faço uma analogia: o bandido quando vai roubar usa toda a competência de planejamento, estuda o local e a vítima. Ele usa suas habilidades para a desonestidade, mas usa, esta é a competência dele.

Nós, lideres, temos de descobrir as competências de cada pessoa e reforçá-las, ajudando a se "lapidarem".

Quando descobri a competência de cada um da equipe, comecei imediatamente a desenvolver a individualidade em favor do grupo. Obviamente não foi fácil, porque como já mencionei, pessoas vêm de culturas, valores e referências diferentes, o que exige de nós líderes a árdua tarefa de juntar esta diversidade a favor de uma equipe congruente, assertiva e abnegada, ao invés da tradicional falta de entrosamento que estas diferenças tendem a gerar.

Uma vez feita essa análise, foi possível que cada uma destas pessoas entrasse em seu estado de performance total.

Cada passo representava uma pequena vitória. Em seguida, procedemos a otimização das tarefas, mensurando o tempo despendido por cada um, de acordo com suas características, melhorando a produtividade individual. Este passo foi suficiente para uma melhora na autoestima, resultando por efeito dominó, na motivação do grupo. Pude também observar um comportamento generalizado: a partir dali, eles sentiam que eram parte da equipe, de todo o mecanismo da empresa. Ou seja, as pessoas, na prática, estavam envolvidas e comprometidas com nossa visão, missão e valores.

Notem que o fator determinante para que atingíssemos este nível de capacitação da equipe foi a descoberta de competências e habilidades de cada um. Obviamente, quando se realiza um trabalho deste, você mexe com a estrutura total ou parcial de toda a equipe. Em suma, significa que o reposicionamento de cargos, atividades e tarefas faz-se quase sempre imprescindível, pois de nada adianta identificar problemas, necessidades, sonhos e frustrações entre as pessoas, mas mantê-los desenvolvendo as mesmas tarefas para as quais,

Treinamentos Comportamentais

nitidamente, já se analisou que as competências eram incompatíveis.

O hábito de procrastinar tais mudanças de posicionamento nos leva a uma indagação: Existe alguma semelhança com determinados programas de recursos humanos que você já viu nas empresas, onde o problema é identificado, mas as pessoas permanecem em suas mesmas ocupações? Talvez não seja mera coincidência!

Como prometi, não estou apresentando uma teoria, mas sim um case e não foi alguém que me contou. Eu tive o prazer de vivenciar cada instante. Esse trabalho resultou no crescimento REAL para a empresa da ordem de 53% nas vendas, se comparadas ao mesmo período do ano anterior.

Vê-se assim, que o resultado obtido por técnicas de Treinamento Comportamental, seja para desenvolver apenas a individualidade ou uma equipe dentro do meio corporativo é absolutamente fantástico. O equilíbrio da equação entre QI e QE faz toda a diferença em ambas as situações.

O mercado respira uma cultura muito focada em resultados de alta performance, mas cabe lembrar que existem excelentes técnicas nestes treinamentos para alcançá-los, desde que os empresários estejam dispostos a fazer algo diferente, pois é quase insano desejar tais resultados com a mesma liderança exclusivamente lógica e fria que exercíamos antes de Goleman, ignorando, portanto, a essência humana que é naturalmente única.

Como mencionei no início deste texto, o mundo corporativo busca identificar as competências necessárias entre seus líderes e membros de equipe. Para ter êxito, o processo que visa alcançar os resultados pretendidos não pode ser interrompido. É fundamental e extremamente salutar que os novos integrantes da equipe sejam incorporados a esses mesmos procedimentos. Do contrário, o time vai ter uma exceção possivelmente desmotivada ou no mínimo sem sinergia com os demais. Considerando que pessoas desmotivadas são dotadas de uma curiosa habilidade para persuadir, a chance de que esta exceção destreinada gradativamente gere uma energia ruim entre o grupo existe e merece nossa atenção.

Nesse *case*, pude constatar que no campo individual a pessoa incorporada ao processo identifica ser possuidora de habilidades e competências que ainda nem usava. Como resultado, sente-se mais segura e melhorando sua autoestima, retribui positivamente diante das necessidades da corporação.

Costumo dizer como líder que é maravilhoso trabalhar a favor das capacidades das pessoas e perceber sua evolução. Não tenho o hábito de usar a palavra difícil. Sem hesitação, eu a substituo por desafiante.

Sueli Campos

É desafiante ajudar a pessoa em seu desenvolvimento. A inserção delas na equipe deve ser prazerosa, jamais traumática. Quando conseguimos lhes preencher estes critérios, até mesmo o seu ambiente de convívio familiar e social melhora, segundo o próprio *feedback* que elas nos transmitem. Isso torna tudo muito mais gratificante.

Para concluir o relato desta experiência que vivenciei, quero oferecer uma reflexão:

Se você deseja saber quais são as suas competências e habilidades, ou pretende como líder assegurar que sua equipe seja agraciada com resultados positivos, busque a equação de equilíbrio entre QI e QE. Saiba lidar com você, em primeiro plano e a partir desta percepção sobre si, valorize as pessoas ao seu redor. Você pode ter milhares de funcionários, mas é a capacidade de entender cada pessoa que fará a diferença em seus negócios. Para isso, busque conhecimentos inerentes a sua área técnica, assim fará com certeza toda a diferença e o sucesso será mais facilmente atingido. Invista tempo e energia nos treinamentos comportamentais. Estas duas áreas juntas acompanham, simbolizam e representam aqueles que prosperaram, assim como a inobservância de treinamento técnico e emocional explica a razão de muitos empresários não conseguirem êxito em seus negócios.

É impossível alcançar resultados positivos sem preparação e principalmente sem o autoconhecimento.

Antes de procurar dez passos para o sucesso aqui ou os sete dicas para vencer acolá, tão amplamente disponíveis no material literário de inúmeros formadores de opinião dentro e fora do Brasil, é preciso, como diz o Prof. Massaru Ogata, "mergulhar no simples" e como tal, nada mais simples e assertivo do que isso:

O grande segredo é estar sempre preparado (a), sejam quais forem as circunstâncias. Divido com vocês a minha crença altamente promissora:

Se existe a palavra desafio, eu não preciso usar a palavra difícil.

Agradeço a oportunidade de dividir minhas experiências com os leitores desta grande obra e deixo uma citação final de Bill Gates, cujas palavras simbolizam quem sou eu, por identidade, natureza e imbatível resiliência, características que espero ter transmitido para vocês.

"Tente uma, duas, três vezes e se possível, tente a quarta, a quinta e quantas vezes for necessário. Só não desista nas primeiras tentativas. A persistência é amiga da conquista. Se você quer chegar onde a maioria não chega, faça aquilo que a maioria não faz."

Treinamentos Comportamentais

46

Comunicar a partir da argumentação: uma nova perspectiva ao convencimento

Uma das características do séc. XXI é a nova dimensão para os relacionamentos. Hoje temos facilidade de contato com muito mais gente, pela modernidade de nossos canais de comunicação. No entanto, devemos estar preparados para tirar o máximo proveito dessa situação. Precisamos não só comunicar, mas saber argumentar corretamente sobre os nossos pontos de vista

Tarcísio de Oliveira

Tarcísio de Oliveira

Palestrante desde 1993, é bacharel em Comunicação Social e em Filosofia. Pós-graduado em Marketing. É, também, ator e diretor de Teatro, sendo proprietário da CREARE Comunicação e Cultura. É apresentador, desde 2012, do programa de TV "O Poder da Argumentação" transmitido pela TV Pax.

Contatos

tarcisio@creare.art.br

https://www.facebook.com/www.tarcisiodeoliveira.com.br

Tarcísio de Oliveira

Nesse nosso mundo competitivo (ou selvagem) temos que ganhar em tudo, sermos bem-sucedidos em todos os aspectos. Devemos demonstrar que estamos bem no trabalho, na família, no ambiente educacional, na vida religiosa e esportiva. Assim, deixamos de ser humanos, pois o ser humano falha, por mais que não queira. Já houve quem dissesse que nossos defeitos são o tempero de nossa personalidade. Se isso for verdade, andamos muito sem sal ultimamente.

A verdade é que nos esforçamos muito em manter a nossa boa aparência. Parte desse nosso esforço em mostrar que somos os melhores é feito por meio de comunicação. Trata-se de um fator cultural que atinge a maioria das pessoas.

Desde criança somos educados a mostrar que somos os melhores. Valorizam-se aqueles que estão sempre certos, que respondem e decoram as respostas corretas.

Em meus anos de magistério notei que, da mesma forma que existem as drogas lícitas e ilícitas, existem as colas proibidas e permitidas, pois a decoreba nada mais é que uma cola institucionalizada. Aquela que faz o aluno não ver a hora de chegar a prova, pois depois dela feita ele poderá, finalmente, esquecer aquele assunto por uns bons anos e poderá ocupar a sua mente com o que quiser. Nossa educação não conquista a mente de ninguém.

Eu proponho que, ao invés de buscarmos para nossos estudantes que eles estejam certos, você se empenhe para que eles sejam coerentes, o que é completamente diferente. Estarmos certos significa, no padrão estabelecido, que outros estão errados. O clima de competitividade é trabalhado muito cedo nas escolas. Nos colégios, inclusive nos confessionais, se ensina muito mais o egoísmo do que a partilha. Esquece-se que a comunicação é um grande processo de compartilharmos nossas experiências com o outro, que possamos trocar os nossos temperos.

Trabalho com a comunicação há mais de vinte anos. Sou publicitário, ator e diretor de teatro e filósofo. Essas três áreas enfocam a comunicação humana a partir de perspectivas diferentes. Todas elas interagem com o público com técnicas distintas. Essas técnicas foram, pelo meu trabalho, utilizadas por décadas. Já administrei e coordenei várias equipes de trabalho, atendi como gerente de um colégio de São Paulo a inúmeras famílias, por anos. Além disso, sou empresário, tendo que me relacionar com os mais variados tipos de clientes e situações. Ter consistência na argumentação foi fundamental em minha carreira.

Além disso, ajudei muitas pessoas a conseguir expressar melhor seus pensamentos.

Durante quase três anos desenvolvi um trabalho de comunicação a partir do teatro, com funcionários de uma grande organização, em

Treinamentos Comportamentais

São Paulo. No primeiro encontro com eles, todos chegaram muito animados, mas receosos. Como nossos encontros eram dentro da própria empresa, eles vinham do ambiente de trabalho, com paletós, gravatas, etc.

Eu havia preparado o material para esse encontro há mais de vinte dias. Fiz uma adaptação à fórmula que tenho para um primeiro encontro com um grupo que vai trabalhar com o teatro. Porém, vendo suas expressões, tive uma intuição e resolvi dar um exercício que dou quando já tenho alguma intimidade com o grupo.

O exercício é o seguinte: o grupo forma, em pé, um círculo de pessoas, de modo que umas podem olhar as outras. A seguir eu solicito que cada um pense num sapo que engoliu na vida e que não está conseguindo digerir. Após este tempo, um por vez, aleatoriamente, cada pessoa vai para o centro do círculo e escolhe alguém para escutar o "vômito" do sapo não digerido, aquelas verdades que ficam entaladas na garganta e não saem.

É um risco dar esse exercício sem conhecer o grupo. Os integrantes podem cair na risada (como mecanismo de defesa) e todo o trabalho fica comprometido.

Porém, como disse, senti que eles precisavam de um exercício destes. Propus ao grupo e eles toparam. Foi uma das experiências mais incríveis que tive: só faltou formar fila para vomitar o sapo. A emoção foi muito forte e verdadeira, e como acontece normalmente nestes casos, alguns chegaram a chorar enquanto falavam.

Cerca de um ano depois, o grupo já tinha um nome e estava reunido para apresentar a comédia grega Lisístrata, de Aristófanes. Considero este autor o maior escritor de comédia de todos os tempos.

Como eles foram maravilhosos. As apresentações arrancaram muitas gargalhadas da plateia. Durante uns dez dias eles viraram atração na empresa.

Acabadas as apresentações fizemos uma confraternização. Todos me agradeceram não só pelo sucesso dos espetáculos, mas pelo fato de como eles eram mais leves, desenvolvendo uma comunicação mais efetiva.

Possuo inúmeras histórias como esta. Assim, com alegria, apresento essa minha vivência na comunicação e especialmente o método de argumentação que desenvolvi e que pode ser aplicado a várias situações.

Quantas vezes vi pessoas capazes, competentes, perderem oportunidades na vida profissional, familiar e amorosa, por não saberem se expressar. E, como em tudo na vida, também existe muita desonestidade em matéria de argumentação. Disto eu sei bem.

Neste sentido, devemos nos lembrar da lógica erística, uma espécie de ilusão de imagem aplicada à argumentação. Nela, o mais im-

Tarcísio de Oliveira

portante é estar com a razão, não se importando de utilizar das formas mais desonestas de raciocínio. Por isso, a palavra discussão, que deveria ser positiva, ou seja, a troca de experiências ou de pontos de vista acerca de um assunto, virou sinônimo de briga. Onde chegamos!

Comparo a argumentação a um convite que fazemos a alguém para adentrar a sala de nosso espírito. Lá posso mostrar várias janelas com perspectivas diversas acerca de minha realidade. Isso pode agradar muita gente.

Portanto, sinta-se convidado a adentrar essa sala e desfrutar de minha experiência. Conheça meu método de argumentação. Se você concordar com meu ponto de vista, ficarei feliz, mas sei que existem outros pontos de vista e maneiras de argumentar.

Método de Argumentação (desenvolvido por Tarcísio de Oliveira)

1- Autoconvencimento

Como alguém pode querer convencer o outro sobre algo, se o próprio não estiver convencido? É muito difícil.

No entanto isto é algo muito frequente. Pessoas, com total falta de convicção, tentam convencer outras sobre determinados assuntos. Isso se chama autoengano. Esqueça isso. Convence-te a ti mesmo.

O autoconvencimento não é algo simples. Ele é, no fundo, um processo de autoconhecimento, onde devemos trabalhar em nós a disciplina da verdade. É também um caminho de conhecimento, pois devemos conhecer bem a nossa empresa e os nossos produtos, caso contrário teremos problemas.

No mundo das empresas o autoengano é, infelizmente, tão comum. Existe uma falha sistemática nas organizações que desejam que seus funcionários cumpram metas, que sejam grandes vendedores e multiplicadores de suas marcas. Mas se esquecem de convencer seus colaboradores.

Você pode estar perguntando: isto parece uma questão de fé. Eu confirmo que sim. Quando acreditamos em algo, somos multiplicadores naturais daquilo. Não se trata de uma fé religiosa, mas de uma crença relacionada com nossa identidade. E isso é algo fundamental no convencimento, pois, como veremos adiante com mais detalhes, a argumentação é a troca de pontos de vista. Isso significa que o argumento tem de estar imbuído de verdade e de fé com nossa pessoa, caso contrário teremos um discurso vazio.

Treinamentos Comportamentais

2 - Adaptação

É na adaptação que ocorrem, talvez, os maiores erros da argumentação. Temos, normalmente, uma grande dificuldade em adaptar o nosso discurso ao auditório que interage conosco. Sem falar naqueles que simplesmente ignoram completamente essa importante fase da argumentação.

Deste modo, devemos levar em consideração que tipo de auditório vamos ter diante de nós. Pois de acordo com ele deveremos adaptar o nosso discurso ao seu modo de pensar, caso contrário será muito difícil argumentar.

Existe uma fábula que ilustra bem esse processo. Havia, na floresta, um rei que havia tido um pesadelo: perderia todos os seus dentes. Como o rei era um leão, isso era algo terrível, que tirou a tranquilidade daquele animal. Assim, mal raiou o dia, o rei pediu que o ministro, uma raposa, chamasse os profetas de plantão, para que pudessem interpretar aquele sonho.

Estava ali um corvo que foi logo chamado. Este, escutando o sonho real fez o seguinte comentário:

- Que desgraça, majestade. O senhor vai perder todos os seus parentes.

O leão ficou uma fera e mandou dar um belo castigo à pobre ave. Logo em seguida foi chamada a coruja, que deu a sua visão sobre o pesadelo:

- Que benção, majestade. Que maravilha. O senhor vai viver durante muitos e muitos anos. De todos os membros de sua família, o senhor é o que vai viver mais.

O rei ficou muito feliz com esta interpretação e mandou presentear a coruja com uma caixa cheia de ouro. Quando foi dar a caixa, a raposa, inconformada, comentou:

- Como são as coisas. A interpretação, me parece, foi a mesma. No entanto, um ganhou o castigo e você uma caixa de ouro.

Disse a coruja:

-Você não está enganada, dona raposa. A interpretação foi a mesma. O diferente foi o modo de dizer.

3 – Percepção ativa como feedback de seus argumentos

Você gostaria de ler o pensamento dos outros? Pois isso não é difícil. Você está, agora, lendo meu pensamento. Isso acontece por meio de um código que devemos aprender.

Damos muita atenção à linguagem verbal, mas devemos prestar

tanta ou mais atenção à linguagem corporal. E isso acontece através de nossa percepção. Na argumentação isso é fundamental, pois a percepção é o eco de nossa argumentação.

Você dá uma importância tremenda à sua percepção, embora não possa admitir, a princípio. A percepção é a nossa conexão com a realidade exterior através dos sentidos. Nós captamos o mundo através de nossa visão, audição, do olfato, tato e paladar.

Esteja atento aos gestos de seu auditório. Através deles você saberá se ele está desconfiado, atento, desanimado, demonstrando uma necessidade, etc. Assim você poderá reorientar seus argumentos a tempo de conquistar seu auditório.

4 - Conexão: argumentar é saber mostrar seu ponto de vista

Sem estabelecer a conexão com seu auditório, você pode falar o quanto quiser e será inútil. O jogo da comunicação começa com a conexão com o outro.

Gostaria de reproduzir aqui as palavras de Peter Brook, diretor de teatro,mostrando essa questão de maneira notável:

"Certo dia, numa universidade inglesa (...) eu me vi sobre o palco de um auditório, de frente para um enorme buraco negro, distinguindo vagamente lá no fundo do buraco umas pessoas sentadas na escuridão. Quando comecei a falar, senti que tudo o que dizia não tinha o menor sentido. Fui ficando cada vez mais deprimido, pois não conseguia achar um jeito natural de chegar até elas.

Vi que elas estavam sentadas como alunos atentos, à espera de sábios conselhos para escreverem em seus cadernos; quanto a mim, havia sido escalado para o papel de mestre, investido da autoridade que cabe a quem fica quase dois metros acima do nível dos ouvintes. Felizmente tive a coragem de parar e sugerir que fôssemos para outro lugar. Os organizadores saíram, procuraram por toda a universidade e finalmente acharam uma salinha que era estreita demais e muito desconfortável, mas onde foi possível estabelecermos uma relação natural e mais intensa. Falando nessas novas condições, percebi imediatamente que havia uma nova relação entre mim e os estudantes. Daí por diante, consegui falar livremente e a plateia ficou igualmente livre. As perguntas, assim como as respostas, fluíram de modo muito mais fácil". (Brook, Peter – A Porta Aberta – Rio de Janeiro – Civilização Brasileira – 1999).

O que angustiou Brook foi sentir que, nas condições em que estava, não conseguiria estabelecer conexão com seu auditório.

Assim, devemos ter a sabedoria para criar as condições necessárias

Treinamentos Comportamentais

para que possamos ser realmente vistos por nosso auditório. Caso contrário serão apenas "palavras ao vento".

5 - Convencer é com + vencer

O final de uma estreia teatral é, normalmente, uma experiência maravilhosa. O momento do aplauso indica que todos ali venceram: os atores (por menor que tenha sido o seu papel), o diretor, a equipe técnica, o público. Ninguém sai derrotado. Assim acontece, também, na argumentação.

Um dos grandes erros que tenho observado na argumentação pessoal é considerar o outro como oponente, ao invés de considerá-lo como um auditório (que pode ser formado por uma ou centenas de pessoas) a ser conquistado.

Sobre isso trago uma imagem que acho interessante. Imagine um barco, onde está você e outra pessoa. Se você a ver como oponente, a tendência será jogá-la para fora do barco – e ninguém quer ser atirado para fora. Se você a ver com auditório a ser conquistado, não será mais um só barco, mas um conjunto que interage. Nesse caso, você a convidará para dar um passeio junto. Essa perspectiva é bem mais atraente.

47

O que você precisa saber para tornar-se um profissional de T&D e para contratar esse serviço

Este artigo é destinado aos profissionais da área de T&D e a pessoas ou organizações que buscam contratar esse serviços ou profissionais. Ao final desta leitura, o leitor, profissional da área, estará mais ciente de suas atribuições e conhecimentos necessários para trabalhar de modo eficaz com treinamentos comportamentais, e, o contratante deste tipo de serviço, estará mais seguro em relação ao que considerar para contratar empresas ou profissionais dessa área, bem como sabedor do que pode esperar e como avaliar os resultados de um treinamento comportamental

Tatiane Carra

Tatiane Carra

Nasceu em 1978, na Serra Gaúcha, onde viveu até 2008 e formou-se em Psicologia pela Universidade de Caxias do Sul. Em 2008 mudou-se para Campo Grande, MS, e especializou-se em Dinâmica dos Grupos pela Sociedade Brasileira de Dinâmica dos Grupos e em Avaliações Comportamentais pelo Instituto Brasileiro de Coaching, onde também concluiu a Pós-Graduação em Gestão de Pessoas e *Coaching*, com Certificação Internacional. Além disso, formou-se em Constelações Sistêmicas Organizacionais pelo Metaforum Internacional. Possui 12 anos de experiência nas áreas Clínica e Organizacional. Tendo comprovadas mais de 15.000 horas de atendimentos, consultorias, avaliações, treinamentos e desenvolvimento de pessoas, grupos e empresas. Atualmente atua como Psicóloga-*Coach* na área Clínica e como Consultora, especialista em Diagnósticos, Intervenções e Treinamentos e Desenvolvimento Interpessoal, de Equipes e de Subsistemas de RH, na área Organizacional. Palestrante e facilitadora de Cursos de Capacitação, Tatiane atua também como supervisora para profissionais da área.

Contatos
tatianecarra.com
tatiane.carra@gmail.com

Tatiane Carra

Treinamento Comportamental é uma metodologia de aprendizagem que deve ter como objetivo principal modificar ou desenvolver determinados comportamentos na(s) pessoa(s) para superar entraves ou limitações relacionados ao comportamento humano.

Para compreendermos melhor os treinamentos comportamentais, convido você leitor a visitar alguns conceitos básicos neles implicados.

Iniciaremos pela expressão Treino (do português europeu) ou Treinamento (do português brasileiro) refere-se a um processo para aquisição de conhecimento, habilidades e competências úteis e específicas.

Por se tratar de um processo de aquisição de conhecimentos, não temos como fazê-lo sem compreendermos como ocorre o processo de aprendizagem, este, por sua vez, é uma das funções mentais mais importantes em humanos e animais e vem sendo estudada e sistematizada desde os povos da antiguidade oriental.

O processo de aprendizagem pode ser analisado a partir de diferentes perspectivas, de forma que há diferentes teorias de aprendizagem. Entre as teorias existentes, a mais abrangente e defendida por alguns autores é a que considera a aprendizagem como um processo integrado que provoca uma transformação qualitativa na estrutura mental daquele que aprende. As informações podem ser absorvidas através de técnicas de ensino ou até pela simples observação e aquisição de hábitos, e melhoradas através do ato ou vontade de aprender que é característica essencial e exclusiva do psiquismo humano. Ainda é um processo dinâmico, por estar sempre em mutação e procurar informações para a aprendizagem e criador, por buscar novos métodos visando a melhora da própria aprendizagem.

A assimilação é o movimento do processo de adaptação pelo qual os elementos do meio são alterados para serem incorporados pelo sujeito e a acomodação consiste em adaptar-se para que ocorra a internalização.

A aprendizagem normal pressupõe que os movimentos de assimilação e acomodação estejam em equilíbrio.

E, independente da escola de pensamento seguida, sabe-se que o indivíduo desde o nascimento, utilizando seu campo perceptual, vai ampliando seu repertório e construindo conceitos, em função do meio que o cerca.

Além do processo de aprendizagem ser a base para compreensão do treinamento, também é de suma importância o estudo do comportamento (nosso próximo item), pois o comportamento é a expressão daquilo que o indivíduo pensa, acredita e sente como verdade e que apreendeu através de estudos, experiências, observações ou treinamento e que ficou armazenado em sua memória.

Comportamento, do Latim *cum me porto*: como me porto, é defi-

Treinamentos Comportamentais

nido em psicologia, como a conduta, procedimento, ou o conjunto das reações observáveis em indivíduos em um sistema dinâmico, em face às interações e renovação propiciadas pelo meio onde está envolvido.

O comportamento é objeto de estudo de uma das mais importantes abordagens da psicologia, que se iniciou no começo do século XX, e foi proposto por John Broadus Watson denominada Behaviorismo, cuja palavra advinda do inglês *behavior*, significa comportamento.

Nessa concepção, toda vida mental manifesta-se através de atos, gestos, palavras, expressões, realizações, atitudes ou qualquer reação do homem a estímulos do meio ambiente.

Os behavioristas atuais consideram que comportamento é a relação do indivíduo com o seu mundo. Nessa relação, o indivíduo modifica o seu ambiente e é por ele modificado. Essa relação de interação, entre comportamento e o ambiente em que ele ocorre, é o que concede à ciência comportamental seu caráter contextual de análise.

Nesse sentido dizemos que o comportamento é função de sua relação com o contexto, presente e passado. Interessa a história genética da espécie, a história pessoal da pessoa que se comporta e a cultura em que esta se encontra.

Em suma, Comportamento Humano é a expressão da ação manifestada pelo resultado da interação de diversos fatores internos e externos que vivemos, tais como: personalidade, cultura, expectativas, papéis sociais e experiências.

Considerando estes conceitos fica evidente que os treinamentos comportamentais utilizam de metodologia capazes de ressignificar crenças e superar as limitações e barreiras atitudinais dos indivíduos.

Devido à complexidade de fatores que determinam o comportamento, os treinamentos neste sentido devem ser conduzidos por profissionais competentes, além de ser imprescindível que ele esteja alinhado as necessidades e expectativas do cliente, para que produzam impactos eficazes.

Para tal, todo o treinamento comportamental deve ser precedido pelo levantamento inicial junto ao cliente, esse levantamento pode ser chamado de análise, diagnóstico ou estado atual.

O próximo passo é planejamento dos recursos necessários, entre eles podemos considerar: tempo, ferramentas, método, local, número de participantes, objetivos gerais, objetivos específicos e primeiros passos.

Além disso, o treinamento comportamental, quando aplicado em organizações, deve estar alinhado com a missão, visão e valores da mesma, pois o método tem como objetivo principal preparar os colaboradores para pensar e agir de acordo com esses. (No caso da empresa não ter definidos esses princípios, vale considerar a definição destes como um primeiro passo.)

Tatiane Carra

O profissional que desenvolve esse tipo de trabalho deve ser conhecedor profundo da dinâmica das relações inter e intrapessoais, deve ser capaz de analisar, diagnosticar e intervir no sistema para o qual prestará o serviço, conhecer técnicas e métodos de aprendizagem eficientes e eficazes, capazes de mudanças comportamentais observáveis e duradouras e considerar que o sucesso do treinamento depende dos seguintes fatores:
- Público-alvo
- Motivação
- Conhecimentos anteriores
- Quantidade de informação
- Diversidade das atividades
- Planificação e a organização
- Cooperação
- Diferenças Individuais
- Memória

A Abordagem Cognitiva Comportamental considera os seguintes princípios em relação à aprendizagem de comportamentos:
- O indivíduo deve como ativo em todo o processo;
- A aprendizagem é sinônimo de comportamento adquirido;
- O reforço é um dos principais motores da aprendizagem;
- A aprendizagem é vista como uma modelagem do comportamento

Ou seja, aprendizagem é um processo dinâmico, centrado nos processos cognitivos, em que temos:

INDIVIDUO → INFORMAÇÃO → CODIFICAÇÃO → RECODIFICAÇÃO → PROCESSAMENTO → APRENDIZAGEM

Para encerrar essa primeira fase, vale considerar que esse tipo de treinamento pode ser mais eficaz se aplicado em grupos, em formato de laboratório, que permita a experimentação e, para tal, o conhecimento da Dinâmica do Funcionamento dos Grupos pode contribuir significativamente, assim como os conceitos de Desenvolvimento Interpessoal, sugeridos pela escritora Fela Moscovici.

Em relação às abordagens atuais, segundo o site da Sociedade Brasileira de Coaching, consultado em 05/07/2013:

"Treinamentos Comportamentais comuns oferecem soluções mais imediatas. Neles, são ensinadas inúmeras técnicas que mostram como aperfeiçoar lideranças, como se comportar no ambiente de trabalho ou como administrar o tempo.

Já o *Coaching* aposta na aplicação de todo um processo para que os objetivos sejam atingidos. O *coach* pode sugerir uma série de atividades

Treinamentos Comportamentais

em grupo, algo semelhante com o proposto pelos Treinamentos Comportamentais, no entanto, seu foco será em proporcionar aos clientes um caminho que os leve a uma ampliação da consciência e ao autoconhecimento. Essas serão as bases da nova maneira como irão levar suas vidas dentro e fora do ambiente de trabalho.

Além disso, a metodologia foca no alcance de resultados. Por isso, prima por métodos que permitam que estes resultados sejam mensurados de forma concreta e tangível, de maneira que os clientes possam ver de forma palpável seu desenvolvimento ao longo de todo o processo, algo que não ocorre com os treinamentos em geral."

De modo geral, em termos de Treinamento Comportamental, o *Coaching* vem se destacando e ganhando espaço no mercado, pela qualidade de seus resultados e, especialmente, por se tratar de uma metodologia que não tem um único dono, trata-se de um patrimônio humano, o que lhe permite utilizar de recursos e ferramentas de diversas ciências do conhecimento, entre elas: Psicologia, Psicologia Cognitiva Comportamental, PNL, Neurociência, Administração, Dinâmica de Grupo, Gestalt, Teoria Sistêmica, entre outras.

Um estudo publicado no Public Personnel Management Journal concluiu que os executivos que participaram de um treinamento gerencial aumentaram em 22,4% sua produtividade. E aqueles que tiveram *Coaching*, após esse treinamento, aumentaram sua produtividade em 88%. Estudos também apontam alto ROI em *Coaching*. A média de retorno de investimento em trabalhos de *Executive Coaching* é de 5,7.

Uma recente pesquisa da PUC Campinas, realizada com 10 executivos que passaram por processos de *Coaching* aponta que 100% aperfeiçoaram a capacidade de ouvir, 80% melhoraram a flexibilidade, 80% aprenderam a aceitar melhor as mudanças e 70% evoluíram a capacidade de ser relacionar. " *Master Coaches*, pag. 317.

Por fim, trataremos da avaliação de Treinamento. De acordo com Donald Kirkpatrick, existem quatro níveis em avaliação de treinamento que, se aplicados em sequência, são a única forma eficaz de avaliação de resultados. Para o autor, cada nível têm sua importância apesar de que a medida em que se passa de um nível para o seguinte, o processo se torna cada vez mais complexo e aumenta também o dispêndio de tempo, mas em compensação provê informações cada vez mais valiosas.

Nível 1 – Reação: Neste primeiro nível, mensura-se a reação dos participantes ao programa de treinamento. Kirkpatrick descreve este nível como a medida de satisfação do cliente. Nos programas internos das empresas, a necessidade de medir a satisfação do cliente já não parece tão óbvia, pois muitas vezes os funcionários são convocados a participar, quer queiram quer não. De qualquer forma, eles continuam sendo os clientes e a reação deles pode levar ao sucesso ou ao fracasso do programa.

Nível 2 – Aprendizagem: Kirkpatrick define aprendizado como: mudança na forma de perceber a realidade e/ou aumento de conhecimentos e/ou aumento de habilidades. Espera-se uma nova *Attitude*, do inglês, que apesar da semelhança gráfica com o português, compreende somente uma mudança de ponto de vista não incluindo necessariamente uma mudança comportamental.

Alguns instrutores dizem que não há aprendizado a não ser que a mudança de comportamento ocorra, mas de acordo com Kirkpatrick, a aprendizagem ocorre quando um ou mais dos seguintes pontos aconteceu: alteração da forma de perceber a realidade, aumento dos conhecimentos, melhoria das habilidades. No próximo nível é que iremos tratar de mudança de comportamento.

Nível 3 – Comportamento: Kirkpatrick define este nível como a extensão da mudança de conduta e de procedimento que ocorre porque a pessoa participou do treinamento.

A fim de que a mudança de comportamento ocorra, quatro condições se fazem necessárias

1. A pessoa precisa querer mudar.
2. A pessoa precisa saber o quê e o como mudar.
3. A pessoa precisa trabalhar num ambiente com o clima correto.
4. A pessoa precisa ser premiada pela mudança.

Nível 4 – Resultados: Kirkpatrick define este nível como: "os resultados alcançados porque os funcionários participaram do treinamento. Resultados incluem aumento de produção, melhoria da qualidade, redução de custo, redução de acidentes, aumento de vendas, redução de rotatividade de pessoal, aumento do lucro ou do retorno do investimento. É importante reconhecer que resultados como estes são a razão de ser dos programas de treinamento. De qualquer forma, o objetivo final do treinamento deve ser estabelecido nestes termos.

Para concluir, vale ressaltar que o resultado depende do comportamento e, como vimos inicialmente, o comportamento é a reação do indivíduo em relação ao sistema que está inserido, portanto, ainda segundo o mesmo autor, mesmo com excelência no treinamento, a mudança de comportamento de fato depende também da chefia imediata, que pode ter cinco reações diferentes:

1. Reativa: É a liderança que veda ao participante a utilização do que foi aprendido no treinamento.

2. Desencorajadora: É a que não segue o que foi ensinado e com seu exemplo negativo impossibilita ou desencoraja a mudança de comportamento do subordinado.

Treinamentos Comportamentais

3. Neutra: que "finge" ignorar o fato que o participante esteja em treinamento. Ou seja, não impede, mas também não encoraja, desde que não ocorra nenhum resultado negativo.

4. Encorajadora: que realmente tenta estimular as pessoas a aprenderem e aplicarem seu aprendizado no trabalho.

5. Requisitante: é aquela que sabe o que está sendo aprendido e garante a transferência do aprendizado para o trabalho.

Fica tão claro que não existe qualquer chance da mudança acontecer quando o clima é Reativo ou Desencorajador. Porém, se o clima é neutro, a mudança irá depender das outras três condições: a pessoa quer mudar? Sabe o quê e como mudar? .

De acordo com o autor, a importância da avaliação da reação (Nível 1) e do aprendizado (Nível 2) é que no caso de não ocorrer mudança de comportamento, pode-se determinar se a mudança não ocorreu por falha do treinamento, ou por problema de clima, ou por falta de premiação (considere essa premiação interna ou externa) .

Uma das formas conhecidas e bastante utilizadas para criar um clima positivo é envolver as lideranças no desenvolvimento dos programas de treinamento.

Da mesma forma, existe um roteiro para avaliação de treinamento que o autor considera difícil, se não for impossível, medir o resultado final de programas com tópicos como liderança, comunicação, motivação, gerenciamento de tempo, energização, decisão, ou estilo gerencial."

48

Dinheiro e Stress: cinco passos para esta parceria não desequilibrar sua vida e a sua produtividade

Stress devido a problemas financeiros tem levado a vários profissionais ao descontrole financeiro e emocional, nutrindo hábitos destrutivos e contribuindo para o avanço dos problemas dentro das empresas, comprometendo a produtividade e a ascensão na carreira.

Thayron Sabino

Thayron Sabino

Formando em Gestão Financeira pela Faculdade Pitágoras de Maceió, membro da Associação Brasileira dos Educadores Financeiros, Abefin. Criador do site Meu Perfil Financeiro, onde há quatro anos pesquisa sobre os diversos tipos de Personalidade Financeira, desenvolve cursos online em parceria com profissionais da área e autor do E-book: "Orçamento Doméstico: meu melhor amigo!" e vem ajudando várias pessoas a se conhecerem e desenvolverem hábitos financeiros saudáveis.

Contatos

www.meuperfilfinanceiro.com.br
thayronsabino@outlook.com
Facebook: facebook.com/thayronsabino
Twitter: @MPFinanceiro
(82) 9999-0227 / 8829-8834

Thayron Sabino

Diante do atual crescimento econômico do Brasil, os brasileiros tiveram acesso facilitado ao crédito, o que é bom, porque se traduz realização pessoal, qualidade de vida, acesso à educação de qualidade mas, é imprescindível que o consumo seja planejado, pois essa "facilidade" pode ser sinônimo de descontrole financeiro e consequentemente acúmulo de dívidas.

Na vida de todo cidadão, o dinheiro faz parte de sua realidade e a falta de entendimento do seu funcionamento básico, compromete negativamente a sua qualidade de vida e da sua família.

Um dos grandes responsáveis (se não o maior!) pela queda na produtividade dos profissionais nas empresas é a falta de uma gerência eficaz de suas finanças. O aumento da complexidade das questões financeiras, levam a falta de disciplina financeira e tornam a saúde física, o trabalho e a vida pessoal instáveis, o que aumenta a angústia e o stress e resulta numa progressão deficiente na carreira.

Há casos onde a demissão voluntária torna-se escape para o pagamento das dívidas. Tais problemas levam a um verdadeiro estado de estresse, gerando diversas implicações principalmente no trabalho. Alguns fatores podem gerar esses problemas, como:

a) Falta de educação financeira, o que leva a um total descontrole financeiro;
b) Fatores psicológicos que levam a impulsos consumistas onde é deixada a razão de lado e se perde a noção entre o que é de fato importante do desejo momentâneo;
c) Traumas psicológicos gerados por diversas situações, seja conjugal ou gerados desde a infância;
d) Diminuição da renda.

Desde 2007, a American Psychological Association's (Associação americana de psicólogos), realiza a pesquisa anual Stress in America, onde procura mapear as fontes de stress e seu efeitos entre os cidadão americanos. Em 2010, a pesquisa constatou que 76% dos americanos apontam o dinheiro como o principal causador de stress. Em 2007, o dinheiro aparecia em segundo lugar, onde em primeiro aparecia o trabalho em si. Hoje, o dinheiro é a maior causa de stress nos Estados Unidos.

Essa pesquisa ainda nos traz cinco dicas de como podemos lidar com o stress financeiro:

1. Pause mas não entre em pânico. Preste atenção ao que está acontecendo ao seu redor, mas abster-se de ter sido apanhado em campanha publicitária só te prejudica, o que pode levar a altos níveis

Treinamentos Comportamentais

de ansiedade e de tomada de decisão ruim.

2. Identifique seus estressores financeiros e faça um plano orçamentário pessoal. Faça um balanço da sua situação financeira particular e que lhe causa stress. Análise e faça uma lista de como você e sua família podem reduzir despesas ou gerenciar suas finanças de forma mais eficiente.

3. Reconhecer como você lida com o estresse relacionado ao dinheiro. Em tempos econômicos difíceis, algumas pessoas são mais propensas a aliviar o estresse, voltando-se para atividades insalubres como fumar, beber, jogar ou comer. Esteja atento a esses comportamentos - se eles estão causando -lhe problemas, considere procurar ajuda de um psicólogo ou clínica de saúde mental antes que o problema se agrave.

4. Transforme estes tempos difíceis em oportunidades de crescimento real e mudança. Momentos como este, apesar de difícil, pode oferecer oportunidades para fazer um balanço de sua situação atual e fazer as mudanças necessárias.

5. Pedir apoio profissional. Se você continuar a ser dominado pelo estresse, procure ajuda profissional, que pode ajudar a lidar com as suas emoções por trás de suas preocupações financeiras, gerenciar o estresse e mudar comportamentos pouco saudáveis.

No Brasil, ainda não há pesquisas semelhantes, o que é uma pena, embora, pesquisas feitas informalmente por profissionais da área financeira, indicam que estes dados são válidos e consistentes com a realidade do Brasil.

Talvez, neste exato momento, você deve estar preocupado com suas contas a pagar e não consegue desenvolver bem as suas atividades normais, perdendo o foco em seu trabalho tornando-se disperso, o que te leva a frequentemente faltar o trabalho por contas destes problemas. Estresse e produtividade no trabalho não possuem boa relação.

Segundo Eliana Bussinger Mestre em economia pela FGV-SP: "Essas pessoas não conseguem se "desligar" de seus problemas com facilidade, impedindo dessa forma a produtividade.

Em muitos dos casos, o presenteísmo (quando o funcionário está presente, mas não está 100% concentrado em suas atividades) impede que a pessoa utilize seus talentos, suas criatividades em prol do crescimento e da lucratividade da empresa."

A SHRM (Society for Human Resource Management) realizou uma pesquisa em 2012, nos Estados Unidos, sobre os desafios financeiros que os empregados enfrentam e qual o impacto na sua produtividade nas atividades dentro da empresa, chamada de "Financial Education Initiatives in the Workplace". Nessa pesquisa, os desafios mais comuns apontados pelos profissionais de RH foram:

Thayron Sabino

a. 49% apontam a falta de reservas financeiras para cobrir despesas;
b. 35% apontam as despesas médicas;
c. 26% apontam poupar para a aposentadoria.

Também nessa pesquisa, 83% dos profissionais de RH indicaram que as dificuldades financeiras pessoais tem grande impacto na produtividade do funcionário. No Brasil, não é tão diferente, além disso, tais funcionários utilizam tempo e recurso da empresa para buscar soluções para seus problemas financeiros, o que demanda num aumento de pedidos de adiantamentos e empréstimos.

Por isso, deve-se tratar o problema de maneira comportamental, combatendo a causa (falta de educação financeira) e não o efeito (falta de dinheiro), ou seja, mudando nosso comportamento de como enxergamos e lidamos com o dinheiro, melhorando nossos hábitos e costumes. Para você acabar de uma vez por todas com o estresse financeiro e aumentar sua produtividade, vale seguir estes cinco passos:

1 – RECONHEÇA SUA CONDIÇÃO FINANCEIRA ATUAL

O primeiro passo para mudar sua condição financeira atual é reconhecer sua realidade, fazer uma autoanálise financeira.

Como você se sente quando pensa em dinheiro?

Sei que esta é uma pergunta difícil de responder. Mas posso garantir, quando você descobrir a resposta, sua vida financeira e profissional vai mudar.

> "Você e seu dinheiro terão um relacionamento para toda a vida, e para fazer qualquer relacionamento florescer, você tem que conhecer as próprias qualidades, fraquezas e talentos não-desenvolvidos, bem como as características fundamentais de sua personalidade essencial com as quais você terá que se reconciliar."
>
> Jordan E. Goodman

A maneira como você se sente com relação ao dinheiro afeta o modo como toma as decisões financeiras. Com certeza, de todas as situações em que você pode se encontrar, estar em apuros financeiros é a última coisa que você desejaria

> "As influências que recebemos na infância moldam o nosso modelo financeiro e podem nos conduzir a pensamentos e hábitos autodestrutivos".
>
> T. Harv Eker

Esteja disposto a entender como chegou onde está e como isso

Treinamentos Comportamentais

está afetando sua produtividade, tirando o foco de suas atividades por estar extremamente preocupado com suas dívidas.

2 – IDENTIFIQUE AS CAUSAS QUE O LEVARAM À SITUAÇÃO ATUAL

Não fomos educados a administrar bem nossas finanças mas sim a adquirir hábitos de consumo destrutíveis. A falta de educação financeira tem levado muitos profissionais a se endividarem cada vez mais. Por não planejarem seus gastos, não se tornam preparados financeiramente para momentos de adversidade, e enfrentam dificuldades para tomar decisões e são mais vulneráveis a fraudes.

Antes de passar para o 3º passo, pegue um papel e uma caneta e liste todos seus sentimentos, desejos, problemas e principalmente situações no seu trabalho. Uma vez feito isso, ficará mais fácil identificar as causas e combatê-las efetivamente.

3 – ELABORE UM PLANO ORÇAMENTÁRIO PESSOAL

"Dinheiro sem inteligência é sempre perigoso".
Napoleon Hill

O controle orçamentário doméstico é um instrumento de controle que registra todas as entradas e saídas, ou seja, as receitas e despesas em um determinado período, que poderá ser diário, semanal, mensal e anual.

O objetivo da elaboração do orçamento doméstico é manter o equilíbrio entre as receitas e as despesas. Encare o orçamento como um amigo.

No final do mês, conseguirá informações mais precisas dos seus gastos. Caso precise de ajuda, não demore em pedir a um consultor financeiro.

4 – RELAXE! FAÇA EXERCÍCIOS FÍSICOS

Não é só você que tem problemas, todos nós temos também. Mas, a escolha é apenas sua, se permitirá que eles o dominem e moldem sua vida. Vale ressaltar que os sintomas físicos do estresse mais comuns são: fadiga, dores de cabeça, insônia, dores no corpo, palpitações, alterações intestinais, náusea, tremores e resfriados constantes.

"Como já se sabe, o estresse acumula-se no corpo (os músculos se tencionam, a respiração torna-se ofegante e irregular e experimentamos desconfortos físicos, como dores de cabeça ou esgotamento). Por isso, faz sentido que o primeiro passo para relaxar seja usar métodos físicos para reequilibrar o corpo e a mente", diz a Dra. Sarah Brewer em um dos capítulos do livro Viva melhor: Relaxamento, da Publifolha,

Uma boa alimentação rica em vitamina C e outras vitaminas e nutrientes também é importante. "Esses nutrientes são encontrados em verduras, legumes e frutas e são modos de reduzir a sintomatologia", explica a diretora e fundadora do Centro Psicológico de Controle do Stress Marilda Lipp. Acelga, brócolis, uva-passa, amêndoa, laranja e abacate ajudam a fortalecer o organismo para encarar o estresse. "Um cidadão estressado não é um cidadão pleno. O estresse tem implicações para a pessoa, à empresa para a qual ela trabalha e para a sociedade", conclui Marilda.

Faça uma boa caminhada todas as manhãs, ou se matricule numa escola de natação, em uma academia, ou para fazer aula de dança. Concentre seu esforço em uma atividade por vez. Quem se preocupa com mil tarefas ao mesmo tempo, não executa bem nenhuma delas, e acaba estressado.

5 – CULTIVE HÁBITOS FINANCEIROS SAUDÁVEIS

Segundo Horace Mann: "Os hábitos são como cordas. Se acrescentarmos um fio por dia, em pouco tempo não podem mais ser rompidos".

Hábitos são ações que praticamos periodicamente, tendo a característica de quase não exigir esforço mental algum para realizá-lo.

Muitas pessoas desejam, do fundo do coração, melhorar o controle do orçamento doméstico. Porém, ao longo dos anos, foram cultivando tantos hábitos financeiros destrutivos, ligados ao consumo impulsivo, que qualquer estratégia consciente acaba indo por água abaixo. Em um dia dizem: vou mudar. Mas depois voltam a fazer tudo como antes. Não se preocupe, existe solução! Ela não é rápida, mas não é impossível. Exigirá esforço contínuo, mas é recompensante.

Se você achou que era tarde demais para viver bem com suas finanças e produzir mais e melhor, sem estresse, ainda é tempo de se reerguer, olhar para frente e viver de maneira equilibrada e próspera.

Por isso, não se esqueça:

a. Reconheça e aceite sua condição financeira atual e que você precisa de mudanças urgentes;

b. Todo efeito tem uma causa. Identifique quais os fatores que influenciam os seus hábitos e levam a tomadas de decisões destrutivas;

c. Elabore um plano orçamentário pessoal;

d. Faça deste processo um hábito para atingir uma vida financeira mais equilibrada e próspera, sem afetar negativamente sua vida profissional.

Treinamentos Comportamentais

Conscientize-se, seu salário não é para pagar contas apenas, mas, para que você possa se planejar e atingir seus objetivos, sem estresse, sem perder o foco e nem deixando a desejar sua produtividade na empresa.

Cultive hábitos financeiros saudáveis, aumente sua produtividade e cresça em sua carreira!

49

Comportamento humano em treinamentos comportamentais
O que é necessário saber para maximizar resultados?

Mapear e compreender a dinâmica do comportamento humano nos grupos faz de cada treinador um verdadeiro facilitador de processos de aprendizagem, evolução e superação. Somente com esse conhecimento é possível ajudar pessoas a atingirem o máximo da sua excelência humana

Willer Mamede

Willer Mamede

Psicólogo. *Head Trainer* pelo Instituto Massaru Ogata (SP). Analista Assessment DISC (*Sociedade Latino-Americana de Coaching*). Personal, Professional e Executive Coach (*Sociedade Brasileira de Coaching*). Practioner em PNL (*Instituto de Neurolinguística Aplicada* – RJ) e formação em Dinâmica de Grupo (*Sociedade Brasileira de Psicoterapia, Dinâmica de Grupo e Psicodrama* – SOBRAP/MG). Especialista em educação inclusiva. Atua como consultor e facilitador de desenvolvimento humano em empresas. Ministra cursos de formação em gestão de pessoas e avaliação psicológica. Atua há 15 anos nas áreas de mapeamento de pessoas, seleção, treinamento, desenvolvimento de equipes e líderes, gestão por competências, clima organizacional e gestão do desempenho.

Contatos
wi_m@hotmail.com
skype willer.mamede
(37) 9149-9751

Willer Mamede

O ser humano no processo de construção da sua história, como um excelente fotógrafo, retrata cenas singulares de sua vida (positivas ou negativas), que marcarão a sua percepção de mundo, a constituição do seu eu e do seu comportamento a partir daquele momento.

Esses momentos retratados vão definindo valores, crenças e consequentemente a forma de ver os fatos, levando cada ser humano a ver o mundo não pelo que é, e sim pelo que considera que seja.

Essa complexidade no tecer da história de cada pessoa, em que momentos retratados são alinhavados e as lentes da percepção implantadas, é o que os torna diferentes, com marca própria e envolvidos na teia da subjetividade nos modos de perceber, pensar, agir e sentir.

Mas como trabalhar essa diversidade? Como tornar possível o desenvolvimento de pessoas com características e comportamentos tão distintas dentro dos grupos? Como o treinador poderá lidar melhor os processos grupais e gerar resultados? Que compreensão o treinador deverá ter para conduzir mudanças positivas e levar os participantes à travessia que separa passado de futuro?

Personalidade e comportamento humano

Um dos primeiros passos a ser dado por todo treinador comportamental impreterivelmente deverá ser a compreensão da formação e estrutura da personalidade humana, além das teorias e técnicas de desenvolvimento de grupos. Sem essa compreensão não há trabalho de desenvolvimento que se sustente e gere ganhos aos participantes e reconhecimento ao treinador. É necessário conhecer para compreender e promover mudanças.

Por essa razão, ao longo deste texto serão apresentadas duas das abordagens indispensáveis a todo treinador comportamental: os estudos de Roger Sperry sobre a lateralização do cérebro e suas funções e o princípio das Dimensões Básicas de Schutz.

Roger Sperry, Prêmio Nobel de Medicina e Fisiologia em 1981, ao desenvolver seus estudos sobre a lateralidade cerebral, trouxe uma grande contribuição para o entendimento do comportamento humano, uma vez que mapeou o cérebro quanto à funcionalidade dos hemisférios cerebrais: direito e esquerdo.

O hemisfério direito, denominado emocional, é constituído dos sentimentos, vivências, sínteses, imaginação e atemporalidade. O hemisfério esquerdo, chamado de racional, fica responsável pelas funções analíticas, imitativas, lógicas, sequenciais e temporais.

Segundo Gramigna (1993), nós, ocidentais, temos as funções do hemisfério esquerdo mais desenvolvidas do que as do direito. Fomos estimulados pela nossa história de vida, educação e cultura a valorizar

Treinamentos Comportamentais

as ações comandadas pelo lado apolíneo. Tornamo-nos muito críticos, competitivos, egocêntricos e extremamente racionais. Temos dificuldades em expressar emoções, intuir, cooperar, imaginar e sentir.

A partir dessas descobertas de Sperry, múltiplas pesquisas foram desenvolvidas nos mais diversos âmbitos para compreender os conceitos na prática.

Já o Princípio das Dimensões Básicas de Schutz, apresentado pela primeira vez em 1958, aponta que a fim de funcionar eficazmente, os organismos devem estabelecer e manter determinados equilíbrios entre o que há dentro e o que há fora de seus limites. Estes equilíbrios se aplicam tanto ao mundo físico quanto ao social. O ser humano busca manter uma quantidade de água internamente para não morrer de sede e pouca água no externo para não se afogar. O mesmo princípio segundo o autor acontece com as relações sociais, as pessoas tendem a manter uma proximidade, mas também uma certa distância nas interações sociais (SCHUTZ, 1989).

As dimensões básicas propostas por Schutz e que explicam o comportamento das pessoas nas relações com o outro e com os grupos são: Inclusão, Controle e Abertura.

O estágio inicial de grupo refere-se ao comportamento de inclusão, no qual os membros tendem a juntar-se, formar-se enquanto grupo e ter o sentimento de pertinência. Observa-se que os participantes que possuem baixa autoestima são especialmente marcados pela ansiedade da aceitação de estar dentro ou fora do espaço grupal.

A ansiedade pode se manifestar em dois comportamentos possíveis, chamados de *Subsocial* ou *Ultrasocial*, o primeiro adotando uma postura de introversão e retraimento – mantém-se afastado do grupo – e o segundo sendo extrovertido, tende a mostrar-se querido e poderoso como forma de ganhar a atenção e aceitação. Para membros em que a autoestima está equilibrada, chamados *Social*, a entrada em grupos ou mesmo participação acontece naturalmente, conseguindo em certos momentos opinar, se manifestar, contribuir e em outros se afastar para dar espaço aos demais.

O momento da *Inclusão* remete à importância dos membros e sua significância nos encontros iniciais na formação de um grupo.

O segundo momento de grupo proposto por Schutz, denominado *Controle*, é marcado pela definição de poder e autoridade dentro dos grupos. Esse fator também gera ansiedade, especialmente por controle, domínio e responsabilidade. É o momento chamado de "confronto", em que se define sua posição: *Abdicrata, Autocrata ou Democrata*.

O *Abdicrata*, por não possuir desejo de controle, delega essa responsabilidade a outros membros, não tomando decisões no grupo.

O *Autocrata*, por desejo de controle, assume todas as responsabilidades do grupo e para fazer valer a sua decisão não mede esforços em discutir e entrar em combate para reinar, uma vez que há um medo de que os outros possam não ser influenciados por ele. O *Democrata*, por ter seus problemas de controle resolvidos, não questiona a sua própria competência e nem entra em combate, assumindo a sua responsabilidade quando necessário e o de ser controlado quando perceber que a situação exige esse comportamento.

O terceiro estágio é chamado *Abertura*, é o momento em que as pessoas no grupo começam a parear, a abrir a sua intimidade ao outro e começam os vínculos afetivos e efetivos. Os comportamentos possíveis podem ser: *Subpessoal, Superpessoal ou Pessoal*. Tanto o *Subpessoal* quanto o *Superpessoal* possuem uma dificuldade na área afetiva, experimentada muitas vezes como dolorosa ou de rejeição. O que se percebe, no entanto, é que dessa mesma dificuldade ramificam dois comportamentos diferentes: o *Subpessoal* evita outros contato íntimos por medo de novas rejeições e o *Superpessoal* busca uma nova oportunidade, uma nova chance para obter aprovação, a intimidade, o afeto, já que na sua experiência de vida isso não ficou marcado positivamente. O *Pessoal* aproxima-se afetivamente e se distancia sem questionar até mesmo as rejeições, uma vez que a rejeição para ele não implica em não ser capaz de ser amado.

Dimensões Básicas de Schutz		
Inclusão	*Controle*	*Abertura*
Subsocial	Abdicrata	Subpessoal
Social	Democrata	Pessoal
Ultrasocial	Autocrata	Superpessoal

As dimensões Básicas são lineares, ou seja, primeiro um grupo define quem está dentro e quem está fora (Inclusão) para depois saber quem está por cima ou por baixo (Controle) e em seguida quem está próximo ou distante (Abertura). Porém, por mais que o grupo tenha uma dinâmica própria, cada pessoa pode participar com sua necessidade ou problemática específica em cada momento.

Perfil comportamental e treinamentos comportamentais
O que acontece na prática?

O comportamento dos membros de grupo em treinamentos comportamentais é marcado pelo seu perfil comportamental e decorrente

Treinamentos Comportamentais

de sua estruturação psíquica. É o perfil que determina o modo de participar das tarefas, relacionar com os outros e lidar com as emoções diante dos estímulos gerados no grupo.

No perfil de lateralização cerebral proposto por Roger Sperry, percebe-se que pessoas com dominância do hemisfério direito têm uma predisposição a criar conexões com o outro, cooperar, criar, imaginar, envolver-se emocionalmente com a tarefa e despertar suas emoções. Por esse motivo envolvem-se com mais facilidade nas atividades, especialmente as que não demandam processos analíticos. Essas pessoas falam com naturalidade de suas emoções, de suas frustrações e conseguem se entregar ao lúdico nas atividades, se permitindo vivenciar com naturalidade as atividades do treinamento comportamental. A dificuldade que o facilitador de grupos pode encontrar nesses participantes é na transposição do plano vivencial emocional para o plano da aprendizagem, da análise e da conclusão.

Por outro lado, nota-se que pessoas com dominância do hemisfério esquerdo possuem a tendência a se entregar e vivenciar as atividades desde que a proposta esteja clara, seja objetiva e não demande envolvimento emocional. Devido à sua capacidade de análise, lógica e racional, os treinamentos que envolvam transmissão de informação, desenvolvimento de conceitos e habilidades são mais bem aceitos. Os treinamentos que exijam desenvolvimento de atitudes e comportamentos encontram resistência maior, especialmente os vivenciais em que o plano das emoções e afetos é mais explorado.

Essa resistência daqueles que possuem o hemisfério esquerdo predominante ao participar de atividades vivenciais-emocionais podem ser expressas de várias formas, desde a recusa clara ou latente, como: "não gosto dessas brincadeirinhas", "isso é bobagem", "o que isso tem a ver com o meu trabalho?", "prefiro ficar só observando", "não consigo sentir nada", ou mesmo adotar uma postura de evasiva como sair da sala durante boa parte do treinamento, ficar em silêncio, não realizar as atividades etc. A racionalização e as demais formas de resistência revelam a própria não permissão para vivenciar, para sentir, para tocar e trocar.

Como cada participante atua nos treinamentos regido pela lógica peculiar da sua dominância cerebral emocional ou racional, cabe ao treinador entrar nesse mapa de mundo dos participantes e trazê-los para as atividades, fazê-los se despir das resistências e aproveitar as oportunidades de desenvolvimento. Somente quando se cria um estado para a vivência é que nasce o encorajamento e a entrega à atividade.

A exploração das emoções de forma não ameaçadora para os analíticos e a visita à lógica/razão sem desgastar os emocionais, faz gerar aprendizagens importantes e trabalhar a funcionalidade do cérebro como um todo, sem medos ou receios, independentemente do perfil dominante.

Por essa razão a identificação inicial dos treinandos e do grupo é fundamental, conhecer suas origens, ocupações, cargos e objetivos que pretendem com o treinamento para a elaboração de um programa de treinamento e a condução do mesmo.

Através das contribuições de Schutz vê-se que os membros de grupo no estágio de Inclusão, buscam o predomínio, serem notados e aceitos pelos demais, sejam adotando uma participação excessiva, busca de contato com todos, humor exagerado ou mesmo ficando "quieto em seu canto" como forma de atrair a atenção dos demais. É comum que alguns participantes só se incluam se notarem que realmente estarão seguros naquela atividade e que essa atividade vai se desenvolver dentro de uma coerência que lhes permitirá aplicar suas habilidades para se chegar a um resultado concreto. Segundo Moscovici (2007), quantas vezes notamos pessoas que trabalham alguns anos num grupo e dizem sentir que "não pertencem" verdadeiramente ao grupo. O sentimento de pertinência não depende apenas do tempo de convivência, parece mais relacionado à problemática irresoluta de inclusão no grupo.

O facilitador deve estar atento e ajudar o grupo a resolver seus problemas de inclusão e predomínio, para que o sentido de unicidade, segurança e pertinência possa aflorar, dando sustentação aos outros estágios.

No estágio de Controle, a questão central é o domínio e através dele alguns membros com necessidade de poder adotam a postura de direcionar o grupo, buscando manter as suas vontades sobre as dos demais. Esses assumem toda a responsabilidade das decisões para si e reforçam a sua competência buscando torná-la clara para o grupo. Outros, adotam uma postura de concordância, pouco opinam ou discordam daqueles que controlam, mesmo que no íntimo tenha plena convicção de que deveria ser de outra forma. A submissão, o autoritarismo e a participação democrática evidenciam o momento do estágio de controle. Nesse ciclo surgem conflitos intragrupais por divergências de pensamentos e ideais ou necessidade de organização ou orientação.

O facilitador deve saber conduzir o grupo para o caminho da complementação das habilidades, do respeito pela diversidade, da funcionalidade, da superação das crises para que possa chegar ao acordo assim como à organização e longevidade da vida grupal.

No estágio de Abertura, que ocorre após a definição das competências e poder de cada participante no grupo, acontece a aproximação com criação de momentos de forte vinculação. A formação de subgrupos para divisão de histórias pessoais mais íntimas, o apego, as preferências se tornam mais evidentes. Alguns participantes, no entanto, podem resistir entrar nesse momento, que é tido como de entrega máxima,

Treinamentos Comportamentais

no qual "eu permito que você me conheça como eu na verdade sou". Muitas vezes podem adotar a postura de ótimos ouvintes e péssimos falantes, como forma de não autorizar a entrada no seu espaço de vida.

Acolher histórias, ressignificar relações, praticar perdão e gratidão, promover encontros, falar sobre os medos, amores, dores, tristezas, raivas, angústias e alegrias são comuns nesse estágio.

O facilitador nessa etapa pode auxiliar os participantes a explorarem o máximo de seu potencial de superação, ressignificação afetiva e capacidade de celebração para uma vida melhor.

Diante de tudo que foi abordado pode-se concluir que em treinamentos comportamentais é necessário conhecer e estar fundamentado sobre personalidade humana, modos de investigação e intervenção em grupos, para que se possa gerar desenvolvimento nos participantes fazendo que eles ultrapassem suas barreiras e limitações.

É importante, entretanto, que se faça o convite à participação, como afirma Corey (1983): encare o grupo como um lugar em que você está relativamente mais seguro(a) e mais livre que de hábito para expressar-se de maneiras diferentes e para experimentar lados diferentes de si mesmo(a). Uma vez feito isso, poderá buscar meios de transpor esses novos comportamentos para sua vida externa.

Somente assim é possível criar a conexão de cada participante com o trabalho a ser realizado, com a técnica a ser empregada e com o seu eu, minimizando os efeitos das ansiedades, resistências e bloqueios.

O conhecimento aprofundado de técnicas para condução de grupos é outro fator que deve ser criteriosamente observado no treinador comportamental. Quando a técnica vem de encontro às necessidades do grupo, ela abre novas perspectivas, porém quando ela está sendo usada para outros fins, pouco ou nada ajuda o grupo no seu caminhar (CASTILHO, 2004).

E quando um grupo caminha, ele liberta-se de um passado, reflete sobre o presente e constrói um futuro mais coerente, ganhando forças para o novo, para a mudança, para a realização e para a felicidade.

REFERÊNCIAS

CASTILHO, Áurea. *A dinâmica do trabalho de grupo*. Rio de Janeiro: Qualitymark, 2004.

COREY, Corey, Callanan e Russel. *Técnicas de grupo*. Rio de Janeiro: Zahar, 1983.

GRAMIGNA, Maria Rita Miranda. *Jogos de empresa*. São Paulo: Makron Books, 1993.

MOSCOVICI, Fela. *Equipes dão certo*. Rio de Janeiro: José Olympio Editora, 2007.

SHUTZ, William. *Profunda simplicidade*. São Paulo: Ágora, 1989.